规模

企业创新、生产率和国际竞争

［美］罗伯特·D. 阿特金森　迈克尔·林德 —————— 著　黄延峰 —————— 译

BIG IS BEAUTIFUL

Debunking the Myth of Small Business

格致出版社　上海人民出版社

媒体热议

《福布斯》：

阿特金森和林德的论证首先是基于数据。他们发现数据是一边倒的：大公司的生产率比小公司高得多，开的工资更高；大公司给员工更多的培训、更多的假期、更多的医疗和退休福利；大公司更稳定，出口更多，捐赠也更多。

《华尔街日报》：

阿特金森挑战了经济与就业市场主要由小企业驱动的看法，指出企业巨头"更有效，生产率更高，也更有利于创新"。他认为巨型企业的出现是技术演进的自然结果，跟反竞争手段没有关系。而大企业给员工和消费者带来的好处，也是小企业无法企及的。"如果我们希望普通工人的生活水平可以提高的话"，必须依赖大企业的生产率和出口能力。

《金融时报》：

在一个盲目站队和人云亦云的时代，这本书正是我们所需的解药。不管你是否同意作者的观点，都应该读一读这本书，肯定能值回你的时间。支持小企业的人可能反而会有更大的收获。

《纽约时报》：

在《规模》作者阿特金森和林德看来，美国自20世纪70年代以来对小企业的偏爱其实是误入歧途，对美国经济和美国社会会产生深刻危害。两位作者为反对"美国人的小企业崇拜"给出了十分有力的经验证据，同时指出，将小企业的"总就业创造"与"净就业创造"混为一谈的传统论据，根本站不住脚。

《哈佛商业评论》：

超过 40％ 的美国人认为，谷歌和 Facebook 应该像公用事业一样受到监管甚至拆分。阿特金森和林德认为这样的担心毫无道理。他们的新书《规模》指出：大公司比小公司生产率更高、更有创新性、更多样化；大公司还为员工提供更高的工资、更多的培训和更广泛的福利；大企业在防控污染上的花费也更多。

《国家评论》：

对于小企业应该得到特殊照顾的说法，以及给到小企业的监管减免和税收优惠，阿特金森和林德表达了强烈反对。两位作者证明 ，"小企业是经济引擎"的论点，在很大程度上是一个骗局。

《政府》（*Governing*）杂志：

无论政治立场如何，至少有一件事是所有美国官员似乎都同意的，那就是：小企业是美国经济的支柱。但经济学家阿特金森称，那是一个神话。他指出，政策制定者应该把注意力集中在那些充满活力、有潜力成长为全国性甚至全球性公司的企业上，而不是去扶持那些家庭小生意。

《时事》（*Current Affairs*）杂志：

阿特金森和林德认为，美国人对小企业的偏爱和政策倾斜是错的，因为推动美国创新、提高美国 GDP、使美国成为超级大国的，是大企业而不是小企业。

《Inc.》杂志：

经济学家罗伯特·阿特金森认为，政府应该根据发展潜力，而不是规模，来对企业提供支持，因而"小企业管理局"应该改组为"新企业管理局"。阿特金森首先在与林德合著的《规模》中提出了这一观点。这本书指出，与流行的看法相反，真正驱动创新与就业的其实是大企业而不是小企业。

加拿大《国家邮报》：

《规模》的第一作者阿特金森，是信息技术与创新基金会（ITIF）主席。这本书用事实和证据驳斥了反托拉斯民粹主义的观点。这些民粹主义者称，一旦放松反托拉斯监管，具有市场势力的企业就会让美国消费者支付更高的价格。作者证明这是一派胡言。接下来书中展示了"行业理应集中的理由"，这对当今的反托拉斯民粹主义，是一剂有力而必要的解药。

CNN：

《规模》无所畏惧地为企业合并辩护，理由是大企业创造了更多的就业机会，支付了更高的工资，更遵守环保和就业的法规。作者认为，唯一有价值的小企业，是那些最终能长大的企业——特别是那些利用颠覆性技术，提升经济整体效率的企业。

波士顿公共广播公司 WGBH：

阿特金森认为，在几乎每一个有意义的衡量标准上，大企业都优于小企业，包括工资、福利、员工多样性和环境保护。

作家访谈播客 New Books Network：

小即是美，不是吗？这是我们一直以来听到的教诲，不是吗？从杰斐逊式政治理念到被神圣化的家庭农场，从精酿啤酒作坊到车库里的科技创业公司，不一而足。小企业是美国经济制度的引擎和灵魂，这是盛行的叙事。但在阿特金森和林德看来，这种说法其实错的。在《规模》中，两位作者基于经验证据，发现大企业的效率更高，产出的智力资本更多，开出的薪水更高，污染更少，雇员族群也更加多样化——在几乎任何一个经济指标或员工福利指标上，大企业的得分都更高。这是一个让人震惊的结论，也是任何一个从事企业监管的人不能忽略的结论（顺便提一句，许多人可能猜不到，在美国历史上一个相当长的时期里，小企业都受到了监管方的照顾）。《规模》有力反驳了关于美国企业的流行叙事。

《中国科学报》：

世界著名科技智库信息技术与创新基金会(ITIF)创办人阿特金森写了一本书，2018 年在麻省理工学院出版社出版，书名叫"规模——企业创新、生产率和国际竞争"（*Big Is Beautiful：Debunking the Myth of Small Business*）。两位作者指出，学术研究发现的证据表明，大企业在创新中一直起着主导作用。

目 录

    一切政治都是地方性的。就地方政治而言,小企业比大企业更有价值,因为在任何选区,小企业都远比大企业多。小企业尽管小,在当地社区却很大。

    这些政治制度迥异的国家,都出现了类似的行业集中。原因再清楚不过了:新技术让企业发展到前所未有的规模,降低了成本,让竞争对手倒闭,自身则进一步增长。

    新企业的创建不是目标,而是手段。开一家比萨店那不叫创业,那是小生意。熊彼特没有说企业家的职责是开公司。通过技术创新和组织创新利用市场机会,那才叫企业家。

前　言

　　小企业是美国繁荣的基础。创造就业和创新的绝大部分责任,是由小企业承担的。此外,小企业比大企业更有生产力。鉴于小企业推动了美国经济的发展,小企业主因而成为美国民主的基础,美国民主的健康依赖于数量庞大且越来越多自雇公民的存在。然而,整体而言,由大企业控制,并大搞"裙带资本主义"的华盛顿,对小企业不无歧视。

　　上面这段话中每一句都是错的,或是误导性的。小企业创造了很多就业机会,但也毁掉了很多工作岗位,因为大多数小企业都倒闭了。几乎所有的大企业都比小企业更有生产力,这就是它们能够变得更大,而且付给工人更高工资的原因。有助于技术创新的只是一类特殊的小企业,即技术起家的初创企业,其成功取决于规模扩大——或是凭一己之力,或是依附于大企业。而大企业本身是极具创新性的,因为它们可以调集和投入创新所需的资源。

　　美国的民主和自由取决于自雇美国人的数量最大化,这句话也不对。跟其他国家一样,美国经济发展的特点是,大多数为大中型企业工作的公民,取代了自雇的农民、小贩和工匠。在当今由很多大企业组成的美国经济中,公民权、投票权和言论自由要比过去农耕时期的美国有保障得多,那时,小经营者生活的社会实行的是奴隶制和种族隔离,女性和性少数群体的权利是被拒绝承认的。

　　这一切都再真实不过了,我们写这本书即是来证明这一点。那么,为什么小企业在美国和其他国家,是最神圣不可侵犯的圣牛?

在美国,对小企业的崇拜可以归结为两个思想流派:生产者共和主义和市场原教旨主义。生产者共和主义者认为,一个共和国必须依靠大多数自雇的小农场主和小企业主,这是前工业化时代杰斐逊的农业共和主义的遗风余韵。虽然生产者共和主义经历过周期性的短暂复兴,却是已经过时一个多世纪了,目前,它只在进步分子中间还有市场。

市场原教旨主义也强化了小企业崇拜。市场原教旨主义假定,所有市场天生都是竞争的,由众多原子化的小企业构成,即使没有政府厚此薄彼或商业欺诈,竞争也会很快削弱任何暂时变得比其他公司更大的公司。对处于技术停滞且劳动密集行业的企业来说,这便是真实的写照,如当地的修鞋公司。但它忽略了制造、运输和基础设施以及高科技零售业,在现代发达经济体中的核心地位,这些行业的特点是范围经济和规模经济。学生从经济学基本原理课程中学到且信以为真的那些所谓"法则",并不适用于这些行业:垄断可以是有效率的;少数几个大型寡头垄断企业之间的竞争,可以推动创新。

这些就是我们这本书要论述的主题。在第 1 章讨论了关于"小企业好"的溢美之词后,第 2 章至第 7 章将详述规模优势,因为它使得美国的企业变大,并继续变大。

从第 8 章至第 13 章为本书的后半部分,我们转而探讨政治和商业政策。政治腐败确实是个问题,但小企业的压力集团跟大企业一样都造成了公共政策的扭曲,扭曲程度甚至有过之而无不及。我们认为,从 19 世纪到 21 世纪,美国的反托拉斯或竞争政策,已经因"大企业有害"这种偏见而变得扭曲。在用反托拉斯法来攻击很多只是因为经营成功而招致非议的公司时,美国政府在民粹主义和自由市场的混合意识形态的支配下,给予了小企业大量的好处,使其成为所谓裙带资本主义的最大受益者。

　　最后，我们呼吁政府在税收、融资、补贴、采购和监管等企业政策上采取规模中立的立场，而不是区别对待不同规模的企业，同时重视高速成长的新企业，而不是小企业，即重视可以让经济转型的充满活力的初创企业，而不是其所有者既不从事创新，也不寻求增长的小企业。

　　我们写这本《规模——企业创新、生产率和国际竞争》的初衷，并非是因为对小企业存有什么敌意。在由各种规模的公司、非营利研究机构以及促进增长的政府机构组成的充满活力的经济中，有一部分小企业发挥了至关重要的作用。我们之所以涉足此争议之地，乃是由于我们有这样一种信念：提高美国整个经济体系的生产率，会让其他所有公共政策更易实现。充满活力、资本密集的科技企业，趋于越来越少，也越来越大，而提高生产率的最好办法就是消除阻碍，用这样的企业取代规模较小、劳动力密集、技术停滞不前的夫妻杂货店。目前，政治阵营的双方均持有"小企业好"的信念，这成为认识到这种资源重新配置的必要性和有益性的主要障碍。但这样做就需要戳破"小企业好"的神话，同时努力恢复大企业是进步和繁荣引擎的声誉。

　　18 世纪的作家乔纳森·斯威夫特（Jonathan Swift）说过："任何能让一处原来只长一根玉米穗或一片草叶的地里，长出两根玉米穗或两片草叶的人，都是在增进人类的福祉，其对国家的贡献比所有政客加起来还要多。"我们不应因为留恋乡村生活和理想化过去的小规模经济，而被蒙蔽了眼睛，以至于看不到那类最有可能产出两根玉米穗或两片草叶的企业的好处。

致　谢

感谢"史密斯·理查森基金会"的资金支持，正因为它的帮助，我们才得以完成本书的研究和写作。还要感谢史密斯·理查森基金会和麻省理工学院评审流程中的几位匿名审稿人，他们的评论大有裨益。

罗伯特·D.阿特金森（Robert D. Atkinson）感谢约翰·吴（John Wu）和卡亚·辛格尔顿（Kaya Singleton）在研究和编辑方面给予的协助，感谢他的妻子安-玛丽（Anne-Marie）、女儿克莱尔（Claire）和儿子戴维（David），他们在家里耐心支持他的写作。

上 篇

历史与当前趋势

1

"小即是美"的神话从何而来？

一切政治都是地方性的。就地方政治而言，小企业比大企业更有价值，因为在任何选区，小企业都远比大企业多。小企业尽管小，在当地社区却很大。如果你是一个主张大小企业应该公平竞争的议员，当你回到自己的社区，你必定会受到当地各行各业的小企业和小老板的批评："你为什么要反对吃苦耐劳的小企业主？"

不管是反资本主义的左派，还是自由至上的右派，不同政治立场的美国人都拥有一个共识，那就是：小企业好，大企业坏。

支持小企业是各位现代美国总统不约而同的一件事。在杰拉尔德·福特和吉米·卡特看来，"对我们每个人来说，小企业代表最为核心的美国经济机会，也是我们社会和经济凝聚力的关键所在"。[1]在里根看来，"美国小企业的健康和实力对我们经济的健康和实力至关重要……的确，小企业就是美国"。[2]老布什计划"为小企业做些我们力所能及的事情"。[3]克林顿表示赞同，声称："几乎所有的新工作都来自小企业。"[4]在小布什看来，"有利于经济增长的政策很有必要以小企业为基础"。[5]奥巴马总统宣布："小企业是我们经济的支柱和美国希望的基石。"[6]而特朗普则说："美国梦回来了。我们将为小企业创造一个若干年前没有过的环境！"[7]

政客们花费了很多时间不无仪式性地赞扬小企业。2010年至2012年间，"小企业"一词在《国会议事录》中出现了1万多次。[8]民调专家弗兰克·伦茨(Frank Luntz)对国家公共电台说："我用'小企业老板''工作创造者''创新者''企业家'都试过，但都不如'小企业主'好，因为它涵盖了所有这些词。"[9]

美国两党都信奉小企业。2016年，共和党的纲领宣称：

　　20 世纪之所以见证了美国的繁荣,最重要的原因在于个人在自由市场上发明和创造的能力。那时候,他们被称为冒险者、梦想家和小企业主。今天,他们是我们新经济的企业家、独立承包商和小企业的男男女女。[10]

　　民主党不甘示弱,在其 2016 年的党纲中,它指出:“小企业为妇女、有色人种、部落和美国农业人口提供了机会。民主党也认识到这种引擎的极端重要性,并将努力培育企业家精神。”[11]

　　正如一本谈论小企业的书指出的那样:“政客们喜欢支持小企业。这些华丽的辞藻很是熟悉:小企业主敢于梦想,违逆传统,支持他们的教会,捍卫自由,拥有信仰、智慧和勇气。对政客来说,赞扬小企业就像是亲吻婴儿,对那些参与其中的人有同样的意义。”[12]这种对小企业的颂扬并不限于美国。说起小企业,世界各地的政治领袖都赞不绝口。比如澳大利亚总理马科姆·特恩布尔(Malcolm Turnbull)曾表示小企业是“我国的经济支柱”。[13]

　　如果小企业好,那么,大企业就坏。事实上,如果你今天想妖魔化什么东西,只要在它前面加上“大”字就可以了。在 2007 年的民主党总统辩论中,约翰·爱德华兹(John Edwards)谴责“大烟草公司、大制药公司、大保险公司、大广播公司和大石油公司”。[14]《每日野兽》的头版头条尖叫道,“大制药公司是美国的新黑手党”,以至于有些人禁不住想知道“小制药公司到底是什么?”[15]是商店里研磨药粉的药剂师吗?另外,除了捍卫小石油和天然气公司的利益之外,我们有理由怀疑批评“大石油公司”的人还有其他目标。

　　但现在看来,任何行业都有可能遭受路易斯·布兰代斯(Louis Brandeis)所谓“大企业的诅咒”的折磨。沃尔玛是“大卖场”。[16]还有就是险恶的"大啤酒商"。《洛杉矶时报》告诉我们:"风投为精酿啤酒厂提供了一个'出售给大啤酒商'的替代方法。"[17]民主党参议员爱德华·马基(Ed Markey)谴责"大型宽带服务公司"。[18]信奉自由主义的学者罗伯特·赖克(Robert Reich)认为"大型科技公司"已经变得"实在是太强大"了,而"大型科技公司"指的是大型互联网公司,比如谷歌、Facebook 和微软。[19]

作家和活动家迈克尔·波伦(Michael Pollan)驳斥了从"大型食品公司"的低价获得的好处:

> 粮食运动的力量,在于其思想的力度和其愿望的吸引力。这个愿望是建设社区,使我们与大自然重新联系起来,既有利于我们的健康,又有利于大地的健康。相比之下,大食品公司有什么想法? 有一个,主要内容是:如果你不管我们,不注意我们是怎么做的,我们就能以令人难以置信的低廉价格生产出大量可口的食物。[20]

《沙龙》杂志的标题是这样写的:"这就是你渴望牛肉的原因:大型食用肉公司 10 亿美元的广告和游说活动的秘密"。[21]另一本杂志 Vice 则谴责了"大型鸡肉产业"(养殖加工鸡的公司是大型的,不是说鸡是大型的)。[22]

即便是非营利机构,批评者们也会把"大"这个形容词抛给它们。在描述大型环保组织时,保守派和一些进步人士公开抨击它们是"大环保组织"。[23]《周刊》宣称"大科学被打破了"。[24]《洛杉矶进步》杂志甚至还妖魔化"大宗教"。[25]

如果大企业不好,那么它与大政府的联盟就更坏了。保守派记者乔纳·戈德伯格(Jonah Goldberg)告诫说:"企业越大,大政府的合作伙伴就越可靠。"[26] 2012 年,路易斯安那州共和党州长博比·金达尔(Bobby Jindal)对《政客》杂志表示:"我们必须确保我们不是大企业、大银行、华尔街大救助对象、大企业漏洞或随便什么大东西的政党。"[27]

美国人只有十分之一是自我雇佣者,一个多世纪以来,这个数字已经下降了,其中一部分人雇佣了其他人。换句话说,大多数美国人是为他人打工的工薪阶层,包括为大中型企业、政府机构或非营利组织工作的人,这部分人超过了美国人口的半数。然而,我们的政治话语却在诬蔑那些雇佣大部分美国劳动力的大型成功企业或组织,却将个体经营的小企业主理想化。2005 年盖洛普的一项民调显示,如果可以选择的话,57%的美国人更愿意创业,而不是为他人工作,而 40%的美国人更愿意受雇于他人,这没有什么可奇怪的。[28]如本书第 4 章讨论的那样,即便自雇者和在小企业打工者的收入和福利比不上为大企业雇佣的人,情况也是如此。

为什么大企业的声誉和现实之间有这么大的差距?如本书第 12 章详述的那样,为什么政府会热衷于给予小企业优惠政策?原因之一是政治。众议院前议长蒂普·奥尼尔(Tip O'Neil)曾经说过:所有的政治都是地方性的,就地方政治而言,小企业比大企业有价值,因为在任何国会选区,小企业远比大企业多。一位研究小企业的学者写道:"正如一名说客所说,'尽管它们很小,在当地社区却很大'。"[29]如果你是一位主张大小企业应该在更公平的环境下竞争的国会议员,可以肯定的是,当回到自己的社区时,你会受到当地的汽车经销商、会计师、房地产经纪人、餐馆老板和所有其他类型小企业的批评:"你为什么反对吃苦耐劳的小企业主?"如果政府不根据规模挑选获胜者,生产率可能会更高——若是你用这样的抽象争论给予回应,只会在下次选举中引发对手如此反驳:"某某国会议员希望大企业进来,毁了你的工作。"

小企业神秘的吸引力的第二个原因在于意识形态。在第 2 章,我们将表明美国有一个长期存在的传统,即认为小企业符合共和国的核心价值观和传统。通过推翻令人难以忍受的国王而建立的国家并不想用大企业的统治来取代非民主的君主制。

尽管有此历史传统，但从二战到20世纪70年代，美国人至少在一定程度上认为大企业是有利的。随着二战后新经济的出现，新的组织系统也出现了。于是开启了大型组织的时代，不论是大企业或大政府，还是大规模的劳动力，它们都受到了一种新的管理思潮的支配。以前在工厂时代主要与个人业主或小企业有关的活动，现在成了大型国有公司的领域。20世纪60年代，约翰·肯尼思·加尔布雷思（John Kenneth Galbraith）感受到了这一变化：

> 70年前，公司的活动范围仅限于铁路、蒸汽轮船、炼钢、石油开采及炼油和某些采矿业，在这些行业中，似乎生产必须是大规模的。现在，它还出售食品杂货、磨粮食和出版报纸，并提供公共娱乐服务，这些业务都曾经是个体所有者或小微企业的领地。[30]

一战后美国企业的崛起也意味着美国人看待企业的方式发生了变化。大企业被视为终极成就，而小企业则被视为未能长大的公司。正如加尔布雷思指出的那样："由于处于早期的发展阶段，（创业企业）没有多少规划。……对于在政府资助下接受专业培训的人员，需求有限。其技术比较简单，很少能从政府支持的研究和市场开发项目中获益。"[31]小企业被人小看，视为工资较低、管理水平较低和较不安全的二流企业。加尔布雷思还说道："在很多人眼里，企业家属于受贪婪驱使的自私之人，而且也过得不开心。"[32]这是经理人的时代，而不是企业家的时代。

随着大企业在20世纪上半叶之后开始主导经济格局，企业的控制和管理也发生了根本的变化。工厂经济时代，公司主要是企业所有者的一种手段。像卡内基、哈里曼、福特、伊士曼、杜邦，当然，还有洛克菲勒，他们都是企业巨头。然而,随着公司的发展,公司变得日益复杂,对经营管理和行政管理的需求大大增加,公司被职业经理人阶层所控制。学者们认为,控制权现在与所有权分离了。哥伦比亚大学的阿道夫·伯利(Adolph Berle)是富兰克林·罗斯福智囊团的主要成员,他甚至得出结论:大企业没有赋予企业所有者任何权利,因此,由一帮子懂行的经理人管控着公司。持有这种观点的可不只是新政拥护者,共和党参议员罗伯特·塔夫脱(Robert Taft)属于中西部顽固的保守主义者,人称"保守先生",他说:"大企业的社会意识因其受到公众瞩目而提升,现在的企业高管认为他们承担着受托人的责任,不能只为股东的利益而经营,还要为了员工、客户和一般公众。"[33]

正如工商管理教授玛丽娜·惠特曼(Marina Whitman)注意到的,在1950年至1973年的企业经济鼎盛时期,美国的大企业成了被赋予公共目的的私营机构。[34]它们提供了稳定的工作,支持艺术,鼓励雇员参与社区工作,并在民间组织中占据着领导位置。人们普遍认为,公司致力于当地社区,公司的目标、员工的目标和社区的目标是同步的。由于管理者几乎拥有无限的自由裁量权,金融市场和全球竞争的压力比今天要小,他们有条件可以这样看待自己的角色。正如迈克尔·乌塞(Michael Useem)所说:"除了股东价值,管理资本主义还承担了众多的公司目标。"[35]民意调查反映了战后企业的新合法性。1950年的一项民调发现,60%的美国人对大企业持赞许态度,86%的公众对通用电气持赞许态度,70%以上的人对通用汽车公司持赞许态度。[36]1952年,研究企业的著名学者彼得·德鲁克注意到:

> 当今商界内外的人士都认为,企业特别是大型企业存在的目的,
> 是要为整个社会的福祉作出贡献。我们的经济政策讨论的都是关于

这一责任涉及什么,以及如何最好地履行这一责任。事实上,除了右派和左派的狂热分子外,没人会反对这样的看法:企业有责任最优化地利用属于社会但由企业控制的、始终有限的生产资源。[37]

但到 1975 年,盖洛普的民调发现只有 35％的受访者对大企业有很大的信心,而 57％的人表示对小企业有很大的信心。[38]到 1984 年,一项针对记者的调查发现,80％的人认为小企业主的信誉是好的或优秀的,但只有 53％的人对企业首席执行官给予同样的评价。[39]捧场文章写道:"当被问及小企业是否应该比大企业需要更少的政府监管时,56％的成年人同意应该这样做;不出意外,绝大多数小企业主和经理也持同样看法。同样,公众认为大企业不需要政府的任何帮助。"[40]

过去十年,人们对大企业的态度变差了。2009 年,59％的受访美国人认为大企业利润过高,而 1994 年时这个数字是 52％。[41]同样,当被问及大企业手中是否掌握了太多权力时,70％的人表示同意,高于 1994 年的59％。就连 59％的共和党选民也表示认同。当被问及他们信任谁的创造就业的理念时,2011 年,79％的美国人信任小企业主的想法,只有 45％的人信任大企业首席执行官的理念。[42]

2016 年,86％的千禧年一代认为小企业对国内的发展方式有积极的影响,而只有 38％的人对大企业持同样的看法。婴儿潮一代对大企业的评价更低,其中只有 27％的人对大企业持肯定态度。[43]2016 年,盖洛普发现 68％的人对小企业有信心,只有 18％的人对大企业有信心。[44]

为什么今天大企业如此令人怀疑? 其中一个原因是知名度高的公司丑闻激增,如安然的会计丑闻,泰科高管股票欺诈,高盛在 2008 年住房危机前对衍生品市场的操纵,巴克莱银行对国际伦敦银行同业拆放利率(LIBOR)的操纵,大众汽车的"柴油门"和汽车排放的谎言,图灵制药公司将抗艾滋病毒的药物提价500%，以及最近富国银行迫使员工操纵客户开设虚假账户。但考虑到美国有170万家C型公司（其收入与所有者收入分开征税的企业），没有丑闻那才怪呢。[45]大企业更容易被挑出来指责。尽管导致2008—2009年全球经济衰退的抵押贷款崩溃主要是由欺诈、独立的抵押贷款小放贷人造成的，责任却落在了操纵贷款包装的大型银行身上。[46]

大企业也因为比小企业更显眼而受到这一事实的影响。当一家大企业裁员3%时，会成为全国性的新闻。若是一家小企业倒闭，几乎没有人注意。当一家小企业做一些不道德或危险的事情时，很少有人听说，更没有人记得。正如理查德·皮尔斯（Richard Pierce）所写："坠毁在大沼泽地的Value Jet航空公司的航班上，承运了一家小企业的一批氧气发生器。其中装有氧气，虽不是太满，却欺骗性地标着是空的。有人会记得那家小企业的名字吗？"[47]

对大企业充满敌意的另一个原因在于，当代进步派人士不喜欢很多行业，包括石油和天然气、烟草、农业综合企业和制药业，由于生产的规模经济和创新，它们都是大企业。但即便是这些行业以小企业为主，很多左派人士仍会对它们横加指责。

更重要的是，全球化破坏了公司与国家利益相一致的假设，从而损毁了大企业的声誉。查尔斯·威尔逊（Charles Wilson）绰号"引擎查理"。1953年，时任通用汽车公司总裁的他，被艾森豪威尔提名担任美国国防部长，在任命听证会上，他被问及是否能作出不利于通用汽车公司利益的决定。威尔逊说出了那一番著名的话：他可以作出这样的决定，但他也无法想象怎么会发生这样的情况，"因为多年来，我认为对国家有利的对通用汽车也有利，反之亦然"。我们毫不怀疑，威尔逊和当时的大多数美国首席执行官都相信这一点，因为通常它是正确的。然而，用IBM前首席执行官彭明盛（Sam Palmisano）的话说，随着美国经济全球化和美国公司成为"全球一体化的企业"，当今许多美国人认为这样的说法可能是不合时宜的。[48]

请注意，威尔逊没有说对通用汽车有好处的，对密歇根州也有好处，密歇根州是通用汽车公司的总部。但那时，通用汽车已经将其部分生产地点设在了工资较低的南方各州。通用汽车已经不再是"密歇根的公司"，而是一家"美国公司"。因此，按照后来走向全球化的过程中再次上演的逻辑，在20世纪50年代对通用汽车有利的事，显然并不总是对其家乡那个州有利。如果通用汽车对密歇根无法做到完全忠诚，对密歇根的购车者也无法做到，这些购车者对他们的汽车是在哪个州制造的自然无动于衷。

美国消费者和美国公司在定位上已经从地区转向国家。但即使是全国性的公司，也会特意向其生产所在的社区表示忠诚，或者至少声称忠诚。通用汽车在纽约雪城（Syracuse）一家当地报纸发布了一则广告，标题为"握手，雪城"，广告称："我们生活和工作在此的邻居如此能干，帮助我们取得了成功，因此，在商品和服务的生产中，相信我们会与你们分享这种成功。"[49]在印第安纳州的曼西（Muncie），他们也是这样做的，公司广告上写道："我们最关心的是希望这里的人也很高兴把我们当成他们的邻居。"[50]

如今，在某种程度上，情况没有什么不同。美国公司不是"到州外生产"，而是到境外生产。我们现在拥有的是跨国的全球性公司，而不是跨州的全国性公司。大多数美国消费者是全球性购物，而不是在全国范围内购买，对于购买美国制造的商品几乎不会表现出什么忠诚。价格和质量影响最大，原产地和生产地点最多只能是购买之后才会考虑的事情。但当大型跨国公司必须满足全球利益相关者的需求，而不仅仅是全国利益相关者的需求时，更难以对它们抱有热情甚至中立的感觉。忠诚于某个国家的社区，与成为一家全球一体化的公司，不对任何地方表示忠诚，完全是两码事。

也许，股东价值运动的兴起比全球化对大企业的声誉损害更大，除了产生短期利润之外，该运动不容许其他的公司目标。直到 20 世纪 70 年代末，企业普遍认为其使命不仅是提升股价，还要为其他支持者服务，包括企业的员工、公司所在的社区和驻地国。而在 20 世纪 80 年代之前，大多数美国公司都是基于对长期回报的预期作出投资决策的。

但从 1908 年开始，在"股东价值运动"的大旗之下，美国投资和管理的制度体系发生了变化，从而改变了这一切。投资基金的结构及其经理人的计酬方式，意味着基金会为了寻求最快的回报而转移资金，而不管哪里能获得长期价值。管理者获得薪酬的方式越来越多地采用与实际管理业绩并不总是相关的股票期权，这反映了一种新的观点，即管理者的工作是为股东创造最大的价值。由于经理人（通过股票期权的大幅增值）成为至关重要的短期股东，他们会更加卖力地提高短期股东的福利，包括采用提高股息和股票回购的办法。

现在，股价才是最重要的，而提高股价的最好办法就是加入疯狂的高薪抢人大战，以获得最好的首席执行官和顶级管理团队，而这意味着高管薪酬的大幅增加。股东价值运动后来演变为企业的急功近利，或如某些人所说的"季度资本主义"*。这意味着只要缩小企业的规模，限制对股本的投资（目的是最大化净资产回报率），并只关注盈亏状况，首席执行官就可获得奖励。

如果把"回报"定义为最大限度地增加所有未来利润的净现值，那么，

---

* 美国上市公司每 3 个月公布一次季度利润，很多投资者据此购入或出售公司的股票。对短视的企业 CEO 来说，把目光放在每 3 月一次的财务报表上就行了。"季度资本主义"（quarterly capitalism）故而得名。——译者注

这种关注短期回报的做法就是非理性的，因为它偏离了社会甚至公司回报最大化的目标。而就保持公民对美国企业的善意而言，这当然是非理性的。股东价值革命不仅导致不平等的加剧，降低了工人的工作保障，也有损于经济效益。事实上，随着企业开始支付更多的分红，参与股票回购，以此来提振短期投资者的股价，投资于能促进长期创新和提升生产率的活动的资金相对减少了。

考虑到 20 世纪 70 年代末之后，新古典经济学日益占据主导地位，这一新的短视取向具有智识上的合理性。新古典经济学认为，运行良好的经济是其中的每个人都在以价格为中介的市场中追求自身的利益，而政府的主要作用是闪开道，别碍事。

随着股东价值运动的兴起，企业界的政治角色和方向发生了转变。20 世纪 80 年代中期之前，很多首席执行官不仅看到了他们是企业领导者，还看到了他们作为"企业政治家"的角色，如通用汽车的查理·威尔逊（Charlie Wilson）、通用电气的雷金纳德·琼斯（Reginald Jones）、惠普的约翰·扬（John Young）、杜邦的欧文·夏皮罗（Irving Shapiro）和劳拉空间通信公司（Loral Space & Communications）的伯纳德·施瓦茨（Bernard Schwartz）。但大约在那个时候，"企业政治家"的角色开始消失。高管的压力越来越大，更加肆无忌惮地专注于提高利润和股价。他们可不愿冒险失业或看到自己的公司被敌意收购者吞并。这并不是说今天的一些首席执行官并不试图扮演某些更广泛的角色，但总体而言，美国的企业领导人已经放弃了担当政治家的角色，只当首席执行官。马克·米兹鲁奇（Mark Mizruchi）在其著作《美国企业精英的分裂》中观察道：

第二次世界大战之后，美国的企业领导者坚持公民责任和开明的利己主义道德。……然而，20 世纪 70 年代，面对通货膨胀、外国的竞争和越来越多的公众批评,企业领导者日益走向劳工和政府的对立面。不无矛盾的是,成功制服反对者之时,企业领导者削弱了他们集体行动的能力。[51]

企业组织"经济发展委员会"的一项调查支持这一观点,它发现了影响企业领导人在公共问题上发挥更积极作用的三大障碍:"对他人所经受批评的担心;股东对短期业绩施加的压力;以及首席执行官应侧重其公司的理念。"[52]对首席执行官来说,这已成为一个集体行为问题。当这只意味着占用你公司的宝贵时间时,为什么还要挺身而出,为大企业和美国经济而战呢?不妨想象一下,说出一位被人认为是美国经济良好政策的倡导者的现任首席执行官的名字。

最终,随着美国两大政党在政治上愈加两极分化,出于不同的原因,各方都反感大企业,支持小企业。20世纪50年代至60年代,共和党愿意支持小企业政策,包括创建小企业管理局,其中一个原因是为了转移人们对共和党人是"大企业党"的批评。[53]现在,在自由至上的右派的影响下,很多大老党人*沉溺于对大企业直言不讳的诽谤。事实上,当众议院共和党议长能在大企业的圣经《福布斯》发表一篇题为《打倒大企业》的专栏文章时,它反映了一种特殊的自由市场观念,即古典自由主义更符合亚当·斯密对世界的看法:小企业相互竞争,与大企业的工业和后工业世界的现实相抵触。[54]议长瑞安(Ryan)视大企业为"对自由企业的致命威胁"。大企业不仅产生了"裙带资本主义",还导致了政府对经济的国有化。他写道:"大企业疯狂的政治交易不是由政党或意识形态推动的,而是受到了零和思维的驱使,即它们的收益必来自竞争对手的损失。设立竞争壁

---

* Grand Old Party(GOP)即大老党,美国共和党的别称。——译者注

垒是保持优势和市场份额的关键。"这也是保守派杂志《美国利益》宣称"小企业应是第一要务"的原因。[55]

民粹主义的左翼与自由至上的右翼找到了一个共同事业，那就是蔑视大企业，他们打着支持市场的幌子，却用市场原教旨主义的腔调表示对大企业的深恶痛绝。参议员伊丽莎白·沃伦(Elizabeth Warren，马萨诸塞州的民主党议员)在谴责大企业和赞扬小企业的演讲中明确表达了自己的立场："我喜欢市场！强大而健康的市场是让美国强大而健康的关键。"[56]

保守派和自由至上主义者强调自由市场和放松管制是解放力量，可以打烂裙带资本家和大政府官僚同床共枕的卧榻。就其本身而言，地方主义左派希望利用反托拉斯政策的大锤破坏经济实力的集中。同时，在政治中心，人们料想对"人力资本"的投资和对"企业家"的支持可以合力为美国先进的工业经济炮制神奇的小企业创新万能药。简而言之，自由至上的右派、新自由主义中间派和自由主义左派倾向于在小企业的理想化上意见一致。

大企业声誉的下降也是更广泛的文化变迁的一部分。今天普遍存在的巨物恐惧症可以追溯到20世纪70年代。大约在英国经济学家恩斯特·弗里德里希·舒马赫(E. F. Schumacher)的著作《小的是美好的》(Small Is Beautiful)于1973年成为国际畅销书的时候，美国文化经历了一次价值观的转变。[57]新政自由主义被左翼反主流文化赶下宝座，新政自由主义以大型水电站大坝、多车道高速公路和强力火箭为荣，左翼反主流文化则反对水坝，厌恶汽车，更倾向于内心世界的探索。在右翼，保守派和自由至上主义者赞扬了不受约束的自由市场的优点，不仅批评过度的政府监管，也批评那些试图将亚当·斯密式的资本主义扭曲成裙带资本主义的僵化而自满的公司。受安·兰德(Ayn Rand)的启发，新右翼成了高尔特(Galt)，而受托尔金(Tolkien)的启发，新左派成了霍比特人(hobbit)。*

如此基础广泛的共识会是错的吗？是的，如果基于懒散重复的陈词滥调和遗传下来的神话，而非基于事实和分析的话，它就会是错的。所谓的"反垄断传统"影响了美国和其他许多国家对大企业的大多数批评。反垄断传统有几分不相容的两个方面。一是"生产者共和主义"，它认为民主共和国只能存在于大多数公民是自雇式的家庭农场主或小企业主的社会中。二是"市场原教旨主义"，它认为在所有市场，如果没有私下的共谋或公开的干预，竞争将会迅速缩小任何暂时出现的大企业的规模，使得大多数小企业得以保持，并获得巨大的市场份额。

我们认为，反垄断传统在智识上是有缺陷的，由此产生的政策配方毫无价值，甚至在很多情况下是危险的。生产者共和主义和市场原教旨主义都是工业化前农业社会的知识遗存。生产者共和主义无关紧要，因为自雇主在先进的工业社会中只占少数。同时，市场原教旨主义所依据的新古典主义经济学，虽然有助于描述小企业在真正竞争激烈行业中的相互作用，但无助于我们理解以不完全竞争为特征，在规模收益递增的行业由创新寡头所主导的市场，这些行业包括航空航天、信息和通信技术、生命科学、农业和能源等。现代经济是以高科技、资本密集型企业为基础的，这些企业拥有跨国供应链和网络，若想利用反垄断传统来理解现代经济，就好比用 18 世纪的地图在 21 世纪的曼哈顿找路一样。18 世纪时，一两层楼高的建筑很少，岛上大部分地区仍旧是农田。

我们写这本书的目的是揭露这种"小企业好"共识的真相。但我们并不打算用同样头脑简单的"大企业好"的正统派说法来取代它。相反，我们认为，在现代资本主义经济中，各种规模的企业、政府机构、研究型大学

---

　　* 高尔特和霍比特人分别是安·兰德的小说《阿特拉斯耸耸肩》和托尔金的小说《霍比特人》中的角色。高尔特信奉自由主义和自私，霍比特人则喜欢安逸简朴的田园生活。——译者注

和其他非营利组织,都发挥着至关重要的作用。不过,就像我们在第4、5和6章所述,对于企业规模经济学的任何讨论,都必须认识到:在几乎所有有意义的指标上,包括工资、生产率、环境保护、出口、创新、就业多元化和合规纳税,大企业的整体表现都要远超小企业。不惟富裕国家如此,而是在几乎所有的经济体皆如此。此外,事实证明,小企业并不像其捍卫者让我们相信的那样,是新工作岗位的源泉。诚然,它们创造了大量的就业机会,但当很多企业倒闭时,它们又差不多毁掉了同样多的就业机会。

这些事实应该对公共政策有简单却重要的影响。如第12章所释,在世界上大多数国家,在怀旧、误解和政治压力的综合作用下,包括税收、监管和支出在内的经济政策,系统性地偏向小企业。相反,我们建议决策者应该在企业规模问题上持中立立场,抛弃小企业偏好,包括政府采购优先、监管豁免、小企业融资计划和有利于小企业的税收优惠。

创新、高科技的初创企业不会长期停留在初创状态。成功的初创企业要么发展成大企业,要么被现有的大企业收购,大企业能够扩展初创企业的创新技术。这意味着如果政府要帮助任何小企业,其重点应该放在有希望、有潜力做大的初创企业上,而不是扶植随便哪个人在当地开比萨饼店。

的确,公共政策不应忽视垄断、寡头垄断或特定公司滥用职权造成的真正问题。但这并不意味着就要简单地认为"大的就是坏的",就要接受这种粗蛮的竞争政策。在第11章,我们认为,高明的竞争政策必须基于这样一种理解:市场上存在多种不同类型的行业,包括网络行业、规模经济行业、创新性行业和全球性行业,所有行业都需要大规模,以最大限度地提高生产力和创新。

我们承认,大企业对政治的不当影响,是一个令人严重关切的问题。但这一威胁应该通过政治改革加以消除,包括竞选经费改革,以及政党和其他社会经济权力中心提供的"抗衡权力",而不是靠司法部那些一心只想挥舞反垄断法的粗陋武器的律师来消除。此外,打击特殊利益集团腐败的改革,不应只针对大企业,不能忽视小企业及其强大的特殊利益行业协会。

19 世纪和 20 世纪,基于一种常识性的方法,美国成为世界上领先的工业国家。联邦、州和地方政府补贴基础设施垄断企业,它们有运河、铁路、州际公路、市政水电系统和电话系统。为了防止它们滥用其定价权,基础设施垄断企业通常是公有的,如公路,或是由私人拥有但接受公共监管的公共事业,除非它们演变为角逐市场的竞争性企业,就像电报公司和电话公司,以及铁路和卡车运输公司那样。有些行业的收益递增,包括过去的汽车、钢铁和石油行业,以及当今的计算机、搜索引擎和在线平台行业。在这些行业,当时并不允许利用反垄断法阻止高效、竞争的寡头垄断的形成。同时,如第 9 章的讨论,美国试图操纵市场以保护小生产者的历史要么以失败告终,要么政策出台了又取消(如反连锁商店、反银行分行制的法规),要么造成了浪费(如大多数为低效的小企业提供的补贴)。

与过去一样,美国的繁荣将取决于技术创新推动的经济活力的不断增强,同时更广泛地分享收益。这需要一个蓬勃发展的创新生态系统,在这个生态系统中,从小型初创企业到全球性企业的、规模不一的营利企业,再到各级政府和学术机构,它们都会发挥重要而互补的作用。也许最重要的是,正如我们在第 13 章讨论的那样,这将需要联邦政策确定新的方向,即我们所说的"国家发展主义",而不是现在掌控着华盛顿经济决策却失败了的全球新自由主义。国家发展主义者认识到迫切需要一个积极的发展状态,即与公司合作,它们往往是大企业,但也有小型初创公司,帮助它们创新、提高生产率和全球竞争力。

20 世纪末,整个一代人对大政府和卡特尔企业的反抗是健康的,因为它有助于信息时代初期的创造性破坏赢得公众的支持。然而，近半个世纪后，这种"小企业好"的世界观已经退化，从令人耳目一新的打破旧习，转而成为令人窒息的两党教条。对博比·金达尔州长所谓"随便什么大东西"的仪式化的谴责，使美国人无法认真思考和应对美国日益严峻的经济挑战，而这些挑战需要一批健康的大企业。

正如塞缪尔·弗洛尔曼（Samuel Florman）所写的那样："从技术、政治、社会、美学，当然还有道德的角度看，'小'这个词毕竟是中性的。将'小'等同于'好'，不过是又一让令人哭笑不得的人类蠢行的例子，哪怕不考虑这种观点可能带来的令人不安的后果。"的确小企业在美国体系中占有重要地位。但是，要想在 21 世纪蓬勃发展，我们必须再次认识到：大企业也好。[58]

注释

1. Quoted in Charles Brown, James Hamilton, and James Medoff, *Employers Large and Small* (Cambridge, MA: Harvard University Press, 1990), 88.

2. Quoted in ibid., 8.

3. "George Bush Sr. on Jobs," OnTheIssues.org, October 11, 1992, http://www.ontheissues.org/Celeb/George_Bush_Sr_Jobs.htm.

4. Quoted in Veronique de Rugy, "Are Small Businesses the Engine of Growth?," AEI Working Paper 123 (Washington, DC: American Enterprise Institute, December 8, 2005), https://www.aei.org/wp-content/uploads/2011/10/20051208_WP123.pdf.

5. Scott A. Shane, *The Illusions of Entrepreneurship: The Costly Myths That Entrepreneurs, Investors, and Policy Makers Live By* (New Haven, CT: Yale University Press, 2008), 146, citing White House, "President Bush Addresses Small Business Week Conference," news release, Office of the Press Secretary,

April 13, 2006, https://georgewbush-whitehouse. archives. gov/news/releases/ 2006/10/20061011-7.html.

6. US Small Business Administration(SBA), "President Obama Proclaims National Small Business Week," news release, SBA, May 13, 2011, https://www. sba. gov/content/president-obama-proclaims-national-small-business-week.

7. Donald J. Trump, "The American dream is back. We're going to create an environment for small business like we haven't had in many, many decades!," Twitter post, @realDonaldTrump, January 30, 2017, https://twitter.com/real-donaldtrump/status/826175120238604288?lang=en.

8. Tamara Keith, "Small Businesses Get Political Hype: What's the Reality?," NPR, April 18, 2012.

9. Frank Luntz, as interviewed by Tamara Keith, ibid.

10. Republican Party, *Republican Platform: Restoring the American Dream*, https://gop.com/platform/restoring-the-american-dream.

11. Democratic Party, *Our Platform: The 2016 Democratic Platform*, https:// www.democrats.org/party-platform.

12. Brown, Hamilton, and Medoff, *Employers Large and Small*, 66, citing Sanford L. Jacobs, "The Multibillion Dollar Wedding," *Wall Street Journal*, May 15, 1990, 41d.

13. Quoted in James Massola, "Malcolm Turnbull Unveils Reshuffled Front Bench," *Bendigo Advertiser*, July 18, 2016.

14. Quoted in Fred Lucas, "Political Money Could Dilute Edwards' Populist Message, Analysts Say," CNSNews.com, July 7, 2008.

15. Daniela Drake, "Big Pharma Is America's New Mafia," *Daily Beast*, February 21, 2015.

16. Angelo Young, "Big Box Goes Bollywood: Wal-Mart Is Betting $1 Billion It Can Beat Amazon.com in India," *Salon*, October 12, 2016.

17. Peter Rowe, "Venture Offers Craft Breweries an Alternative to 'Selling Out to Big Beer,'" *Los Angeles Times*, May 4, 2016.

18. Quotes in John Eggerton, "Congress Asked to Axe FCC Broadband Privacy Framework," *B&C Media*, January 26, 2017, http://www. broadcastingcable. com/news/ washington/congress-asked-axe-fcc-broadband-privacy-framework/162823.

19. Robert B. Reich, "Big Tech Has Become Way Too Powerful," *New York Times*, September 18, 2105, https://www. nytimes. com/2015/09/20/opinion/is-big-

tech-too-powerful-ask-google.html.

20. Michael Pollan, "Big Food Strikes Back: Why Did the Obamas Fail to Take on Corporate Agriculture?," *New York Times*, October 5, 2016.

21. Marta Zaraska, "This Is Why You Crave Beef: Inside Secrets of Big Meat's Billion-Dollar Ad and Lobbying Campaigns," *Salon*, April 3, 2016, http://www. salon. com/2016/04/03/this_is_why_you_crave_beef_inside_secrets_of_big_meats_billion_dollar_ad_and_lobbying_campaigns.

22. Tess Owen, "The Big Chicken Industry Really Treats Its Workers Like Shit," *Vice*, October 27, 2015.

23. Daniel Greenfield, "Dirty Big Green Criminalizes Climate Science," *Frontpage*, April 18, 2016; Thomas Linzey, "Firing Big Green: Are National Environmental Groups Really Serving the People?," *In These Times*, April 3, 2015; and Jason Mark, "Naomi Klein: Big Green Is in Denial," *Salon*, September 5, 2013.

24. Pascal-Emmanuel Gobry, "Big Science Is Broken," *The Week*, April 18, 2016. The article refers to William A. Wilson, "Scientific Regress," *First Things*, May 2016.

25. Benjamin E. Zeller, "How Big Government Enables Big Religion," *Dick and Sharon's LA Progressive*, September 12, 2011, https://www. laprogressive. com/big-government-big-religion.

26. Jonah Goldberg, "Big Bedfellows," *National Review*, March 27, 2009, http://www.nationalreview.com/article/227168/big-bedfellows-jonah-goldberg.

27. Quoted in Keith, "Small Businesses Get Political Hype."

28. David W. Moore, "Majority of Americans Want to Start Own Business," Gallup. com, April 12, 2005, http://www. gallup. com/poll/15832/majority-americans-want-start-own-business.aspx.

29. Brown, Hamilton, and Medoff, *Employers Large and Small*, 72.

30. John Kenneth Galbraith, *The New Industrial State* (New York: Signet Books, 1968), 13—14.

31. Ibid., 311.

32. Ibid.

33. Charles P. Taft, "The Familiar Men of 1980," in Editors of *Fortune* magazine, *The Fabulous Future: America in 1980* (New York: E. P. Dutton, 1956), 176.

34. Marina Whitman, *New World, New Rules: The Changing Role of the American Corporation* (Boston: Harvard Business Review Press, 1999).

35. Michael Useem, *Investor Capitalism: How Money Managers Are Changing the Face of Corporate America* (New York: Basic Books, 1996), 64.

36. Jonathan J. Bean, *Beyond the Broker State: Federal Policies toward Small Businesses 1936— 1961* (Chapel Hill: University of North Carolina Press, 1996), 119; and Roland Marchand, *Creating the Corporate Soul: The Rise of Public Relations and Corporate Imagery in American Big Business* (Berkeley: University of California Press, 1998), 358.

37. Peter F. Drucker, "'Development of Theory of Democratic Administration': Replies and Comments," *The American Political Science Review* XLVI, no.2(June 1952).

38. Seymour M. Lipset and William Schneider, *The Confidence Gap: Business, Labor, and Government in the Public Mind* (Baltimore: Johns Hopkins University Press, 1987), 72.

39. Ibid.

40. J. D. Harrison, "On Small Business: Who Actually Creates Jobs: Start-ups, Small Businesses or Big Corporations?," *Washington Post*, April 25, 2013, https://www. washingtonpost. com/business/on-small-business/who-actually-creates-jobs-start-ups-small-businesses-or-big-corporations/2013/04/24/d373ef08-ac2b-11e2-a8b9-2a63d75b5459_story.html.

41. "Section 3: Public Attitudes toward Government and Business," *U.S. Politics & Policy*, Pew Research Center, October 15, 2008, http://www.people-press.org/2008/10/15/section-3-public-attitudes-toward-government-and-business.

42. Frank Newport, "Americans Trust Small-Business Owners Most on Job Creation," Gallup. com, November 3, 2011, http://www. gallup. com/poll/150545/americans-trust-small-business-owners-job-creation.aspx.

43. Hannah Fingerhut, "Millennials' Views of News Media, Religious Organizations Grow More Negative," *Fact Tank*, Pew Research Center, January 4, 2016, http://www. pewresearch. org/fact-tank/2016/01/04/millennials-views-of-news-media-religious-organizations-grow-more-negative.

44. "Confidence in Institutions," Gallup poll, June 1—5, 2016, http://www.gallup.com/poll/192581/americans-confidence-institutions-stays-low.aspx.

45. Scott A. Hodge, "The U.S. Has More Individually Owned Businesses Than Corporations" (Washington, DC: Tax Foundation, January 13, 2014).

46. Kirsten Grind, *The Lost Bank: The Story of Washington Mutual—The Biggest*

Bank Failure in American History (New York: Simon & Schuster, 2012).

47. Richard J. Pierce, "Small Is Not Beautiful: The Case against Special Regulatory Treatment of Small Firms," *Administrative Law Review* 3 (Summer 1998): 537—578.

48. Samuel Palmisano, "The Globally Integrated Enterprise," *Foreign Affairs*, May/June 2006, https://www. foreignaffairs. com/articles/2006-05-01/globally-integrated-enterprise.

49. Cited in Marchand, *Creating the Corporate Soul*, 244.

50. Cited in ibid., 359.

51. Mark Mizruchi, *The Fracturing of the Corporate Elite* (Cambridge, MA: Harvard University Press, 2012), 16.

52. Steve Odland, "Where Have All the Corporate Statesmen Gone?," Committee for Economic Development, August 27, 2013, www.ced.org/blog/entry/where-have-all-the-corporate-statesman-gone.

53. Jonathan J. Bean, *Big Government and Affirmative Action: The Scandalous History of the Small Business Administration* (Lexington: University Press of Kentucky, 2001), 7.

54. Paul Ryan, "Down with Big Business," *Forbes*, October 12, 2009.

55. "Small Business Should Be Priority Number One," *American Interest*, April 21, 2016, https://www.the-american-interest.com/2016/04/21/small-business-should-be-priority-number-one.

56. Senator Elizabeth Warren, "Reigniting Competition in the American Economy," June 29, 2016, https://www. warren.senate.gov/?p=press_release&id=1169.

57. E. F. Schumacher, *Small Is Beautiful: A Study of Economics As If People Mattered* (London: Blond and Briggs, 1973).

58. Samuel C. Florman, "Small Is Dubious," *Harper's Bazaar*, August 1977, 12.

企业为何会变大？一部简史

在工业化阶段，美国和法国是白人男性公民普选的共和国，英国是有限选举权的君主立宪制国家，德国和日本是专制的君主制国家。然而，这些政治制度迥异的国家，都出现了类似的行业集中。原因再清楚不过了：新技术让企业发展到前所未有的规模，降低了成本，让竞争对手倒闭，自身则进一步增长。

　　两个世纪以来的变化真的很大啊！根据 1810 年的人口普查,美国人口略多于 500 万,其中只有 6.1% 生活在市区。[1] 1816 年,名列 25 家最大企业的主要是金融机构:23 家银行、1 家保险公司和 1 家纺织品制造公司。在拥有州或联邦执照的 2 087 家公司中,280 家在金融业,只有 141 家在第二大部门的制造业。在 141 家制造企业中,91 家在马萨诸塞州,34 家在纽约州。[2]

　　到 2016 年,美国人口已增至 3.24 亿,约为 1810 年人口的 65 倍。而现在差不多 81% 是城市人口。[3]就收入而言,美国的 10 大企业是非金融公司:沃尔玛、埃克森美孚、苹果、伯克希尔·哈撒韦(投资者沃伦·巴菲特领导的企业集团)、麦克森(Mckesson,药物经销商)、联合健康保险(人寿保险公司)、CVS 药店、通用汽车、福特和美国电话电报公司(AT&T)。[4]在前 25 家企业中,最大的银行摩根大通(JP Morgan Chase)排名第 23 位,是唯一一家银行,若是不算政府控制的抵押贷款公司房利美(Fannie Mae)的话。

　　随着企业越来越大,美国兴旺繁荣起来。1900 年,典型的美国家庭用于食品的收入份额占 43%,用于服装的占 14%;由于技术的发展,农业和纺织制造业的生产率得以增长,到 2003 年,食品支出的占比骤降至 13%,服装降至 4%,并且历史上第一次,美国普通家庭在餐馆就餐的支出超过了在家烹饪的支出。[5]

事实上，更先进的技术使得更少的工人以更低的价格为更多的消费者生产更多的商品。因此，在 1920 年至 2009 年间，工厂、农场或矿山的工人占比从 60％骤降至 13％。[6]

什么原因促使美国富有？不只是市场，而是市场和机器的互动。现代经济首先是机器经济，在这种经济中，机器是由人力和畜力以外的来源驱动的，它部分取代了人类发达的肌肉，最近又取代了人类的脑力。它对增长的主要贡献是基于技术的进步提高了生产率，这种技术进步有利于大企业，而不利于众多小企业之间在各地单独进行的降价竞争。大企业在机器时代蓬勃发展，因为机器实现了规模经济和范围经济。一般而言，随着技术的进步，公司越来越大。

企业规模的演变主要发端于制造业，这在很大程度上是因为 19 世纪下半叶工业机械化革命促成了规模更大的制造公司和工厂的增加。经济史学家艾尔弗雷德·钱德勒（Alfred Chandler）对技术如何促成新的规模经济和范围经济进行了记录。[7]同样，约翰·布莱尔（John Blair）发现，工厂和公司规模在 19 世纪末之后开始扩大。[8]他发现，1914 年至 1937 年间，员工超过 1 000 名的制造工厂在美国制造业的就业比例增加了 9％。[9]同样，索尔·桑兹（Saul Sands）发现，1904 年至 1947 年间，工厂的平均规模也在增加。[10]

规模的好处并不只限于有形的因素，比如高炉的大小或装配线的长度。在 1959 年首次出版的《企业成长理论》中，伊迪丝·彭罗斯（Edith Penrose）提供了一份管理规模经济的清单：

> 当一家更大的公司能够利用管理者分工的增加和与某种管理流程密切相关的机械化时，管理经济由此产生。通过日常开支的"摊

薄"，能更集约地利用现有的管理资源；因大规模的采购和销售而降低成本；更节约地利用储备；以更低的成本获得资本；支持大规模的研发。[11]

在工业化之前的经济中，几乎所有的商业公司都是由几个工人和单个所有者经营的单一企业。在约翰·肯尼思·加尔布雷思所说的现代"双峰经济"（bimodal economy）中，小企业主经营的公司继续存在，确实占绝大多数。但最具生产力、资本密集型的科技行业，是由雇佣数千或数万名工人的大企业占主导，其分支机构分布在不同的地区或国家，并由专业的管理机构运营。在从较小的供应商处购买一些商品和服务时，大企业还在内部生产很多其他商品和服务。由于内部生产部分取代了正常的商业交易，加尔布雷思将企业的少数垄断部门称为"规划部门"（the planning sector），指的是庞大私人机构的内部规划。[12]

过去几十年里，随着信息技术使越来越多的服务实现了自动化，并实现了早期的机械技术为农业和制造业带来的规模经济，更多的服务开始由高效的大企业提供。因为使用机器人仓库和低成本的网上订购而变得极其高效，亚马逊正在取代夫妻杂货店。通过在互联网上销售电影，Netflix正取代无数家庭经营的音像店。类似联合服务汽车协会（USAA）这样的大型银行不设分行，普遍采用网上银行开展业务。通过销售电子书，亚马逊和苹果正在取代无数家地方小书店，而在此过程中，消费者省钱更多，但代价则是被取代工人所付出的就业转换成本。

尽管当代人普遍认为技术创新正在弱化规模优势，但技术的进步和大企业的增长继续密不可分。为了描述技术推动的经济转型，经济学家约瑟夫·熊彼特（Joseph Schumpeter）在其1942年的《资本主义、社会主义和民主》一书中首次提出了"创造性破坏"（creative destruction）一词：

如果我可以用"突变"这个生物学术语表达的话，那么，国内外新市场的开放，以及从手工作坊到美国钢铁公司之类的企业的组织发展，则说明了同样的产业突变过程，即不断地从内部变革经济结构，不断摧毁旧的结构，不断创造新的结构。这种创造性破坏的过程，就是资本主义的本质所在。[13]

熊彼特描述的创造性破坏包括大型、高效的大批量生产公司，对小型、低效的手工作坊的破坏。在本章，我们将讲述企业和美国如何共同成长和致富的故事。

企业是如何变大的

经济史学家常将第一次工业革命追溯至詹姆斯·瓦特（James Watt）在18世纪70年代"发明"了蒸汽机（实际上是改进）。蒸汽机的开发最早用于英国煤矿的抽水，自那以后，又过了几十年，它才被改造成蒸汽船、火车头的动力，有些工厂也开始以蒸汽为动力。甚至经过更长的时间之后，美国和其他国家才把铁路基础设施建好，才彻底因蒸汽时代的技术而受益。

在很多国家，铁路是国有或国家控制的公用事业。在美国，铁路通常是私人拥有的，但由城市、州和联邦政府通过金钱或政府赠地提供补贴。19世纪，政治上的积极支持和个人野心的病态互动导致铁路行业经历了大规模的过度建设、裁员和破产。它还催生了广泛的政治腐败和血腥的劳资纠纷，铁路公司有时会召集国民警卫队和联邦部队镇压罢工的铁路工人。直至今日，在人们心目中，铁路时代的企业巨头范德比尔特（Vanderbilt)、杰伊·古尔德(Jay Gould)、利兰·斯坦福(Leland Stanford)依旧是典型的野蛮和腐败的"强盗大亨"。

虽有恶名相伴，铁路公司还是为美国经济留下了宝贵的遗产，不仅铁轨连接起了全国市场，为全国性的大批量生产奠定了基础，也为大规模生产的现代企业开辟了道路。19 世纪 70 年代之后，为提高铁路网的效率，多个区域和地方性铁路系统进行了整合，这意味着铁路规模变得巨大，其名义所有者无法进行密切的监督，因此公司经理人这一新职业得以发展。包括安德鲁·卡耐基(Andrew Carnegie)和托马斯·爱迪生(Thomas Edison)在内的许多工业创新者从铁路业起步并不是偶然的。同时，铁路公司需要筹集巨额资金刺激了美国投资银行和股市的快速发展。这使得急需资本的制造企业扩大规模变得更加容易。

或许铁路对美国工商业规模增长的最大贡献在于它们创造了区域性和全国性市场。在铁路诞生之前，几乎所有的公司都很小，因为将产品运送至几十英里远的地方成本很高，提供非面对面的服务几乎是不可能的。但一旦某个社区靠近铁路线，就会刺激大型制造企业的创建。[14]

然而，几近 19 世纪末，铁路公司仍是美国最大的公司。即使到了1890 年，美国制造业的资产达到 65 亿美元，接近美国铁路行业的 100 亿美元，但只有少数制造企业的资产超过 1 000 万美元，而 10 大铁路公司每家的资产都超过了 1 亿美元。[15]铁路公司以外巨头公司的崛起不得不等待更新技术的采用，包括先进且廉价的钢铁、电力、电动机和内燃机。

随着技术使得规模变得更加高效，企业的规模越来越大，这部分源自自然的成长，不过，通过兼并而致的也很常见。事实上，美国历史上有三次大的合并浪潮：19 世纪 90 年代至 20 世纪初、20 世纪 20 年代，以及 20 世纪 50 年代至 60 年代。

第一波浪潮最初受到阻挠，然后在州和联邦法律的支持下得以推行。

美国宪法允许联邦政府特许成立公司,如昙花一现的美国第一银行和第二银行。但在 19 世纪上半叶,大多数公司是由州政府通过特殊的法令特许成立的,目的特殊而狭隘,通常与交通(收费高速公路、铁路、运河)或公用事业(市政供水)有关。所谓依规成立的特殊公司引发了一系列丑闻,比如贿赂立法者或政客勒索公司。在 19 世纪 30 年代和 40 年代运河和铁路泡沫给许多州政府带来财政危机之后,美国各州效仿英国通过了普通公司设立法,允许任何符合条件的公司注册成立,无需立法机构任何的特许。

然而,直到 1889 年,公司仍然不准拥有其他公司的股票,而新泽西州却允许在该州获准注册的任何公司拥有其他州的公司股票。这使得真正全国性的公司只好采取在多个州成立控股公司的方式,美国钢铁公司就是这样一个例子,它由金融家约翰·皮尔庞特·摩根(J. P. Morgan)于1901 年成立。

1890 年,《谢尔曼反托拉斯法案》获得通过,它旨在阻止合并的意图,反倒无意中使其成为可能。联邦法院将《谢尔曼法案》解释为禁止卡特尔,但允许合并。例如,在 Addyston 管道和钢铁公司等诉美国案(1899年)中,最高法院裁定,6 家铸铁管道公司企图操纵出售给市政供水公司的管道投标价格,是会造成损害的。近一个世纪后,学者乔治·比特林迈尔(George Bittlingmayer)解释说:当时的铸铁管道行业的情况使得供应商的串通是合理的,在一个行情非常不稳的市场中,只有这样才能在需求低迷时期保持产能,因为市场价格必须足够高,才能使企业收回高昂的固定成本。[16]跟其他情况一样,在这种情况下,无论是通过串通还是合并,消除公司的产能,借助市场势力收回高昂的固定成本,未必会导致产量和价格的大跌,反倒可能造成广泛的破产,甚至产量的下降。因此,尽管被Addyston 案的判决所挫败,这些操纵标价的共谋者却想到了合并成立一家公司，即美国铸铁管道铸造厂（US Cast Iron Pipe and Foundry）。

在此期间，德国、日本、英国和其他主要国家对待卡特尔比美国更宽容，允许中小企业协调价格，出于一定的目的集中各自的资源，联合经营。在英国等国家，这种对卡特尔的宽大处理使工业公司得以在不合并的情况下进行协调，从而阻止了它们获得利用现代工业技术所需的规模。很多欧洲制造商继续采用手工生产模式，无法从只有大企业才拥有的大规模生产技术中获得巨额收益。

然而，在美国，禁止卡特尔和对并购持宽容的态度相结合，促生了历史学家内奥米·拉莫洛（Naomi Lamoreaux）所说的 1895 至 1904 年的第一次并购浪潮。[17] 短短 10 年间，1 800 家企业就被合并成只剩 157 家，它们大部分属于制造企业。到 1904 年，一两家大企业控制了 78 个不同行业至少一半的产出，通常是借助合并完成的。1896 年，价值 1 000 万美元的公司不到 12 家，而到 1904 年，就有了 300 多家。

拉莫洛研究了 93 个合并案例。这些合并案例产生的 93 家公司中，有 42 家控制了各自行业至少 70% 的市场，有 72 家控制了至少 40% 的市场。前者包括通用电气，该公司由 8 家公司合并而成，控制了其全部市场的 90%；美国烟草公司由 162 家公司合并而成，控制了其所在市场的 90%；国际收割机公司（International Harvester）由 4 家公司组建而成，控制了其所在市场的 70%；杜邦由 64 家公司组成，市场占有率在 65% 至 75% 之间。占据 40% 或更多市场份额的企业包括美国钢铁、奥的斯电梯、伊士曼柯达、纳贝斯克、国家糖果（National Candy），以及一家雪茄公司国民雪茄（National Stogie）。[18]

这一合并浪潮创造了规模空前的公司，让很多美国人感到震惊。1901 年，经济学家约翰·贝茨·克拉克（John Bates Clark）写道："如果石炭纪时代卷土重来，地球要重新接纳恐龙，那么恐龙对动物生活的改变，似乎也赶不上庞然大物般的公司造成的商业生活的变化。"[19]大型的管理者主导的公司(managerial corporation)出现了。记录这一现象时,艾尔弗雷德·钱德勒认为,这些变化在 1940 年之前几乎确定会遭到大多数美国人的反对。[20]

由合并大潮催生的企业巨头,存在于一个分散化的美国金融体系中,近 3 万家小型的"单一制银行"受州和联邦法律的保护,不受竞争的影响,也无法做大。由于缺乏德国的综合银行这样的实体,企业不可避免地要么转向股市,要么转向摩根大通等投资银行。摩根等投资银行的股东募集了巨额资金,作为对他们的回报,投资银行按照欧洲综合银行的方式,向这些公司的董事会派驻了代表。

摩根的职业生涯始于铁路行业,他精心策划了一系列合并,创建了通用电气、AT&T、Pullman 公司、纳贝斯克和国际收割机,最终于 1901 年创立了美国钢铁公司,它是第一家价值 10 亿美元的公司。美国钢铁公司的初始资本总额是美国联邦预算的 2 倍,摩根为收购卡内基钢铁公司而支付给安德鲁·卡耐基 4.8 亿美元,使他成为全球最富有的人。[21]由于这家新公司规模空前,华尔街的金融家们简称其为"该公司"(the Corporation)。

公司既可以纵向一体化(控制生产的多个阶段,从原材料收购到成品营销),也可以横向一体化(相似公司的合并)。横向兼并旨在消除竞争,利用定价权维护垄断地位,却会伤害消费者的利益。但是,利润渐增行业的横向兼并,会引致可提高生产率的投资,使商品的生产成本更低,从而使消费者受益。

这种规模的扩大不仅发生在企业层面,也发生在分支机构层面,因为工厂变大之后便可以利用机械化生产的技术变革。到 1920 年,有 1 万多家制造工厂雇佣的员工超过了 500 人,其产出占到了制造业的三分之二以上。从 1880 年到 1900 年,平均每家工厂的实物资本价值翻了一番,从

1900 年到 1920 年又翻了一番。

机器和大企业的增长

几代人以来，很多民粹主义者一直声称大企业的效率低于小企业，它们之所以存在，只是由于兼并和收购，以及得益于类似的法律和金融的阴谋诡计。从这个角度来看，大企业的规模要归功于掠夺，而不是创新或效率。但是，企业变大不是因为企业的创始人和股东比小城镇的企业主更贪婪或更不诚实。相反，是新的生产、通信和运输技术，使得企业发展到前所未有的规模。工厂或公司越大，效率就越高，就越能降低成本，让竞争对手倒闭，从而自身规模就越容易进一步扩张。而交通和通信网络越好，这些高效的大企业就越容易打入遥远的市场，从规模较小的当地公司手里抢夺市场份额。工厂运营造成的成本降低和生产的地域集中使一个又一个行业的小批量定制生产不堪重负，而这却是在法律许可范围内的。

无论推动 1895 至 1905 年合并的实业家和金融家的动机多么肮脏和自私，其结果往往导致消费品价格的下跌。例如，1893 年至 1899 年间，美国烟草公司将其香烟的批发价从每千支 3.02 美元下调至 2.01 美元，而其成本则从每千支 1.74 美元降至 0.89 美元。[22]

新技术导致价格下降，而这又使得 1850 年到 1960 年间制造企业规模扩大。由于蒸汽机等大部分新设备的固定成本很高，而大企业更容易摊销这些成本。[23]因此，杰里米·阿塔克（Jeremy Atack）、罗伯特·A. 马戈（Robert A. Margo）和保罗·W. 罗德（Paul W. Rhode）发现：以每位员工操控的机器马力计，员工超过 1 000 人的公司几乎 10 倍于拥有 5 名员工的企业。[24]正如他们的一项研究描述的那样：

从他考察的每个人口普查年中的大多数行业来看,阿塔克发现了大规模生产(规模经济)相对于小规模生产(工匠商店)的效率优势。由于观察到很多已经有过产品销售的市场因为竞争对手较远、运费较高而免于竞争,阿塔克解释了小企业持续存在的原因。然而,随着时间的推移,国内运输的改善和新技术(如蒸汽汽动力)的传播,致使小企业的市场份额受到侵蚀。[25]

换言之,因为使用了更多的动力机器,大企业拥有更高的生产率,并因范围更大的分工而受益。

这种现象并非美国独有。历史清楚地表明,同一个行业在完全不同的社会中,几乎同时出现了占主导地位的大型工业企业,这只能从技术和组织效率的角度来解释,而非信奉"小企业好"的民粹主义信徒所指责的特定国家政治腐败的结果。艾尔弗雷德·钱德勒和引野隆志指出,美国、英国、德国、法国和日本在 1912 年至 1918 年间的产业集中模式极其相似。[26]在这些不同的工业化国家,以需要大量机器技术投资为特点的工业比其他资本密集程度较低和技术行业的集中度要高得多。

例如,1909 年至 1970 年间,英国 100 家最大企业的制造产出净额所占比例,从 16% 增长至 45%。[27] 在德意志帝国时期,马库斯·比尔曼(Marcus Biermann)发现,随着地理市场的开放,"就业和市场份额明显从中小型企业向大企业转移"。[28]1882 年至 1907 年间,铁路的货物运输吨数增加了 2 倍,而 1877 年至 1912 年间,船舶的平均运力增加了 429%,出口几乎翻了一番。除此之外,电话和电报的兴起使得协调远距离的生产和市场更加容易。因此,德国制造业的平均企业规模增加了 78%,小企业的就业比例从 1882 年的 45%,下降到 1907 年的 19%,而最大企业的就业比例从 37% 增加到 57%。

因此,在规模收益递增的行业,我们看到各国企业的规模都有类似的增加。例如,第一次世界大战期间,依赖技术、资本密集的典型产业原材料金属加工业中,200 家最大的企业资产占行业资产的百分比如下:美国29％;英国 35％;德国 49％;法国 36％;日本 21％。在另一个极端,这些国家的木材行业前 200 家公司的资产集中度分别为:美国 3％;英国 0％;德国 1％;法国 1％;日本 3％。就家具这一传统手工业而言,前 200 家公司的资产在这 5 个国家行业总资产中的占比都不到 1％。[29]60 年后的情况仍是如此:1972 年的一项研究表明,所有工业经济体的行业集中趋势和程度都是相似的。[30]

1973 年,钱德勒对 379 家拥有 2 万多名员工的制造企业进行了研究,他发现这些公司大致为美国公司和海外公司各半,比例惊人地接近:22 家运输设备公司在美国,22 家在海外;20 家电机公司在美国,25 家在海外;24 家化学公司在美国,28 家在海外;14 家石油公司在美国,12 家在海外。在很少或没有规模收益递增的行业,大多数企业因此规模较小,海外市场也如同美国市场。在员工超过 2 万名的制造企业中,纺织公司只有 7 家在美国,6 家在海外;烟草公司只有 3 家在美国,7 家在海外;石材、黏土和玻璃公司仅有 7 家在美国,8 家在海外。通常,在范围经济和规模经济巨大的行业(如农业设备、钢铁、电气设备、化工),合并或增长成为长期全球竞争优势的来源,但在不需要大规模的行业,合并的影响很短暂(如雪茄)。无论过去和现在,很多大企业的批评者忽视了这一重点。

这些都证实了钱德勒的观点,即处于经济"核心"的企业,其规模收益不断增加,与处于经济"外围"且规模不带来生产优势的小企业相比,它们往往规模庞大,如果成功的话,还可以长期经营。[31]事实上,试图在不具有规模收益递增的行业,创建纵向或横向一体化大企业的努力,往往造成惨败,即使存活也是短暂的。通用电气和福特汽车公司直到今天仍蓬勃发展,而美国皮革(United States Leather)、国家壁纸(National Wallpaper)、美国胶水(American Glue)、国民淀粉(National Starch)、标准绳索(Standard Rope and Twine)和美国牛(American Cattle)公司早已被人遗忘。[32]

企业变大,并不是因为它们的所有者对财富和权力有了新的胃口,尽管很多所谓的强盗大亨肯定喜欢二者兼得。虽然特定国家独特的地方政治或法律制度很重要,大型工商企业增长的原因却不能用这些因素来解释。在工业化阶段,美国和法国是白人男性公民普选的共和国,英国是有限选举权的君主立宪制国家,德国和日本是专制的君主制国家。它们的法律制度与其政治制度一样不同,公司法不同,对待卡特尔和竞争的态度和方法也不同。然而,类似的集中模式却出现在了类似行业的不同国家。

原因再清楚不过了:新技术让企业发展到前所未有的规模,降低了成本,让竞争对手倒闭,自身则进一步增长。大规模的工厂和公司运营而导致的低成本,压垮了一个又一个国家、一个又一个行业中的小批量定制生产企业。[33]

创新周期和企业规模

继19世纪80年代至20世纪20年代石油、钢铁、汽车和电力等基于技术的工业整合浪潮之后,由于机器推动了规模经济,美国经济结构一直非常稳定,持续至20世纪最后的25年。根据钱德勒的研究,在1917年和1973年,最大的200家公司中都有22家处在石油行业,其中很多公司还是当年的老面孔。[34]同样,在1917年和1973年,最大的200家公司中都有5家从事橡胶业,其中有4家公司相同,分别是固特异、百路驰、风驰通和Uniroyal。在1917年的200家最大的公司中,机械公司占了20家,到 1973 年,则占了 18 家,而且很多是相同的。在运输设备和食品行业也有类似的连续性。[35]

汽车制造成为 20 世纪的主导产业,消耗了大量钢铁、玻璃、橡胶和汽油,并重塑了基础设施以及商业和住宅业。20 世纪 70 年代,六分之一的美国商业企业涉及汽车的制造、分销、服务或运营业务。[36]

然而,发达经济体的历史并不是一个持续进步和稳定发展的故事,而是一个一波又一波重大创新的故事,完全不同于承袭了熊彼特传统的经济学家所谓的"技术经济范式"(techno-economic paradigm)。在技术经济范式的生命周期初期,存在很多创新的小企业,现在被称为"初创小企业",企业家蜂拥而至,争抢利用新技术带来的机会。这种长波模式在汽车行业的历史上很常见。1895 年,有 125 家初创汽车企业,到 1915 年,出现了 350 家。[37]

随着技术经济范式的成熟,在达尔文式残酷竞争中生存下来的少数公司往往会占据上风,很多情况下,它们会领先几十年或几代人。市场被几个寡头垄断或独家垄断。大企业专注于逐步完善在早期突破性创新浪潮中建立起来的技术或流程创新。正因为如此,到 1926 年,美国汽车行业的新进入企业降至不足 10 家,在整个 20 世纪 50 年代,仍低于 35 家。随着水冷内燃机打败风冷发动机、蒸汽机和电动汽车,该产品技术已变得相对成熟。与此同时,随着亨利·福特装配线等创新制造方法的出现,规模经济大幅增加。[38]经过大浪淘沙,到 20 世纪 60 年代,美国汽车市场实际上只剩下了三巨头,即克莱斯勒、福特和通用汽车。

随着一种技术经济范式变得过时,企业会试图利用金融工程,来取代进一步促进提高生产率的创新,因为缺乏新的技术突破,创新变得困难起来。这种情况发生在 20 世纪 70 年代至 80 年代的美国企业中间,导致美国三大汽车制造商的竞争放缓。

　　但在此阶段，政策既有益，也有害。1950 年通过的《塞勒—基福弗反兼并法案》(Celler-Kefauver Act)，授权对业务相关企业的合并提起反垄断诉讼，无意中引发了业务不相关企业之间的跨行业合并浪潮。这些合并使得管理层不再专注于核心业务，妨碍了企业规模在 20 世纪 70 年代的进一步扩大，当时美国经济正面临激烈的新全球竞争。由于反垄断法现在使企业更难以通过横向或纵向合并实现规模扩大，因此，想要通过收购寻求企业增长的经理们，越来越多地选择走跨行业的兼并之路。在 1950 年和 1975 年进入前 200 企业的 148 家公司，每家企业的业务范围平均从 5.2 种增加到 9.7 种。[39]

　　1950 年至 1978 年间，Beatrice 食品公司进行了 290 次收购，W.R. Grace 进行了 163 次收购。后者最初是一家化学品公司，它收购了 Hostess Twinkies 食品公司，以及墨西哥餐馆、运动队、灭火器制造商、银行和西服制造商等。美国无线电公司(RCA)收购了出版社兰登书屋、赫兹租车、做速冻食物的 Banquet Foods、地毯公司 Coronet，以及一家生产高尔夫服装的公司。[40]

　　又过了 25 年，这种由政府引起的大规模资源错配才开始被消除。20 世纪 70 年代至 80 年代，卡尔·伊坎(Carl Icahn)和迈克尔·米尔肯(Michael Milken)等人被称为"收购艺术家"和"企业劫掠者"，他们都以业绩不佳的跨行业企业集团为目标，一次性推动股价上扬，并用了这些企业集团自己首创的方法。20 世纪 70 年代，这些企业集团越来越多地举债收购其他公司。1965 年至 1970 年，美国制造业的债务权益比从 0.48 升至 0.72。[41]

　　19 世纪 90 年代至 20 世纪初和 20 世纪 20 年代的合并浪潮，催生了很多充满活力的公司，它们持续运营了数十年，虽然集团企业的合并浪潮提高了利润，却没有提高生产率或促进创新。企业劫掠者的攻击，加之

20 世纪 80 年代开始反垄断管制的放松,以及最近基于数字技术(如计算机和互联网)的工业革命,使得美国经济不必在未来通过不产生收益的兼并,来重组现有的资产。

20 世纪 80 年代和 90 年代,大量科技初创公司与福特、宝洁和埃克森美孚等几家来自熟悉的"旧经济"大企业暂时共存,这让很多人认为信息时代将开创一个时代,即小企业将取代过去笨拙的"恐龙"。《经济学人》写道:"商界的最大变化是企业越来越小。保持了一个世纪的趋势正被扭转。⋯⋯现在是大企业在萎缩,小企业在崛起。这一趋势毋庸置疑,若是忽视这一趋势,商人和政策制定者就会处于危险之中。"1993 年,约翰·伯恩(John Byrne)在《商业周刊》上撰文指出:大企业将被"虚拟公司"取代,虚拟公司是"由独立的公司、供应商、客户,甚至昔日的竞争对手组成的临时网络,它们借助信息技术联系在一起,分享技术,分摊成本,并进入彼此的市场。"[42]他援引一家咨询公司负责人的话说:这样的改变"不可避免"。另一位为《公司》杂志撰稿的作家约翰·凯斯(John Case)观察到:

> 作为一个群体,自 1954 年《财富》500 强名单出炉以来,这些公司一直稳步增长。到 1979 年,它们的总销售额占美国国民生产总值的 58%,高于 25 年前的 37%。它们雇佣的员工超过制造业劳动力的四分之三,之前则是一半。啊,好吧。时代变了。如今,几乎任何一家初创企业都比 Sears 百货、Macy's 百货或 IBM 更聪明。今天,小企业很重要,重要得多。[43]

但是,到了 21 世纪初,信息技术革命的起始阶段显然是一个正常和可预测的过渡阶段。就像 20 世纪中期,数十家汽车创业公司让位给三巨头一样,数字时代的大多数创业企业都消失了,或者被少数获胜者兼并了。21世纪初,跟纳贝斯克和通用汽车等"旧经济"公司长期主导自己所在的市场一样,谷歌、苹果、微软和Facebook等科技寡头也垄断了各自所在的市场。在这样做的过程中,通过规模和网络效率,它们为消费者创造了巨大的价值。

此外,在每一个连续的工业创新浪潮中,合理的生产规模都有所扩大,同时还有推动其实现的技术。在蒸汽时代,铁路和电报使美国大陆市场成为可能。但蒸汽时代的工厂不得不将厂址设在煤矿附近,要不就靠近能为其蒸汽机运来煤炭的运河或河流。这就解释了以蒸汽为动力的工厂集中在美国的匹兹堡和中西部、英国的中部地区和德国鲁尔区的原因。

下一个工业时代的技术,使得跨越几个地区的真正全国性生产得以实现。公司总部可以设在纽约等金融和服务中心,而工厂可以靠近市场,或设在提供税收优惠和有利劳动法的州。电话以及后来的传真机使得总部能够监督远方的经营活动。同时,二战后的客运航空旅行为亲身考察提供了便利,这使得管理人员可以在一天或更短的时间内在美国任何地方旅行。这一时期出现了跨国公司,但它们往往是在同一个品牌下相互独立的全国性企业,而不是一体化的生产链。最近的工业革命技术使得跨国生产真正成为现实,这些技术包括互联网、光纤,以及先进的计算和软件系统。

20世纪60年代,集装箱化降低了海运的价格,长途海运航线尤其明显。[44]此外,航空运输的兴起意味着不但价值高、重量低的产品所占比例日益加大,而且交易也变得容易。因此,1950年,空运贸易几乎还一无所有,到1998年,它就增长到占全部国际运输的近30%,表明大型工厂为更大地域的市场提供服务更加经济。[45]冷战后贸易出现自由化:重商主义国家使用了"胡萝卜"式的补贴和"大棒"式的依据市场而生产的要求;同时前共产主义国家和贸易保护主义国家为吸引企业投资展开竞争。在这些趋势下，新技术使全球性公司真正得以出现和发展。

1969 年，与新马克思主义杂志《每月评论》有关系的"垄断资本"学派主要经济学家哈里·马格多夫（Harry Magdoff）和保罗·M.斯威齐（Paul M. Sweezy）正确地预言：经济全球化将导致全球集中，"所有资本主义国家的所有主要行业将由几百家大企业主宰"。[46] 1975 年，经济学家斯蒂芬·海默（Stephen Hymer）写道：

> 假设大型跨国公司（比如说 300 家美国企业，200 家欧洲和日本企业）成功确立了自己作为国际企业的主要形式，并控制了每个国家很大一部分产业（尤其是现代产业）。世界经济将越来越类似于美国经济，每个大企业都倾向于遍布整个大陆，并渗透至几乎每一个角落。[47]

1986 年，经济学家约瑟夫·鲍林（Joseph Bowring）同样预测："预计世界经济一体化将带来世界产业结构的演变，产生类似美国那种核心的和外围的发展；并非所有核心企业都能成功实现转型。"[48] 经济学家彼得·诺兰（Peter Nolan）所说的冷战后"全球商业革命"确实掀起了一波全球范围的整合浪潮，堪比一个世纪前美国、英国、德国和其他工业国家民族工业的整合浪潮。[49] 到了始于 2008 年金融危机的全球经济衰退时，很多全球行业出现了几家大企业主导的局面。大型喷气式客机行业全然被波音和空客两家公司瓜分。世界上三分之二的玻璃瓶是由 Owens-Illinois 和 Saint Gobin 两家公司制造的。全球一半的汽车由四家公司生产，它们是通用、福特、丰田—大发和戴姆勒·克莱斯勒。微软拥有个人电脑操作系统 90％的市场份额。[50] 2007 年，最大的两家公司占据了全球金融信息产业 86％的市场份额和电子游戏业 77％的市场份额，三家公司则占据了法律出版业 71％的市场份额。[51]很多供应商行业也出现了类似的情况。2008 年，通用电气、普惠和劳斯莱斯三家公司主导了世界喷气发动机市场。普利司通、固特异和米其林三家跨国公司则制造了 60％的轮胎。[52]如诺兰所述：

> 高附加值、高科技、高度品牌化的细分市场，主要为占据世界大部分购买力的中高收入者服务。就在这个细分市场，21 世纪初，一种名副其实的"定律"已经发挥作用：少数大企业，那些"系统集成商"，占据了全球市场的 50％以上。[53]

除了由于增长、合并或联盟而致的全球寡头垄断的兴起，另一个趋势是跨国生产的出现。21 世纪初，美国跨国公司贸易总额的三分之一以上，是跨国企业与多个国家供应商进行的企业内部贸易或跨国生产。苹果手机就是这种产品组件来自世界各地的一个典范。[54]苹果手机 iPhone 6 的零部件就来自中国台湾、美国、日本、韩国、德国、法国、意大利、荷兰和新加坡等国家和地区。虽然很多供应链是区域性的或全球性的，但大多数大型跨国公司仍然植根于一个独立国家，最常见的是三个国内市场最大的发达工业国家，即美国、日本和德国。[55]

跨国公司的全球化在发展中国家和发达国家都是有争议的。全球经济增长收益的较大部分流向了少数一些投资者和高管，而来自发展中国家的低工资竞争意味着美国中西部和"老"欧洲曾经的工业区要么面临失业，要么面临工资下降的压力。此外，全球生产模式受到东亚一些出口导向国家的影响，这些国家精心制定其产业政策，想方设法尽可能多地从高附加值的全球供应链中获取利益。与过去一样，公司形式和市场结构是由政治和纯粹的商业决策相互作用而形成的。

在数字时代,公司规模的增长并不仅限于跨国公司。在国内经济中,企业及其分支机构的规模也在增长,部分原因在于信息技术使企业能够将公司内部更多的业务联系起来。2006 年,美国经历了一个拐点:有史以来第一次大多数劳动力受雇于至少拥有 500 名员工的公司。这个数字持续增长。根据美国人口普查局美国企业数据库的统计数字,1988 年,在 500 人以上公司工作的员工占私营企业就业人数的 45.5%,但到 2011 年,这一数字上升至 51.5%。因此,如今在私营企业供职的中位数员工,在为员工数超过 500 人的公司工作。

从 1992 年至 2012 年,员工人数少于 100 人的公司各方面的比例都在下降,公司数量下降了 0.08%、销售额下降了 25%,员工人数下降了 12%(从 38.2%降至 33.8%)。员工人数少于 50 人的公司下降幅度更大,它们在公司总数中所占的份额下降了 5%,就业比例下降了 3%(从 31%下降到 28%)。[56] 相比之下,员工人数超过 2 500 人的公司数量增加了 17%,销售额增加了 20%,员工比例增加了 16%。[57] 真正的大企业(员工超过 1 万人)所占就业比例增加了 27%。

1990 年至 2011 年,私营企业就业总数增加了 1 750 万人,或者说 19%。虽说雇员在 500 人以上的公司占 1990 年就业人数的 42%,它们却占总就业增长的 65%。1990 年,雇员在 50—499 人之间的公司占工作职位的 28%,但只占总就业增长的 19%。在这一时期的初期,小企业的工作职位占了 30%,但占总就业增长的 16%。[58]公司规模的这种变化大多发生在 20 世纪 90 年代,2000 年时比例变化不大。然而,自 2008—2009 年全球经济衰退以来,中小企业比大企业失去了更多的就业机会,而且复苏速度更慢。

显然,自雇者的比例也有类似的趋势。非法人的自雇者占全职和兼职员工的比例,从 1948 年的 20％下降至 1987 年的 9％,下降了 56％。下降的主要原因是自雇农民大量减少。在所有其他行业中,自雇者占的比例下降了 26％。只有两个行业的自雇职业在增加,那就是采矿业(想必是小规模的盲目勘探石油者和探矿者)以及运输和公用事业。[59] 最近的一个趋势是出现了使用互联网平台的零工,如优步(Uber)或任务外包的 Task Rabbit 等平台。据研究估计,2015 年从事此类工作的人只有约 60 万。无论如何,即使出现了这些工人(其中许多人只能通过互联网平台工作),自雇者的比例还是持续下降,到 2016 年,下降至不到 7％。[60]

无论经济增长的收益和成本如何被人评价,有一点是清楚的。从蒸汽时代到信息时代,越来越多的行业技术创新使企业长期向着大企业的方向发展。企业规模和初创企业的趋势则是下一章的主题。

注释

1. "U. S. Population, 1790—2000: Always Growing," *United States History*, http://www.u-s-history.com/pages/h980.html.

2. Richard Sylla and Robert E. Wright, "Early Corporate America: The Largest Industries and Companies before 1860," *Finance Professionals' Post*, September 27, 2012, http://post. nyssa. org/nyssa-news/2012/09/early-corporate-america-the-largest-industries-and-companies-before-1860.html.

3. Michael Ratcliffe, "A Century of Delineating a Changing Landscape: The Census Bureau's Urban and Rural Classification, 1910 to 2010" (Washington, DC: US Census Bureau, n.d.), https://www2.census.gov/geo/pdfs/reference/ua/Century_of_Defining_Urban.pdf.

4. *Fortune* Editors, "Here are the Top 10 Most Successful American Companies," *Fortune*, June 6, 2016, http://fortune. com/2016/06/05/fortune-500-top-10-companies.

5. Derek Thompson, "How America Spends Money: 100 Years in the Life of the Family Budget," *Atlantic*, April 5, 2012, https://www.theatlantic.com/business/archive/2012/04/how-america-spends-money-100-years-in-the-life-of-the-family-budget/255475.

6. Thomas K. McCraw, *American Business since 1920: How It Worked*, 2nd ed. (Hoboken, NJ: Wiley-Blackwell, 2009), 1.

7. Alfred D. Chandler, *Scale and Scope: The Dynamics of Industrial Capitalism* (Cambridge, MA: Belknap Press, 1994).

8. Zoltan J. Acs and David B. Audretsch, *Innovation and Small Firms* (Cambridge, MA: MIT Press, 1991), 106.

9. Ibid.

10. Ibid.

11. Edith Penrose, *The Theory of the Growth of the Firm* (Oxford: Oxford University Press, 1995 [1959]).

12. John Kenneth Galbraith, *The New Industrial State* (Princeton: Princeton University Press, 2007[first published in 1967]).

13. Joseph A. Schumpeter, *Capitalism, Socialism, and Democracy*, 3rd ed. (New York: Harper & Brothers, 1950[1942]), 83.

14. Jeremy Atack, Michael Haines, and Robert A. Margo, "Railroads and the Rise of the Factory: Evidence for the United States, 1850—1870," in *Economic Evolution and Revolution in Historical Time*, ed. Paul W. Rhode, Joshua L. Rosenbloom, and David F. Weiman(Palo Alto, CA: Stanford University Press, 2011), 162—179.

15. Jean Strouse, *Morgan: American Financier* (New York: HarperCollins, 1999), 30, cited in Michael Lind, *Land of Promise: An Economic History of the United States* (New York: HarperCollins, 2012), 214.

16. George Bittlingmayer, "Decreasing Average Cost and Competition: A New Look at the Addyston Pipe Case," *Journal of Law and Economics* 25, no.2(October 1982):201—229; and George Bittlingmayer, "Price-Fixing and the Addyston Pipe Case," *Research in Law and Economics* 5(1983):57—130. See also Dominick T. Armentaro, *Antitrust: The Case for Repeal*, rev. 2nd ed.(Auburn, AL: Ludwig von Mises Institute, 1999).

17. Naomi R. Lamoreaux, *The Great Merger Movement in American Business, 1895—1904* (Cambridge: Cambridge University Press, 1985).

18. Ibid., 1—4; Walter Adams and James W. Brock, *The Bigness Complex: Industry, Labor, and Government in the American Economy* (Palo Alto, CA: Stanford University Press, 2004), 25—27; and Lind, *Land of Promise*, 215.

19. John Bates Clark, *The Control of Trusts* (New York: Macmillan, 1901), 17, cited in Adams and Brock, *The Bigness Complex*.

20. Alfred D. Chandler, *The Visible Hand: The Managerial Revolution in American Business* (Cambridge, MA: Harvard University Press, 1977), 158.

21. Lind, *Land of Promise*, 220—221.

22. Thomas K. McCraw, "Rethinking the Trust Question," in *Regulation in Perspective: Historical Essays*, ed. Thomas K. McCraw (Cambridge, MA: Harvard University Press, 1981), 16, 206—207, note 16.

23. Atack, Haines, and Margo, "Railroads and the Rise of the Factory."

24. Jeremy Atack, Robert A. Margo, and Paul W. Rhode, "The Division of Labor and Economies of Scale in Late Nineteenth Century American Manufacturing: New Evidence," in *Enterprising America: Businesses, Banks, and Credit Markets in Historical Perspective*, ed. William J. Collins and Robert A. Margo (Chicago: University of Chicago Press, 2015), 215—244, http://www.nber.org/chapters/c13133.

25. Ibid., 215—244.

26. Alfred D. Chandler, Jr., and Takashi Hikino, "The Large Industrial Enterprise and the Dynamics of Modern Economic Growth," in *Big Business and the Wealth of Nations*, ed. Alfred D. Chandler, Jr., Franco Amatori, and Takashi Hikino (Cambridge: Cambridge University Press, 1997), 32, table 2.1.

27. Willard F. Mueller and Larry G. Hamm, "Trends in Industrial Market Concentration, 1947 to 1970," *Review of Economics and Statistics* 54, no. 4 (November 1974):519, citing John Kenneth Galbraith, *The New Industrial State*, in *Galbraith: The Affluent Society and Other Writings, 1952—1967* (New York: Library of America, 2010), 698.

28. Marcus Biermann, "Trade and the Size Distribution of Firms: Evidence from the German Empire," CEP Discussion Paper 1450, London School of Economics, Centre for Economic Performance, October 2016, 1.

29. Chandler and Hikino, "The Large Industrial Enterprise and the Dynamics of Modern Economic Growth," 32, table 2.1.

30. Frederic L. Pryor, "An International Comparison of Concentration Ratios," *Re-

view of Economics and Statistics 54，no.2(May 1972)，130ff.，citing Galbraith，*The New Industrial State*，698.

31. Cited in McCraw，"Rethinking the Trust Question."

32. Ibid.，22，33.

33. 然而需要认识到，正如 Philip Scranton 指出的那样，并非所有的行业都遵循这种大批量生产的模式。在工具、宝石和印刷等许多行业，看重的是专业化技艺和分批生产，这部分是因为生产过程无法大批量复制。Philip Scranton，*Endless Novelty*(Princeton，NJ：Princeton University Press，1997).

34. Alfred D. Chandler，Jr.，*Scale and Scope：The Dynamics of Industrial Capitalism*(Cambridge：The Belknap Press，1994)，21—23.

35. McCraw，"Rethinking the Trust Question，" 21.

36. Ibid，12.

37. Glenn R. Carroll and Michael T. Hannan，*The Demography of Corporations and Industries*(Princeton，NJ：Princeton University Press，2000)，49.

38. Ibid.

39. Lind，*Land of Promise*，366.

40. McCraw，*American Business since 1920*，107.

41. Lind，*Land of Promise*，366.

42. John Byrne，"The Virtual Corporation," Bloomberg，February 8，1993，https://www.bloomberg.com/news/articles/1993-02-07/the-virtual-corporation.

43. John Case，"The Wonderland Economy," *Inc. Magazine*，May 5，1995，https://www.inc.com/magazine/19950515/2686.html.

44. David Hummels，"Have International Transport Costs Declined?"(mimeo，University of Chicago，Graduate School of Business，1999).

45. Ibid.，6.

46. Harry Magdoff and Paul M. Sweezy，"Notes on the Multinational Corporation，Part Two," *Monthly Review* 21，no.6(November 1969)：4.

47. Stephen Hymer，"The Multinational Corporation and the Law of Uneven Development," in *International Firms and Modern Imperialism*，ed. H. Radice(Harmondsworth：Penguin，1975)，cited in Peter Nolan，"China and the Global Business Revolution," *Cambridge Journal of Economics* 26，no.1(2002)：119.

48. Joseph Bowring，*Competition in a Dual Economy*(Princeton，NJ：Princeton University Press，1986)，191.

49. Peter Nolan，*Capitalism and Freedom：The Contradictory Character of Global-*

isation(New York: Anthem Press, 2008).

50. Lind, *Land of Promise*.

51. Nolan, *Capitalism and Freedom*, 316, note 89.

52. Lind, *Land of Promise*, 427.

53. Nolan, *Capitalism and Freedom*, 104—105.

54. Andreas Maurer and Christophe Degain, "Globalization and Trade Flows: What You See Is Not What You Get!," Staff Working Paper ERSD-2010-12(Geneva: World Trade Organization, Economic Research and Statistics Division, June 22, 2010), 11.

55. Christopher Minasians, "Where Are Apple Products Made?," *Macworld*, February 17, 2017, http://www.macworld.co.uk/feature/apple/where-are-apple-products-made-how-much-does-iphone-cost-make-india-3633832.

56. US Small Business Administration(SBA), Office of Advocacy, Employer Firms, Establishments, Employment, and Annual Payroll Small Firm Size Classes, 1992—2011(database) (Washington, DC: SBA, Office of Advocacy, Research and Statistics), accessed April 14, 2017.

57. US Census Bureau, "Enterprise Statistics"(Table 1. Selected Enterprise Statistics by Sector in the US 2012), https://www.census.gov/econ/esp/2012/esp2012.html; and US Census Bureau, "1992 Enterprise Statistics: Company Summary," December 1997, http://www2.census.gov/econ/esp/1992/es92.pdf.

58. John Mullins and Mike McCall, "Analytical Highlights of CES Firm Size Employment Data"(Washington, DC: US Bureau of Labor Statistics, October 2012), 2137, https://www.bls.gov/osmr/pdf/st120070.pdf.

59. US Bureau of Labor Statistics, Current Population Survey(Labor Force Statistics Table A-9. Selected employment indicators; last modified August 8, 2015), https://www.bls.gov/webapps/legacy/cpsatab9.htm.

60. Ibid.

3

美国企业的规模与变化趋势

在夫妻杂货店曾经开业的地方,沃尔玛催生了一家又一家超市。这扼杀了"企业家精神",所以是所谓的坏事——这种对小企业的盲目迷恋完全没有抓住要领。新企业的形成不是目标,而是手段。再开一家比萨店那不叫创业,那是小生意。熊彼特没有说企业家的职责是开公司。通过技术创新和组织创新利用市场机会的,那才叫企业家。

鉴于人们普遍抱怨美国公司正在成为垄断巨头,我们也许会惊讶地发现:美国企业雇佣的员工平均只有 20.2 人,而分支机构的平均员工数更少[企业(enterprise 或 firm)包含整个公司,分支机构(establishment,简称"机构")则是单独运营的业务单位]。

但是,这些大小模式因行业不同而差异很大。有些行业本质上是小规模的。就企业规模(工人数)而言,五个最小的行业是捕鱼、狩猎和诱捕(3.1),建筑(5.5),房地产(5.9),基金、信托和其他金融工具(6),以及维修和保养(6.1)。表 3.1 中所示行业的平均机构规模,在 2012 年都少于 3 人。

表 3.1 平均机构规模在 3 人或以下的美国行业(2012 年)

独立的艺术家、作家和表演者	其他海洋捕捞
贝类捕捞	鞋和皮革制品修补
室内设计服务	唱片制作
房地产代理人和经纪人事务所	四处流动的食品服务
小型仓库和自储单元的出租人	商业摄影
家庭和园林设备修理和维护	房地产评估师事务所

资料来源:US Small Business Administration, Firm Size Data(Table 2. Number of Firms, Establishments, Receipts, Employment, and Payroll by Firm Size[in Receipts]and Industry),https://www.sba.gov/advocacy/firm-size-data(访问于 2017 年 3 月 10 日)。

绝大多数由小机构组成的行业,鲜有机会通过规模经济提高效率。例如,使用同样的技术,1 000 名员工的商业摄影公司可能赶不上 3 名员工的普通摄影公司效率高。

此外,大多数小实业公司在本地生产,并在当地销售大部分的产品或服务(比如理发店、干洗店、房地产估价师、汽车修理服务)。事实上,在平均企业规模最小的 100 个行业中,只有 6% 的就业机会是在贸易领域(主要是渔业与录音制作)。[1]因此,当政策制定者提倡小企业时,他们大多倾向于没有全国或全球竞争对手的本地企业,不管政府给不给予支持,它们都会存在。即使干洗店得不到税收补贴,也会有人为我们干洗衣服。

在规模分布的另一端,2012 年,平均企业规模超过 1 000 人的行业包括医院、百货公司、赌场旅馆、核能电厂和航空公司。在这些行业中,规模经济和范围经济使规模得以扩大。例如,Macy's、Sears 和 Target 等百货公司受益于在全国范围内铺开的商店网络。美国航空、达美和美联航等航空公司,则受益于大型航线网络,因此,乘客可以更容易地从一地抵达另一地。在平均机构规模超过 400 人的行业,也能看到类似的规模经济(见表 3.2)。

表 3.2 平均机构规模超过 400 人的美国行业(2012 年)

导弹和空间飞行器制造	赌场旅馆
综合医疗和外科医院	家禽加工
导弹和空间飞行器推进单元及零件制造	轻型卡车和多用途车制造
职业雇主组织	飞机制造
学院、大学和职业院校	

资料来源:US Small Business Administration, Firm Size Data(Table 2. Number of Firms, Establishments, Receipts, Employment, and Payroll by Firm Size[in Receipts] and Industry), https://www.sba.gov/advocacy/firm-size-data(访问于 2017 年 3 月 10 日)。

大企业更有可能将产品卖到国外,也就是说,它们存在于贸易领域。

在大约 100 个平均企业规模超过 175 名工人的行业中,在贸易行业提供
的就业占比约为 60%,其中包括飞机、轮胎、汽车和导弹制造等行业。[2]

企业和分支机构规模的趋势

从 1997 年至 2012 年,公司的平均规模增加了 6.6%,从平均 19 人增
加到 20.2 人(见图 3.1)。但这一趋势掩盖了不同行业之间的巨大差异。
制造企业的平均就业人数下降了 22%,服装制造业的就业人数下降了
35%,纺织业的就业人数减少了 34%,计算机和电子产品的就业人数下
降了 23%。同样,建筑公司的规模也略有缩小。但是,如果就业不是流
向了每个公司平均雇佣人数更少的行业,总体平均规模就会增加得更多。
因此,虽然服务业获得了就业机会,其平均机构规模也有所增加,但它们
的平均规模比制造企业要小得多。

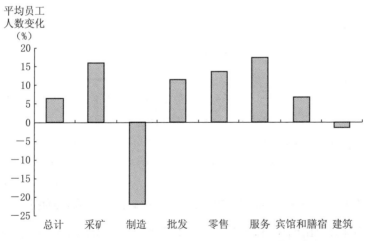

图 3.1 1997—2012 年各行业企业平均规模的变化

资料来源:US Census Bureau, Statistics of US Businesses Annual Data Tables
1997 and 2012,https://www.census.gov/programs-surveys/susb/data/tables.html。

我们看到,机构规模的变化也有类似的模式(见图 3.2)。从 1997
年至 2012 年,机构的平均员工数增加了 2%,但这一增长掩盖了行业间
的巨大差异,因为制造业在下降,其他行业在增加。2009—2010 年,员
工人数少于 500 人的分支机构比 1998 年减少了 10%,员工人数超过
500 人的分支机构占到了 20% 以上。大机构占比在下降的只有两个行
业:农业、渔业和狩猎,以及制造业。但相比 1998—1999 年,大机构提供
的就业,在建筑业增加了 51%,运输和仓储业增加了 42%,信息技术业增
加了 27%。[3]

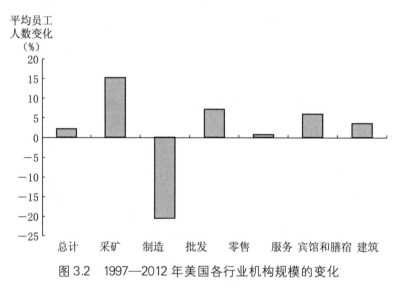

图 3.2　1997—2012 年美国各行业机构规模的变化

资料来源:US Small Business Administration, Firm Size Data(Detailed Industry
Data), https://www.sba.gov/advocacy/firm-size-data(访问于 2017 年 3 月 10 日)。

认为公司平均规模越来越大的看法是准确的。的确,雇佣 1 万人以上
的机构其就业比例从 1974 年的 16% 下降到 2006 年的 13%。但是,这一缩
减全部发生在制造业。在服务业,这一比例反倒从 12.5% 上升到 17%。同
样,1974 年,最大的 1% 的机构,雇佣了 58% 的服务工人,1997 年雇佣了 62%。

制造企业在变小

虽然整体公司规模越来越大,但自 20 世纪 60 年代末以来,制造商的规模越来越小。20 世纪前 20 年,制造工厂平均雇佣大约 20 名工人,但到第二次世界大战结束时,这一数字增加了 2 倍,部分原因是在很多生产离散商品的行业和加工业采用了装配线和大规模生产技术。离散商品行业有汽车、飞机、家用电器和电子产品等,加工行业有纸浆和造纸、化学品、钢铁等(见图 3.3)。但自 1967 年以来,制造工厂的平均规模有所下降,2012 年降至不及 1925 年的水平。

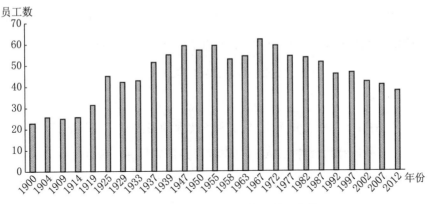

图 3.3　美国制造工厂平均规模的趋势

资料来源:US Census Bureau, Statistical Abstracts of the United States(various years, 1900—1987), https://www.census.gov/library/publications/time-series/statistical_abstracts.html(访问于 2017 年 3 月 22 日);US Census Bureau, Economic Census: Manufacturing(various years, 1992—2007), https://www.census.gov/programs-surveys/economic-census/data/tables.html(访问于 2017 年 3 月 22 日)。

我们看到制造企业的平均规模存在同样的趋势,即从 1972 年的 80

人左右降至 2007 年的 50 人左右。[4] 在其他大多数工业国家也可以看到同样的动态。从 100 人以上规模的工厂中制造工人的占比看,意大利从 1961 年的 43% 下降至 2007 年的 29%,法国从 1962 年的 61% 下降至 2001 年的 52%,德国则从 1962 年的 69% 下降至 2001 年的 60%。[5]

这种下降的部分原因可能在于制造业生产率高于非制造业。换句话说,制造商可用更少的工人生产同样多或更多的产品。但这不能是全部原因,部分原因是一个多世纪以来,制造业生产率的增长速度比非制造业增长得更快。更确切地说,20 世纪 60 年代新出现的更柔性的生产技术似乎发挥了关键作用,让制造企业及其分支机构得以缩短生产周期。制造业需要投入巨资购买专用工具和机械加工设备,以制造满足特定需求的零件(例如汽车车门),在这样的一个世界里,企业需有长期生产的激励,因此有必要建设大型的工厂。更换制造不同零部件的工具既费时又费钱。此外,当不同工厂和供应商之间的生产协调有困难时(比如使用纸质表格和电话通信进行协调),将所有生产整合到一个大型设施中会更简单。亨利·福特的里弗鲁日(River Rouge)工厂就是例证,你看到的景象是:煤和铁矿石从一端进,汽车从另一端出。[6]

但随着 20 世纪 60 年代柔性生产技术的发展——先是数控(NC)机床,然后是计算机数控(CNC)机床,随后是计算机辅助设计工具——企业既可以降低成本,又可以缩短生产周期。随着 20 世纪 70 年代电子数据交换(EDI)系统的出现,以及 20 世纪 90 年代基于互联网系统的出现,在扩展的生产网络中将专业分工的工厂连接在一起更节省成本。即时生产网络的兴起,意味着机构无需规模庞大也能协调生产。

全球竞争也导致制造业机构规模的缩小。随着全球协调体系的便利性和有效性的增强,全球供应链的建立变得更加容易,商品生产活动大规模地转向了低工资国家,以利用其廉价劳动力(和政府补贴)。最有可能迁移的机构,是产品比较标准化的大机构。

非制造企业正在变大

虽然制造企业越来越小,但大多数非制造行业的企业和机构却变得越来越大。服务机构的平均规模从 1977 年的 12 人增至 2014 年的 18 人,而服务公司的员工从 1977 年的 13 人增至 2014 年的 21 人。[7]专业服务、教育、保健、艺术、膳宿和其他服务,以及行政和废物管理公司都变得更大。同样,采矿业平均规模增长 16%,批发贸易增长 11%,零售贸易增长 14%,宾馆/膳宿增长 7%。自 1963 年以来的变化更为显著,除制造业外,所有行业的机构规模都在扩大:宾馆增长 545%,建筑业增长 500%,零售贸易增长 355%。

20 世纪 90 年代末,人们普遍认为互联网会像计算机技术对制造业那样影响服务业,即增强小企业的能力。现在,只要有宽带连接和网站,即使夫妻杂货店式的小企业也可以踏进世界市场。但是,出于同样的原因,借助宽带连接和更出色的网页,大企业也能直接接触到小微企业的消费者。

其结果是,信息技术使很多服务业实现了更大的规模经济,部分原因在于这些公司得以为更大的区域市场提供服务,并降低了生产工厂之间的运输成本。事实上,互联网使公司变得更大。以前,很多服务只局限于各自的区域,包括零售、银行、保险、法律、会计和证券等,现在可以到很远的地方开展业务了。信息技术使越来越多信息化服务商可以不必靠近消费者(如网上银行),或业务更加整合(如后台运营),而依然可以保持近距离的服务。

1997—2012 年,由于技术使仓储得以整合和地区化,仓库和仓储公司的平均规模增大了 6 倍(从 15 名人增至 98 人)。[8]仓储式大卖场已经可以用强大的信息技术系统协调订购和库存管理。随着仓储式大卖场的出现,再加上最近电子商务的兴起,零售公司的规模越来越大,以员工人数计,电子产品和家用电器公司如百思买增加了 33%,建筑材料和园林设备公司如家得宝增加了 19%,家居和家具公司如宜家增加了 10%,体育用品、书籍和音乐公司如巴诺书店(Barnes & Noble)增加了 15%,服装零售商如 Old Navy 增加了 35%,日用品商店如亚马逊网站增加了 35%。部分由于技术使用和需求的增加,医疗保健公司的规模越来越大,其中老年疗养院增长了 8%,流动保健服务增加了 14%,医院增加了 47%。银行的平均分支机构规模增加了 30%。而随着全国性住宿连锁店的不断扩张,提供住宿服务的公司在规模上平均增长了 12%。

但有些行业规模缩小了。证券、期货合约和其他金融投资及相关行业下降了 27%,保险公司的规模萎缩 6%。此外,在某些行业,虽然技术使企业的规模增大,其分支机构的规模却变小了。如在银行业,自动柜员机的广泛使用使得分行雇佣更少的员工。银行规模越来越大,但商业银行分行的平均就业人数从 1988 年的 20 人左右降至 2004 年的 13 人。[9]

结果是,多分支机构的大企业,进入了曾经广布夫妻杂货店的市场。从 1977 年至 2013 年,美国就业人数增长了 72.3%,而企业数量仅增长了 47.9%。换句话说,企业正变得越来越大。这在很大程度上可以说是整合的结果,因为企业可以利用技术更轻松地管理多个经营地点。因此,美国企业分支机构的数量增长了 61.4%,低于其就业增长。换句话说,新企业的组建是滞后的。

为什么初创企业成功率会下降?

随着 2008—2009 年全球经济衰退温和而漫长的复苏,一些专家试图解释增长缓慢的原因,家庭手工业进入了他们的视野。普遍认为,复苏缓慢是由于新企业创建的速度放缓造成的。阅读商业出版物时,几乎不可能不看到它们频频发出的此类警告:小企业创立的速度太慢,从而使美国经济的增长处于慢车道。

2012 年,巴里·林恩(Barry Lynn)和莉娜·汗(Lina Khan)警告说:"自1994 年以来,自雇者占工作适龄人口的比例一直在下降。……总体而言,1994 年至 2009 年间,其比例下降了近 25%。"[10]这是正确的,但趋势可以回溯至更远。自雇比率从 1965 年的 9.1%降至 2005 年的 6.8%。[11]

但直到 2014 年,初创企业萎缩的恐慌才引起媒体的广泛关注,当时伊恩·海瑟薇(Ian Hathaway)和罗伯特·利坦(Robert Litan)的一份布鲁金斯学会报告发现:"过去 30 年里,(新企业创建开始)在全美 50 个州放缓,美国 360 多个大都市区中只有几个是例外。"[12]正如他们的报告表明的那样,趋势是明显的(见图 3.4)。

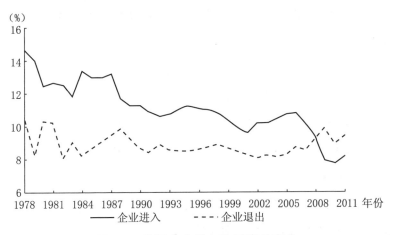

图 3.4 美国企业进入和退出的变化

资料来源:Ian Hathaway and Robert E. Litan, "Declining Business Dynamism in the United States: A Look at States and Metros," Economic Studies at Brookings (Washington, DC: Brookings Institution, May 2014), https://www.brookings.edu/wp-content/uploads/2016/06/declining_business_dynamism_hathaway_litan.pdf。

其他研究也开始拉响警报。2015年,考夫曼基金会的杰森·威恩斯(Jason Wiens)和克里斯·杰克逊(Chris Jackson)写道:"新企业在商界所占份额在下降。……20世纪70年代末,新公司占全部公司的16%。到2011年,这一比例已降至8%。"[13]第二年,智库"经济创新集团"的约翰·W.莱蒂耶里(John W.Lettieri)和史蒂夫·格利克曼(Steve Glickman)写道:"过去30年来,美国经济的企业家精神稳步衰退。这种衰退在大萧条后更是进一步加剧,相比之前的恢复时期,整个经济的新企业数量减少了几十万家,造成一代新企业的流失。"[14]

很多人认为这种下降是一场重大危机。海瑟薇和利坦警告说美国商界正变得"又老又肥",而且"美国及其公民的未来福利简直是危如累卵"。[15]莱蒂耶里称这是"我们这个时代的根本性挑战"。[16]林恩和汗意见一致:"建国时的那一代人是对的:随着美国企业家的发展壮大,美国的繁荣和民主也会随之前进。"[17]盖洛普公司首席执行官吉姆·克利夫顿(Jim Clifton)警告说:"除非我们扭转美国企业的创建和退出趋势,否则,经济永远不会真正恢复。"[18]金融服务论坛执行副总裁约翰·迪尔里(John Dearie)则警告说:"这无异于国家紧急状态。"[19]

我们不同意他们的观点。我们认为,"熊彼特式"的企业家精神,是指创建可以发展壮大的技术密集型企业,唯一重要的问题是这种精神正在发生什么变化,而不是各种新的小企业的总数。很多这些小企业之所以成立,仅仅是为了业主可以实现个人改变生活方式的目标。从这个角度看,当代对初创企业和自雇职业日益减少的危言耸听是一种误导,甚至十分危险。误诊就会导致有害的处方。

为什么初创企业成功率会下降?似乎很少有人了解其中的原委。根据海瑟薇和利坦的说法,"这种下降的原因仍然无法解释"[20],尽管他们后来的报告暗示了一些原因,如人口增长缓慢和公司规模增加。[21]但总的来说,下降的原因仍是一个谜。但这并没有阻止拥护者利用所谓的问题为其偏好的公共政策辩护。

考夫曼基金会建议增加移民的数量,消除监管障碍,简化税法,提高教育水平。[22]但过去 20 年来,移民一直创历史新高,此时却是"创业"的衰退期。增加移民,尤其是那些技能和教育水平低的移民,有什么好处呢?税法大概比 20 年前更加复杂,但还没有那么复杂。此外,任何小企业都可以花几块钱购买一个易于使用的税务筹划软件包(如 TurboTax)。受教育更多? 比以往更多的美国人上大学和毕业,超过 15% 的美国成年人受的教育超过了其工作所需的程度。[23]

作为自由市场保守派,传统基金会将高税收归咎于各种经济不景气,他们倾向于将高税收归咎于各类经济困境。[24]但如今的税率比 20 世纪 80 年代还要低。在政治派别的另一端,作为进步党的自由派,罗斯福研究所将这种下降归咎于企业集中度和利润的增加。[25]但是,如第 11 章所述,情况似乎并非如此。

全国独立企业联合会警告称,小企业"受到越来越多的管制"。[26]但从 1980 年到 1992 年,里根和老布什入主白宫,并推动放松监管的议程时,新创公司就减少了。1994 年之后,进一步减少,此时,共和党在众议院获得多数席位,开始减轻监管的负担,以兑现其对美国人的承诺。此外,如果监管真的是问题所在,为什么在商业环境像加利福尼亚和得克萨斯那样如此迥异的各州,初创企业也会有类似的大幅下降?[27]根据考夫曼基金会的排名,以监管严格出名的加利福尼亚州却在初创企业方面优于得克萨斯州。[28]

另一种理论认为,大银行拒绝向信用良好的借款人放贷。林恩和汗写道:"从 20 世纪 80 年代开始,银行业进行过激进的整合,其影响同样巨大。如今,相对而言,银行经理很少有人可以自由地向当地老企业提供贷款,对当地企业也不太了解,更不用说新企业了。"[29] 但是,如第 10 章所述,研究表明,银行整合有所助益,因为银行能够更好地分散风险。然而,有些人认为,《萨班斯—奥克斯利法案》(Sarbanes-Oxley Act)和《多德—弗兰克法案》(Dodd-Frank Act)使企业更难上市,银行更难向小企业放贷。但这并不等于说大银行本身是初创企业衰退的原因。

巴布森学院的创业学教授唐娜·凯利(Donna Kelley)则把问题归咎于千禧一代,称他们是懒鬼,对失败异常恐惧。[30] 如果是这样,它表明大学正在让我们的学生走向失败,因为在过去 30 年里,大学的创业课程在数量上增加了 20 倍。[31] 此外,《千禧》杂志(MiLLENNiAL)主编布里特·希森(Britt Hysen)声称:"60%的千禧一代认为自己是创业者,90%的人认可创业精神这种心态。"[32] 一些人指责千禧一代,另一些人则指责婴儿潮一代数量过多,而且年龄太大。[33] 然而,利用一个基于各州企业创建数据的回归模型,海瑟薇和利坦令人信服地反驳了这一解释。[34]

对初创企业减少的解释中,有一种说法是明显最受欢迎的,那就是:庞大而僵化的垄断企业正在阻碍创新企业家前进的步伐。林恩和汗写道:"阻遏创业精神的最大因素恰恰是在过去 30 年,我们不仅在银行业,而且在整个美国经济中看到的权力完全集中。"[35] 在《大西洋》上刊登的标题为《美国的垄断问题:大企业如何卡住了创新之轮》的文章中,德里克·汤普森(Derek Thompson)写道:这种衰退"与看起来像 19 世纪的垄断和寡头企业一样利润丰厚的超大企业的崛起同时发生"。[36] "地方自立学会"(Institute for Local Self-Reliance)的斯泰茜·米切尔(Stacy Mitchell)写道:"在很大程度上,小企业和创业精神的萎缩,要归因于占主导地位的企业的反竞争行为,它们经常利用其规模和市场势力暗中破坏和排斥较小的对手。"[37] 反垄断传统的现代拥护者认为很简单:集中度上升,初创企业就会减少,因此是前者导致了后者。

前参议员帕特里克·莫伊尼汉（Patrick Moynihan）说过一句著名的话："看法是每个人自己说了算，但事实不是。"若是借用他的话来说，我们并不反对初创小企业危言耸听者的事实，或者至少同意他们大部分的事实。我们不同意他们对事实的解释。我们认为，像"贾斯汀和阿什莉比萨店"这样独立的小企业若是减少，不啻是一件好事，因为它反映了更高效、更具创新性的大企业的成长。

此外，我们希望提出一个更有细微差别的观点：初创企业的衰退并不那么简单。说越来越少的贾斯汀和阿什莉在开比萨店或干洗店是一回事，断言越来越少的谢尔盖（布林）、拉里（佩奇）和杰夫（贝佐斯）在创立下一个谷歌或亚马逊，则是另一回事。第一个是真实的，第二个则没有那么真实。

我们是否应该担心像贾斯汀和阿什莉这样的"企业家"正在创办更少的小企业？从表面上看，我们不应该担心，因为正如下一章所示，几乎在任一经济指标上，大企业的表现都优于小企业。但是，如果它们的衰退是由于商业环境存在一些问题，或创业动力的下降，那么，我们或许应该担心，因为这也可能阻碍能够高速成长的初创企业。

为什么初创企业会衰退？

那么，为什么贾斯汀和阿什莉式的初创公司会衰退呢？"创业的天空在坍塌"的说法意味着：有了更多的新企业，经济就会增长更快。但是，如果是经济的表现影响了新企业的创建速度，而不是相反呢？克利夫兰联邦储备银行的一项研究发现：总需求的增长率（主要是在大萧条之后）影响了初创企业的成功率。作者们写道："我们发现周期性因素造成了最近自雇职业水平的降低。……需求下降导致创业企业退出的增加,但对市场进入的作用却相反。"[38]

换言之,经济增长放缓减少了新企业的机会。从以下事实中我们看到了这一点:初创企业成功率最高的 20 个大都市区都处于增长较快的"阳光地带",而成功率最低的 20 个大都市区则位于增长缓慢的"锈带"*。[39]过去 30 年来,美国经济越来越像"锈带",而不是"阳光地带",因此,初创企业数量减少也就不足为奇了。

但美国经济增长放缓并非唯一的因素。为了理解这种衰退,观察各行业的初创企业十分重要。当你这样做时,显然并非所有的行业都出现了衰退。2011 年新组建的公司比 2003 年减少近 10 万家,但在 290 个行业中,2011 年成立的公司比 2003 年还多了约 40%。例如,初创采矿企业增加了 30%,这主要是因为石油和页岩气的急速发展。教育服务初创企业增长了 11%,因为新技术提供了新的市场机遇。专业和科技服务、信息(如软件、电信、广播)、医疗保健和社会救助行业的初创企业增长率保持不变。

此外,有些出现衰退的行业不但感受到了全球衰退的影响,而且尤为强烈。房地产泡沫破裂后建筑业的崩溃意味着初创建筑公司缩减了 26%,房地产和租赁业下降了 13%。当住宅开发不景气时,为什么还要开办一家新的建筑公司? 同样,随着金融危机的到来和多家金融服务公司的破产,为什么还要在金融服务业创办一家新公司呢?

在某些行业,初创企业增长率确实下降了,市场集中度实际上也下降了,或保持稳定,这表明反垄断者喜欢讲的市场势力过大并不是原因。例

---

* "阳光地带"指美国南方地区,从佛罗里达州一起延伸至加利福尼亚州南部,而"锈带"主要指美国中西部和五大湖地区,那里曾经是工业重地,但绝大多数工厂已经关闭,也指从 1980 年左右开始工业衰退的任何地方。——译者注

如,在"其他服务业"中,初创企业下降了24%,但前四大和前八大企业所在行业的销售额比率下降了1%。在批发和艺术、招待和娱乐业,初创企业分别下降了16%和14%,但前四大和前八大企业的集中度没有变化。

在制造业,新建公司数量从2003年至2011年下降了20%,但并非由于大型制造商占取了市场份额,压垮了新公司,制造业中前四大和前八大企业的平均集中度上升不到一个百分点。制造业初创企业衰减的原因最有可能是来自外国的激烈竞争,其中大部分基于出口导向政策,如汇率操纵、知识产权侵犯和政府补贴,从而使得初露头角的美国企业家很难闯入。[40]如果面临的可能是掠夺性竞争,而且这种竞争不是来自美国大企业,而是来自得到政府支持的外国竞争对手,那么,为什么还要创办一家制造公司呢?来自外国的竞争,再加上美国缺乏国家层面的竞争力政策,是21世纪前10年经通货膨胀调整后的美国制造业产出下降超过10%的主要原因,超过65 000家制造机构关门。[41]当产量下降时,那就不是创办一家新制造企业的好时机。

2000年至2014年,美国的小制造机构(1—4名工人)的数量减少了14%,而大机构(超过1 000名工人)的数量减少了42%。之所以出现这种差异,原因之一是小企业向大企业发展的步伐缓慢。1980年,员工超过1 000人且经营3年或不到3年的机构有110家。这个数字每10年都在下降,到2014年只有18家,下降了84%。相比之下,新建小机构的增长缩减了52%—62%。在公司层面,工人在5 000人或以上的公司雇佣的制造业工人的比例,从1977年的46%降至2005年的15%。[42]

尽管竞争激烈,少数制造部门的新公司组建还是有所增加,但这些部门的产品大多较少受到进口竞争的影响。例如,面包店和玉米饼制造的初创公司增长了17%,"其他食品制造"增长了14%,饮料制造业增长74%(部分原因是精酿啤酒和Honest Tea等健康饮品的发展)。[43]但是,如果反垄断的说法是正确的,而竞争的减弱是初创企业减少的原因,那么,我们本应该看到饮料行业新建公司数量的下降,因为过去 10 年来,前四大和前八大企业的集中度提高了 10 个百分点。

诚然,某些行业确实存在大企业排挤初创企业的现象。技术得以让许多非制造业拥有更大、更高效的公司,意味着小企业和新公司机会较少。因此,戴维·奥德雷奇(David Audretsch)认为:"在具有更大规模经济的行业,新公司生存下来的可能性应该更低。"[44]这无关乎掠夺,而是关乎新公司在任何特定行业的发展空间。

我们在某些行业看到了这个趋势,尤其是零售业。2003 年至 2011年,零售业初创企业减少了 16％,但并非因为大企业滥用其市场势力扼杀初创公司。相反,软件支持的物流系统和基于网络的电子商务等技术使普通零售公司得以变大,意味着除非初创企业拥有真正独特的产品,或为当地人提供了便利,否则,其市场空间会萎缩。

例如,开一家书店或音像店曾经不是一件难事。在本书的两位作者中,有一个人年轻时经常在放学后逛当地的保罗唱片店,试听 45 秒最新上市的唱片。现在,我们从 iTunes 和 Pandora 就能听到我们喜欢的音乐。这就是 2003 年至 2011 年门店总数减少了三分之一的情况下,图书和音像类的初创公司缩减 58％的原因。[45]与此同时,四大企业的市场份额从 48％升至 66％。但是,这些变化源于技术和效率的提高,而不是掠夺式竞争。巴诺等大型专业书店和随后 10 年亚马逊等网络零售商的出现,以及苹果 iTunes 商店和亚马逊 Kindle 等电子书销售商的兴起,使得消费者不但省了钱,还有更广泛的产品选择,意味着更多的人可在大型实体店和网上商店购买书籍和音乐作品。

我们在五金店看到了同样的动态变化。40 年前,一个对工具的使用很在行的人可能想到要开一家五金店。时至今日,就会重新考虑了,因为家得宝和 Lowe's 等大卖场为这个市场提供了出色的服务,抢占了独立小五金店的市场份额。但是它们并不是通过掠夺和不公平的竞争打败的小企业,而是以明显较低的价格提供了更大范围的产品选择。典型的家得宝商店面积约 105 000 平方英尺,几乎相当于两个足球场大小,比典型的街头五金店大 10 倍以上。[46]而大卖场的产品库存更是高达 25 000 种,大大超过街头商店。[47]这种体量让它们的效率更高,每单位面积的商店销售额比街头商店高出三分之二,每个员工的销售额高出 25%。[48]

许多零售业也在上演同样的故事,在这一领域,大型零售商可以消费者能承受的价格提供消费者想要的商品或服务,从而获得市场份额。业主亲自操刀的理发店已被连锁理发店 Supercuts 取代,咖啡店被星巴克取代,甜甜圈店被唐恩都乐取代,文具店被史泰博和欧迪办公取代,地方药店被 CVS 和 Walgreens 取代。每家公司平均就业人数增加的零售业有食品和饮料店(7%)、家具店(10%)、体育用品店(15%)、银行(29%)、电子产品和家用电器商店(33%),以及日常用品商店(35%)。[49]

这些零售业巨头利用了巨大的规模优势,消费者也因低价而受益。此外,大型零售商彼此直接竞争,从而推动了创新、技术的投资和采用,以及效率的提升。事实上,技术创新(特别是基于计算机的供应链订购)使规模得以扩大。在那些一向最适合个人独资企业的行业,如零售业、服务业、农业和小型制造业,其影响最为显著。这些行业和活动受米特·罗姆尼(Mitt Romney)的贝恩资本(Bain Capital)等融资人所倡导的"整合"(roll-up)策略影响最大。以办公用品零售商史泰博为例,贝恩的投资帮助该公司从原来的一家商店运营,向拥有 2 000 家门店的国际巨头发展。类似的运作使得家得宝占领了美国大部分五金市场,百思买占据了美国电子产品的很大一部分市场,Macy's 百货占据了百货公司全部销售额的很大一部分。现在,仅沃尔玛一家公司的某些杂货和日常用品产品线就占了 50% 以上,购物者成了最大的受益者,而在一代人以前,这些业务还分散在数以万计的家庭企业中。当然,像亚马逊这样的新兴网络企业有望更具竞争力、更有效率、更便利和规模更大。

从本地的贾斯汀和阿什莉商店到连锁店的转变,已经持续了一个多世纪,这一过程是从 A&P 和 Sears 等商店开始的,但转变的发生基本上没有享受过政府的政策。如果有的话,那也是政府政策逆风行事,为家庭经营的小微企业提供了巨额补贴,而且有些社区积极地限制大型商店。

然而,对于反垄断者来说,这明显是一件不利的事情。正如汤普森所写:"今天,在几家夫妻杂货店曾经开业的地方,沃尔玛催生了一家又一家超市。"[50] 由于它扼杀了"企业家精神",所以就成了所谓的坏事。但是,这种对小企业的盲目迷恋没有抓住要领。新企业的形成不是目标,而是一种手段。最终,消费者以更低的价格购买更多更好的商品,而不是将低效的小企业主的数量最大化。

正在创建的是哪类企业?

为了评估新公司组建的总体放缓是否是一个问题,我们还需要仔细研究正在创建的公司类型。正如安托瓦妮特·肖尔(Antoinette Schoar)所写的那样:

> 区分两组截然不同的企业家至关重要:生存型企业家和变革型企业家。最近的证据表明,从事这两类企业的创业者不仅在性质上非常不同,而且其中只有一小部分人能从生存型企业家过渡到变革型企业家。这些人的经济目标、技能和在经济中的作用各不相同。[51]

地方上新比萨店的老板贾斯汀和阿什莉,跟谢尔盖·布林、拉里·佩奇或杰夫·贝佐斯不太可能很像。肖尔还发现:

> 大多数由风险投资支持的初创公司的创始人以前都受雇于大型科技公司,比如微软、英特尔或类似的公司。变革型企业家的另一组创始人是连续创业者,他们以前曾创办过一家高速成长的公司。相比之下,在开办高速成长的企业之前,他们几乎没有人经营过小型的生存性企业。[52]

初创企业的数量与经济增长之间似乎也没有关联。凯瑟琳·法齐奥(Catherine Fazio)及其同事对创业数据的研究表明:"基于数量的创业指标与 GDP 的增长关系不大。公司创建数量的年度波动,似乎与中期经济表现的指标没有多大关系。"[53]

很清楚,再开一家小书店或比萨店那不叫创业,那是小生意。换句话说,贾斯汀和阿什莉不太可能是谢尔盖、拉里和杰夫。贾斯汀和阿什莉做什么或不做什么对经济增长影响不大。如果贾斯汀和阿什莉不开那家比萨饼店,那么,布里安娜和贾伦或其他人也会开。

没错,开传统小企业(如比萨店)的人也可以称为"企业家",但在意义上与开创现代创新理论的经济学家约瑟夫·熊彼特想要表达的意思完全不同。熊彼特有句名言:

> 企业家的作用是通过利用某项发明,或者更普遍地,利用未试用过的技术生产新商品,或以新的方式生产旧商品,通过开发新的原材料供应来源、开辟新的产品销路或重组某个行业等,从而改变或彻底变革生产模式。[54]

　　熊彼特没有说企业家的职责是开公司。只有某些类型的公司创始人才是企业家。换句话说，真正重要的初创公司，是那些能够通过技术创新和（或）组织创新利用市场机会的初创公司。[55]正如一项对企业形成趋势的研究所表明的："表现不佳的经济体中，似乎有太多生存型企业家和太少高速成长的变革型企业家。"[56]

　　悲观的论调认为"新创企业的天塌了"；另一种观点则认为我们生活在一个强劲的创新和创业时代，硅谷和美国其他的技术中心正沉浸在纷繁而动态的创新之中。上述两类初创公司之间的差异正好说明了这两种观点为什么同时存在了。正如硅谷风险资本家马克·安德森（Marc Andreessen）在其推文中所说："创业的太多了：破坏正在失控！""创业的太少了：经济正在失速跌落！"[57]造成这种矛盾的一个重要原因是上述研究（被不断地地引用）没有将贾斯汀和阿什莉与谢尔盖、拉里和杰夫区分开来。真正的问题是谢尔盖、拉里和杰夫体现的企业家精神发生了什么变化，以及为什么会发生这种变化。

　　麻省理工学院的教授豪尔赫·古兹曼（Jorge Guzman）和斯科特·斯特恩（Scott Stern）属于设法区分这两类初创企业的研究人员。他们观察了 1988 年至 2014 年 15 个大州的高增长创业企业的趋势，发现"与创业企业总量的长期下降相反……初创企业的增长潜力遵循一种对资本市场环境和总体经济状况敏感的周期性模式。"[58]换句话说，虽然贾斯汀和阿什莉的创业公司比以前少了，但与此同时，几乎相同数量的谢尔盖、拉里和杰夫式的创业企业得以创建。此外，法齐奥及其同事发现，若将成功退出的公司定义为"6 年内以数倍于公司估值的价格上市或被收购"，那么创业公司的总数，与成功退出的公司数之间，也找不到明显的关系。[59]

　　事实上，在另一项研究中，古兹曼和斯特恩发现：即使对美国经济的规模加以控制之后，2014 年高速成长的创业企业的增长率仍居第二。[60]

该研究表明,创业潜力(成功初创企业规模占 GDP 的比重)在 1990 年达到低点,2000 年达到峰值,几乎高出了 2 倍,在网络泡沫破灭后下降,然后2007 年又上升,随着 2008—2009 年全球经济衰退再次下降,但到2014 年反弹,几乎达到创纪录的高点。正如法齐奥及其同事指出的那样:"以数量计的衡量指标记录了美国创业增长率令人不安的连续 30 年下降。……相反,以产出计的衡量指标表明创业增长率正在上升。过去几年里,新企业创业初期的天使投资和风投一直在大幅增长。"[61]

当人们深入挖掘创业企业的数据时,马克·安德森推文中的矛盾就更加清晰了。就初创企业衰退发出警告的研究,依赖于人口普查数据,这些数据询问人们是否创办了企业,而不管创办的是"生存型"还是"变革型"企业。这就可以解释,考夫曼基金会的"2015 年各州创业活动趋势指数",为什么会发现两个最具创业精神的州是蒙大拿和怀俄明了。[62]而真正的高科技强州,如加利福尼亚和马萨诸塞,仅排名第 14 位和第 34 位。正如法齐奥等人所写的那样:这种"指数排名与创业活动(如硅谷和肯德尔广场)热点地区之间的错配,有力地表明:我们所掌握的创业企业增长潜力的趋势,更多是被本地或区域性企业所淹没。"[63]

技术周期和高速成长的初创企业

如古兹曼和斯特恩所述,真正高成长性初创企业的数量只是整个初创企业数量的一小部分。但是,尽管它们的数量比例相对较小,但它们在经济中扮演了一个过大的角色,为市场带来了新的创新。对于许多这些初创公司来说,要么生产技术(如特斯拉),要么使用新技术以创造新的商业模式(如优步),或者二者兼而有之(如谷歌)。这意味着技术型初创企业的增长率,在一定程度上是技术创新总体增长率的一个函数。正如阿克斯(Acs)和奥德雷奇所写:"技术的根本变化通常会导致公司规模分布的变化。"[64]

正如我们早前所述,这些根本性的变化不是匀速前进的,而是波动的,有些时期更加活跃。事实上,技术创新似乎遵循一个反复出现的 S 形曲线的模式,随着技术的出现而波动,然后在下一波新浪潮之前趋于稳定。约瑟夫·熊彼特认为:"经济活动的每一个长波都是由一次'产业革命'和对其影响的吸收构成的。"[65]他接着写道:"通过引入新的生产方法(机械化工厂、电气化工厂、化学合成法等),这些革命周期性地重塑了现有的工业结构。"[66]

熊彼特的见解关键之处在于:创新不是带来稳步渐进式改进的一个有规律的过程,而是一个导致创新浪潮的不连续过程。他指出:"严格地讲,这些革命并非连续的;它们的发生是不连续的突进,这些突进又是彼此分开的,间隔出现相对平静的时期。然而,整个过程在不断地进行,要么变革,要么是对变革结果的吸收,两者共同形成所谓的商业周期。"[67]技术呈波浪式变化的一个原因是,过去的技术体系牢固地确立了不能轻易中断的做事方式。在各机构寻求全新的办法之前,现有经济体系必须用无可用。

熊彼特技术长波理论的支持者至今提出了五个波:(1)18 世纪 80 年代和 90 年代,由蒸汽机开启的第一次工业革命;(2)19 世纪 40 年代和 50 年代,铁的第二次革命;(3)19 世纪 90 年代和 20 世纪前 10 年,基于钢铁和电力的第三次革命;(4)20 世纪 50 年代和 60 年代,以机电和化工技术为基础的第四次革命;(5)基于信息技术和通信技术的第五次革命,于 20 世纪 90 年代出现,并在近几年达到顶峰。根据这种长波周期理论,第六波将会出现,但只会发生在一个相对停滞、长达至少 20 年的间隔期之后,而我们现在似乎就处在间隔期。

这或许可以解释约翰·霍尔蒂万格（John Haltiwanger）、伊恩·海瑟薇和哈维尔·米兰达（Javier Miranda）发现了高科技创业的增长率为什么会从 2000 年的 55％降至 2011 年的 38％。[68]他们写道：

> 2000 年过后，高科技行业经历了一个经济活动合并的过程，从年轻的公司转为更成熟的公司。高科技行业看起来与 20 世纪 90 年代私营经济的其他行业不同，当时年轻企业在整体经济中所占的比例正在下降，但高科技行业却在上升。21 世纪初，在众所周知的"互联网泡沫"破灭期间，高科技行业的创业活动开始急剧降温。[69]

但是，这种降温至少部分地反映了这样一个事实：随着技术系统越来越成熟，新进入者的数量通常会下降。而这不应被视为美国创新体系的一个严重缺陷。但随着技术经济范式的成熟，基于最新"通用技术"的最成功的初创企业，往往能够消除大部分竞争对手，并在一国或全球范围内主导一个行业。不管"大企业坏"的支持者声称些什么，企业规模很大程度上取决于生产的经济因素，而生产的经济因素部分取决于生产技术的性质。正如布莱尔所说："技术在很大程度上决定了工厂规模和效率之间的关系。"[70]因此，技术型创业公司与技术长波周期所处的阶段有关。

奥德雷奇认为，技术周期要么产生创业期，此时新技术带来了机遇，但商业模式尚未确立，要么在这之后产生常规期，此时更多的商业模式得到确立，少数公司以赢家的身份出现。他写道：

> ［在创业期］新进入者更有可能创新……即使利润为负，也不太可能下决心退出该行业。相比之下，在常规期，现有企业往往具有创

新优势，因此，在退出市场的企业中，往往多数是新进入者。因此，当技术条件适合常规期时，旋转门模式更为适用；而新进入者取代现有者的森林隐喻，更适用于创业期。[71]

　　综上所述，相比常规期，新创公司的创业活动在创业期往往更普遍，在创业期，大部分创新活动是由小企业所为；而在常规期，大部分的创新活动则是由行业现有的大企业所为。

　　在北美的磁盘驱动器行业，我们看到了这种技术驱动的动态变化。20 世纪 60 年代初，磁盘驱动技术刚刚发明，只有一对夫妇成立了一家公司。到 20 世纪 80 年代末，新公司的数量增加到 85 家左右。但随着技术趋于稳定，规模报酬的递增，再加上国外的激烈竞争，至 20 世纪 90 年代中期，这一数字下降到了 25 家左右。[72]

　　同样，在 20 世纪 80 年代和 90 年代，计算机行业也有许多进入者，如康柏、戴尔、Gateway、Leading Edge、苹果、惠普、IBM、AT&T、NCR 等公司都努力成为主角。但随着计算机创新的放缓，以及规模报酬的递增，初创企业越来越少。在计算机和外围设备制造业，初创企业下降了45％，而实际上，行业的集中度降低，前四大企业和前八大企业的比率分别下降了 7％和 8％，主要原因是来自国外的竞争。

　　在制造业，我们也看到了这种模式。弗朗西斯科·劳卡（Francisco Louçã）和桑德罗·曼东沙（Sandro Mendonça）研究了 1917 年、1930 年、1948 年、1963 年、1983 年和 1997 年最大的 200 家制造公司，在整个时期一共是 543 家不同的公司。他们发现：在这 6 年中，只有 28 家公司始终入围，劳卡和曼东沙称之为"持续不倒的巨人"，它们主要在 20 世纪之交成立，或是 20 世纪时合并的结果，包括美铝、阿莫科石油、可口可乐、杜邦、约翰迪尔、宝洁、福特和通用汽车等公司。[73]但超过半数的公司只出现过一次。进入前200名的新公司数量随时间的变化而变化,在1930年(88家公司)和1997年(80家)达到顶峰,但在1948年中期(62家)、1963年(72家)和1983年(42家)数量较少。[74]

熊彼特的长波模型认为技术变革是周期性的,既有强周期,又有弱周期。利用这一模型,劳卡和曼东沙发现前200家公司中新公司数量的峰值与技术从一波向另一波的转变周期有关。正是在这些转变期,以突破性创新组合的出现为标志,新技术系统取代了旧技术系统。如果真是这样,它表明如今初创企业进入和现有公司退出的相对下降,可能更多地与我们所处的长波周期阶段有关,随着第六波起飞阶段的开始,在未来10年左右,可能会有更多的企业进入。

在某些行业,创新往往建立在联邦政府支持的研发基础上,创新的出现往往引致蜂拥而至的寻求投机的进入者。今天,我们仍然可以看到这种现象,比如特斯拉(电动汽车)和谷歌(自动驾驶汽车)等公司正涉足汽车业务。事实上,在那些技术仍在发展而尚未成熟的行业,我们能看到更多的初创企业,因为创业者会冒险进入新的市场,寻找新的机遇。例如,过去10年来,制药业的初创企业增长了38%,因为创业者们想要利用生物技术的创新,如基因工具。同样,发动机、涡轮机和电力传输设备行业的初创企业也增长了87%,这在很大程度上受益于可再生能源和天然气发电方面的创新。

在其他众所周知已经过时的行业,由于产品因技术变革而被取代,进入者大为减少。例如,从2003年至2011年,磁性和光学媒体行业的初创企业下降了47%,这主要是因为磁带和光盘被电子存储方式取代。同样,随着云计算的兴起,以及数据处理和网站托管行业的成熟,初创企业下降了47%。事实上,在20世纪90年代的最后几年,随着成千上万的公司竞相成为即将出现的赢家,初创企业蓬勃发展。但市场自然支持不了数以万计的公司,因此出现了一场洗牌。例如,许多公司竞相成为占主导地位的互联网搜索公司,但只有少数公司幸存了下来,包括谷歌和微软。

这表明那些把创新速度放缓归咎于初创企业减少的人实际上是把因果关系颠倒了。因为创新放缓,初创企业减少,新进入者能够寻求的机会相应减少。恢复技术创新的步伐有助于创造机会,而这又会导致初创企业的增加,但部分措施是要扭转联邦研发预算的削减,扩大企业创新投资的税收优惠。

总之,技术是企业规模的关键驱动因素。在制造业,柔性生产技术能够凭借较小的公司规模提高效率。在非制造行业,信息技术部门依托更大的公司规模实现更高的效率。正因如此,在这些行业,20 世纪 90 年代以前非常盛行的小型初创企业没有多少进出的空间。规模更大、效率更高的公司正在利用技术获得市场份额,并取代许多小型、低效的初创公司,其中的很多初创企业注定要迅速倒闭;不管怎样,我们应该为这种变化感到高兴,而不是为之哀叹。[75]

此外,如果说那种催生出技术驱动、快速增长的初创企业的真正创业精神出现了衰落,这在很大程度上可以用当代经济在熊彼特长波周期中所处的阶段加以解释。如果出现新的周期,或许在 21 世纪 20 年代末的某个时候,我们有可能会看到科技型创业的复苏。

注释

1. US Small Business Administration(SBA), Firm Size Data(Table 2. Number of Firms, Establishments, Receipts, Employment, and Payroll by Firm Size(in Receipts) and Industry), https://www.sba.gov/advocacy/firm-size-data(accessed March 10, 2017).

2. US SBA, Firm Size Data(Detailed Industry Data), https://www.sba.gov/advocacy/firm-size-data(accessed March 10, 2017).

3. Ibid.

4. Samuel E. Henly and Juan M. Sánchez, "The U.S. Establishment-Size Distribution: Secular Changes and Sectoral Decomposition," *Economic Quarterly* 95, no.4 (Fall 2009): 442, https://www.richmondfed.org/~/media/richmondfedorg/publications/research/economic_quarterly/2009/fall/pdf/sanchez.pdf.

5. Franco Amatori, Matteo Bugamelli, and Andrea Colli, "Italian Firms in History: Size, Technology and Entrepreneurship," paper presented at the conference "Italy and the World Economy, 1861—2011," Rome, October 12—15, 2011, https://papers.ssrn.com/sol3/papers.cfm?abstract_id=2236737.

6. Zoltan J. Acs, David B. Audretsch, and Bo Carlsson, "Flexible Technology and Firm Size," *Small Business Economics* 3, no.4 (December, 1991): 307—319, https://link.springer.com/article/10.1007/BF01840612.

7. US Census Bureau, Business Dynamic Statistics(Firm Characteristics Data Tables: Sector), https://www.census.gov/ces/dataproducts/bds/data_firm.html.

8. US Census Bureau, Statistics of US Businesses(annual data tables 1997 and 2012).

9. Timothy H. Hannan and Gerald A. Hanweck, "Recent Trends in the Number and Size of Bank Branches: An Examination of Likely Determinants 2008-02," Finance and Economics Discussion Series(Washington, DC: Federal Reserve Board, Divisions of Research & Statistics and Monetary Affairs, 2008), https://www.federalreserve.gov/pubs/feds/2008/200802/200802pap.pdf.

10. Barry C. Lynn and Lina Khan, "The Slow-Motion Collapse of American Entre-preneurship," *Washington Monthly*, July/August 2012, http://washingtonmonthly.com/magazine/julyaugust-2012/the-slow-motion-collapse-of-american-entrepreneurship.

11. Cornelia J. Strawser, ed., *Business Statistics of the United States 2013: Patterns of Economic Change*, 18th ed. (Lanham, MD: Bernan Press, 2013), Table 10.3, 358.

12. Ian Hathaway and Robert E. Litan, "Declining Business Dynamism in the United States: A Look at States and Metros," Economic Studies at Brookings(Washington, DC: Brookings Institution, May 2014), https://www.brookings.edu/wp-content/uploads/2016/06/declining_business_dynamism_hathaway_litan.pdf.

13. Jason Wiens and Chris Jackson, "The Importance of Young Firms for Economic

Growth"（Kansas City, MO: Kauffman Foundation, September 13, 2015）, http://www. kauffman. org/what-we-do/resources/entrepreneurship-policy-digest/the-importance-of-young-firms-for-economic-growth.

14. John Lettieri and Steve Glickman, "American Entrepreneurship in Decline," *Daily Beast*, July 25, 2016, http://www. thedailybeast. com/articles/2016/07/25/ american-entrepreneurship-in-decline.html.

15. Hathaway and Litan, "Declining Business Dynamism in the United States," 3.

16. *America Without Entrepreneurs: The Consequences of Dwindling Startup Activity. Hearing Before the Committee on Small Business and Entrepreneurship* US Senate (June 29, 2016) (testimony of John W. Lettieri, Cofounder and Senior Director for Policy and Strategy, Economic Innovation Group), https://www.sbc.senate.gov/public/?a=Files.Serve&File_id=0D8D1A51-EE1D-4F83-B740-515E46E861DC.

17. Lynn and Khan, "The Slow-Motion Collapse of American Entrepreneurship."

18. Jim Clifton, "American Entrepreneurship: Dead or Alive?," *Business Journal*, January 13, 2015, Gallup.org, http://www.gallup.com/businessjournal/180431/american-entrepreneurship-dead-alive.aspx.

19. John Dearie, quoted in Leigh Buchanan, "American Entrepreneurship Is Actually Vanishing," *Inc.*, May 2015, http://www. inc. com/magazine/201505/leigh-buchanan/the-vanishing-startups-in-decline.html.

20. Hathaway and Litan, "Declining Business Dynamism in the United States."

21. Ian Hathaway and Robert E. Litan, "What's Driving the Decline in the Firm Formation Rate? A Partial Explanation," Economic Studies at Brookings (Washington, DC: Brookings Institution, November 2014), https://www.brookings.edu/wp-content/uploads/2016/06/driving_decline_firm_formation_rate_hathaway_litan.pdf.

22. "The Decline in Business Formation: Implications for Entrepreneurship and the Economy," testimony of Jonathan Ortmans before the US House Committee on Small Business, Subcommittee on Contracting and Workforce(Kansas City, MO: Kauffman Foundation, September 11, 2014), http://www. kauffman. org/~/media/ kauffman_org/research%20reports%20and%20covers/2014/09/jonathan_ortmans_testimony_september_2014.pdf.

23. Muge Adalet McGowan and Dan Andrews, "Skill Mismatch and Public Policy in OECD Countries," OECD Working Paper ECO/WKP(2015)28(Paris: OECD, Economics Department, April 28, 2015), https://www. oecd. org/eco/growth/

Skill-mismatch-and-public-policy-in-OECD-countries. pdf.

24. Anthony B. Kim，"Economic Freedom：America's Entrepreneurial Pulse at Risk," *Daily Signal*，April 1，2014，http://dailysignal.com//2014/04/01/economic-freedom-americas-entrepreneurial-pulse-risk.

25. Mike Konczal and Marshall Stienbaum，"Declining Entrepreneurship, Labor Mobility, and Business Dynamism：A Demand-Side Approach"（New York：Roosevelt Institute，July 21，2016），http://rooseveltinstitute.org/declining-entrepreneurship-labor-mobility-and-business-dynamism.

26. The NFIB study is referenced in Paul Bettencourt，"Small Business Burdened by Ever-Growing Pile of Regulations," *Forbes*，September 29，2016，https://www.forbes.com/sites/williamdunkelberg/2016/09/29/small-business-burdened-by-ever-growing-pile-of-regulations/♯6a27c1f21f3c.

27. Ryan Decker，John Haltiwanger，Ron Jarmin，and Javier Miranda，"The Role of Entrepreneurship in U. S. Job Creation and Economic Dynamism," *Journal of Economic Perspectives* 28，no.3（Summer 2014）：19.

28. *The Kauffman Index：State Rankings*（Kansas City，MO：Kauffman Foundation，2015）http://www.kauffman.org/kauffman-index/rankings?report＝startup-activity&indicator＝se-rate&type＝larger.

29. Lynn and Khan，"The Slow-Motion Collapse of American Entrepreneurship."

30. Quoted in Buchanan，"American Entrepreneurship Is Actually Vanishing."

31. "Infographic：Millennial Entrepreneurs and the State of Entrepreneurship"（Kansas City，MO：Kauffman Foundation，February 11，2015），http://www.kauffman.org/multimedia/infographics/2015/infographic-millennial-entrepreneurs-and-the-state-of-entrepreneurship.

32. Quoted in Derek Thompson，"The Myth of the Millennial Entrepreneur," *Atlantic*，July 6，2016，https://www.theatlantic.com/business/archive/2016/07/the-myth-of-the-millennial-entrepreneur/490058.

33. Dane Stangler and Jordan Bell-Masterson，"Can Millennials Reverse America's Declining Rates of Entrepreneurship?" *Washington Monthly*，August 17，2014，http://washingtonmonthly.com/2014/08/17/can-millennials-reverse-americas-declining-rates-of-entrepreneurship.

34. Hathaway and Litan，"What's Driving the Decline in the Firm Formation Rate?"

35. Lynn and Khan，"The Slow-Motion Collapse of American Entrepreneurship."

36. Derek Thompson，"America's Monopoly Problem：How Big Business Jammed the

Wheels of Innovation," *Atlantic*, October 2016, https://www.theatlantic.com/magazine/archive/2016/10/americas-monopoly-problem/497549.

37. Stacy Mitchell, "Monopoly Power and the Decline of Small Business: The Case for Restoring America's Once Robust Antitrust Policies"(Washington, DC: Institute for Local Self-Reliance, August 10, 2016), https://ilsr.org/monopoly-power-and-the-decline-of-small-business.

38. Mark E. Schweitzer and Scott Shane, "The Ins and Outs of Self-Employment: An Estimate of Business Cycle and Trend Effects," Working Paper 16—21(Federal Reserve Bank of Cleveland, 2016), https://www.clevelandfed.org/newsroom-and-events/publications/working-papers/2016-working-papers/wp-1621-ins-and-outs-of-self-employment.aspx.

39. US Census Bureau, Business Dynamics Statistics(Longitudinal Business Database, Firm Characteristics Data Tables, Firm Age by Firm Size, 1977 to 2014), https://www.census.gov/ces/dataproducts/bds/data_firm.html(accessed March 17, 2017).

40. Robert D. Atkinson, "Enough Is Enough: Confronting Chinese Innovation Mercantilism"(Washington, DC: Information Technology and Innovation Foundation, February 28, 2012), https://itif.org/publications/2012/02/28/enough-enough-confronting-chinese-innovation-mercantilism.

41. Robert D. Atkinson, Luke A. Stewart, Scott M. Andes, and Stephen J. Ezell, "Worse Than the Great Depression: What Experts Are Missing about American Manufacturing Decline"(Washington, DC: Information Technology and Innovation Foundation, March 2012), http://www2.itif.org/2012-american-manufacturing-decline.pdf.

42. US Census Bureau, Longitudinal Business Database 1977—2014, http://www2.census.gov/ces/bds/estab/age_size_sector.

43. Robert D. Atkinson, "Understanding and Maximizing America's Evolutionary Economy"(Washington, DC: Information Technology and Innovation Foundation, October 2014).

44. David B. Audretsch, "Technology, Life Cycles and Industry Dynamics," paper presented at the ZEW Summer Workshop on Empirical Labour and Industrial Economics, Mannheim, June 7—10, 1999, 13, http://ftp.zew.de/pub/zew-docs/sws/audretsch.pdf.

45. US SBA, Firm Size Data(Detailed Industry Data), https://www.sba.gov/advoca-

cy/firm-size-data.

46. "2013 Market Measure: The Industry's Annual Report," *Hardware Retailing*, December 2013, http://www. hardwareretailing. com/wp-content/uploads/2013/ 11/ Market-Measure-2013.pdf.

47. Matthew E. Spencer, "Dow 30 Profile: The Home Depot," *Value Line*, May 17, 2013, http://www.valueline.com/Stocks/Highlights/2012_Highlights/Dow_30_ Profile_The_Home_Depot.aspx♯.WMw8Sfnys2w.

48. "2013 Market Measure."

49. US Census Bureau, *County Business Patterns*: 2012.

50. Thompson, "America's Monopoly Problem."

51. Antoinette Schoar, "The Divide between Subsistence and Transformational Entre-preneurship," in *Innovation Policy and the Economy*, ed. Josh Lerner and Scott Stern(Chicago: University of Chicago Press, February 2010), 57—81, http:// www.nber.org/chapters/c11765.

52. Ibid., 63.

53. Catherine Fazio, Jorge Guzman, Fiona Murray, and Scott Stern, "A New View of the Skew: A Quantitative Assessment of the Quality of Entrepreneurship," MIT Innovation Initiative, February 2016, https://innovation.mit.edu/assets/A-New-View_Final-Report_5.4.16.pdf.

54. J. A. Schumpeter, "Economic Theory and Entrepreneurial History," in *Explora-tions in Enterprise*, ed. H. G. Aitken(Cambridge, MA: Harvard University Press, 1965).

55. Osman Eroglu and Murat Picak, "Entrepreneurship, National Culture and Tur-key," *International Journal of Business and Social Science* 2, no.16(September 2011).

56. Decker et al., "The Role of Entrepreneurship in U.S. Job Creation and Economic Dynamism."

57. Marc Andreessen(pmarca), "'There's too much entrepreneurship: Disruption running wild!' 'There's too little entrepreneurship: Economy stalling out!,'" Twitter post, January 2, 2015, 9:11 p.m.

58. Jorge Guzman and Scott Stern, "The State of American Entrepreneurship: New Estimates of the Quantity and Quality of Entrepreneurship for 15 U.S. States, 1988—2014," NBER Working Paper 22095(Cambridge, MA: National Bureau of Economic Research, March 2016), http://www.nber.org/papers/w22095.

59. Ibid.

60. Ibid.

61. Fazio et al., "A New View of the Skew," 3.

62. Arnobio Morelix, Robert W. Fairlie, Joshua Russell, and E. J. Reedy, "2015 The Kauffman Index: Startup Activity State Trends"(Kansas City, MO: Kauffman Foundation, 2015), http://www. kauffman. org/~/media/kauffman _ org/research%20reports%20and%20covers/2015/05/kauffman_index_startup_activity_state_trends_2015.pdf.

63. Fazio et al., "A New View of the Skew," 3.

64. Acs and Audretsch, *Innovation and Small Firms*, 127.

65. Joseph A. Schumpeter, *Capitalism, Socialism, and Democracy*, 3rd ed.(New York: Harper & Brothers, 1950 [1942]), 67.

66. Ibid., 68.

67. Ibid., 83.

68. John Haltiwanger, Ian Hathaway, and Javier Miranda, "Declining Business Dynamism in the U.S. High-Technology Sector"(Kansas City, MO: Kauffman Foundation, February 2014), http://www.kauffman.org/~/media/kauffman_org/research%20reports%20and%20covers/2014/02/declining_business_dynamism_in_us_high_tech_sector.pdf.

69. Ibid.

70. Quoted in Acs and Audretsch, *Innovation and Small Firms*, 5.

71. Audretsch, "Technology, Life Cycles and Industry Dynamics," 21.

72. Carroll and Hannan, *The Demography of Corporations and Industries*, 24.

73. Francisco Louçã and Sandro Mendonça, "Steady Change: The 200 Largest U.S. Manufacturing Firms throughout the 20th Century," *Industrial and Corporate Change* 11, no.4(2002):817—845, 825.

74. Ibid., 827.

75. For example, for the US retail sector, see Mark Doms, Ron S. Jarmin, and Shawn Klimek, "Information Technology Investment and Firm Performance in U.S. Retail Trade," *Economics of Innovation and New Technology* 13, no. 7 (2004):595—613.

中 篇

规模的优势

越大越好：企业规模经济学

如果说，一种规模的企业，在就业、工资、福利和安全、环境保护、生产率、员工多元化、工会组织、守法纳税和企业社会责任等几乎所有指标上，都优于另一种规模的企业，想必你会以为，这种规模的企业会受到各政治派别大多数人的青睐——你错了，因为我们说的是大企业的表现优于小企业。

假设某一规模等级的公司在各项经济效益和社会效益指标上几乎均优于另一规模等级的公司，这些指标包括创造就业、工资、工人福利和安全、环境保护、生产率，劳动力多元化、工会组织、守法纳税和企业社会责任等，想必你会以为这个规模等级会被各政治派别的大多数人接受，受到他们的青睐。你错了，因为我们说的是大企业的表现优于小企业。

任何小企业好和大企业坏的说法都应基于事实，而不能建立在不同的意识形态、自身利益或情绪基础上。事实再清楚不过了，无论按哪一项标准衡量，大企业都优于小企业。如托德·L.伊德松（Todd L. Idson）和大井康夫（Walter Y. Oi）＊在评论公司规模与经济因素之间的关系时所写的那样：

> 大企业的员工工资较高，附加福利和培训也更多，工作环境更清洁和安全，通常也更为愉快。它可以使用更新的技术和更先进的设备。……找到一份小企业的工作成本较低。员工与雇主之间的个人关系可能更近，但裁员和经营失败的可能性更大，工作不太有保障。[1]

＊ 该译名由经济科学出版社的编辑帮忙查找，Walter Y. Oi 译为"大井康夫"，详见《新帕尔格雷夫经济学大辞典》第八卷，第102页。——译者注

很明显,每个工业经济体中都存在这种模式。另一位研究德国小企业的学者约阿希姆·瓦格纳(Joachim Wagner)得出以下结论:

> 与大企业相比,小企业的工资和非工资收入(额外福利)较低,工作保障性差,工作组织不太严格,没有很强的制度化保证工人参与决策,而且提升技能的机会也不是很多。事实证明,小企业的工作条件远不如大企业。[2]

另一项针对美国小企业的研究发现:"大多数幸存下来的小企业增长幅度都不大。在整个生命周期中,多数公司起步时是小企业,始终是小企业。并且,没有什么可以衡量的指标表明,多数幸存下来的小企业进行过实质性的创新。"[3]

世界银行关于发展中国家的研究得出如下结论:

> 在发展中国家,中小微企业的就业增长率往往较高,但大企业提供的就业岗位更有持续性,通常生产率和工资更高,培训也更多,通过其供应链和分销网络还能支持大量的直接就业(这尤其为穷人提供了机会)。[4]

该报告进一步指出:在创造就业的净增量方面,由于较多的中小微企业"退出市场",它们的贡献不如大企业。

简而言之,从每一项衡量标准看,大企业几乎都优于小企业,但这并非贬低分布在小镇商业街(Main Street)上的众多小企业。多数小企业主担着风险,勤奋工作,并为所在的社区做出了贡献。但我们不能让感情妨碍了对现实的判断。经济繁荣主要还是由大企业决定的,而不是小企业,更不是众多的小微企业，在这些小微企业的所有者看来，维持几名员工就够了，并不想扩大规模。

经济因素

工资

对于大多数处于工作年龄的人来说，劳动收入（工资或薪水）是主要的收入来源。几乎每项研究都表明大企业的薪酬高于小企业。即使是进步派人士讨厌的零售业巨头沃尔玛[5]，它给其售货员的平均工资也高出行业平均水平 25%。[6]有研究指出，"与员工数量少于 10 人的商店相比，在员工超过 500 人的商店工作，高中毕业生的工资要高 26%，大学毕业生的工资要高 36%。"[7]因此，如果你正准备给自己的孩子建议去哪里工作，去大企业，还是去小企业，而且他们想要此生将自己的收入最大化的话，建议他们去大企业。

这种差异并不新鲜。早在 1890 年，美国人口普查局首次开始收集数据时，大型制造商支付的工人工资就多于小型制造商。[8]这种格局一起持续着，而且遍及各国。实际上，这是经济学中最一致的发现。有篇文献综述得出结论："最重要的是，企业规模和工资之间显然存在巨大的不对等，而且这种差别无所不在。"[9]

21 世纪初，有项研究表明，拥有 500 多名工人的美国公司比小企业多付 28% 的工资。2015 年，受雇于大企业的工人比在不足 100 人的公司工作的工人平均多挣 54%。[10]各个行业均是如此。例如，美国大型养猪场的工人比在普通规模养猪场的工人多挣 38%。[11]同样，斯坦福大学和密歇根大学的研究人员在 2014 年进行了一项研究，发现像沃尔玛这样的大型连锁零售商"支付的工资远超家庭经营的小微企业。此外,大企业和大分支机构为员工进入管理层提供了通路"。[12] 大企业给员工增加的工资更多:"在大企业多待一年,薪水平均增加 3.4%,但小企业仅增加 2.6%。"[13] 这种情况在世界各地一再出现。在德国,拥有 1—9 名员工的公司的平均工资大约是大企业的一半。[14] 即使对行业进行了控制,以考虑有些拥有大企业的行业支付更高的薪酬,也对不同公司之间工人的教育水平进行了控制,美国的大企业仍然多支付 14% 的薪酬,加拿大的大企业则多支付 8%。[15]

小企业也有可能雇佣更多的低薪工人。2007 年,城市研究所的一项研究发现"低收入工人更有可能在小企业工作。虽然所有工人的 20% 受雇于不到 10 人的公司,但这些公司雇佣了 42% 的低工资的工人,以及 35% 来自有子女的低收入家庭的低工资工人。"员工超过 500 人的大企业只雇佣了 28% 的低工资工人,却占到了所有工人的 44%。[16]

在许多发展中国家,工资差距更大。在印度,5—49 名员工的公司向工人支付的工资仅为超过 200 名员工的公司的 22%。在印度尼西亚,小企业工人的工资只有大企业工人工资的 32%,在菲律宾这个比例是 35%,在韩国为 50%,在中国为 60%,在泰国则是 72%。[17] 正如世界银行的一项研究得出的结论:"无论在发达国家还是发展中国家,大企业比小企业的就业更稳定,工资和非工资福利更高,即使从教育、经验和行业的差异性上对样本范围加以控制之后也是如此。"[18] 提高生活水平需要增大企业规模,发展中国家尤为如此。

决定因素是年龄而不是规模? 新公司的薪酬高于老公司? 其实不然。新公司第一年支付给工人的平均工资是平均工资的 72%,哪怕在 4 年后,新公司开出的工资仍然低于平均水平。[19]

虽有争议,但从这些数据得出的结论却是明确的:如果政策制定者想要提高工资,他们应侧重于帮助现有的大企业和少数能够大幅增长的小企业。

福利

在美国，大企业的员工可获得的各种福利，均高于不足 100 人的企业的员工：额外工资（如加班费和奖金）高出 85％；带薪休假和保险（如健康保险）为 2.5 倍多；退休福利为 3.9 倍多；固定收益计划供款为 5 倍以上。[20]例如，即便提供 401k 养老计划，小型零售商的缴费额度也很少达到员工自己的缴费水平。但在沃尔玛工作 1 年后，公司就会为员工相应地支付 6％的供款。[21]在为员工缴纳寿险和伤残保险方面，大企业（员工在 100 人或以上）几乎是小企业的两倍。[22]

2011 年，在《平价医疗法案》（Affordable Care Act）通过之前，200 人以上的企业超过 97％为其员工加入医疗保险，而在 3—9 名工人的企业，这个比例不到 50％。因此，在少于 10 人的企业就业的工人有 36％没有保险，而大企业雇佣的工人没有保险的只有不到 15％。[23]就福利而言，新企业和初创企业并不比老企业更慷慨。相反，正如斯科特·沙恩（Scott Shane）指出的："研究表明，经营时间越长的企业越有可能向员工提供养老金计划或健康保险。"[24]

当员工或伴侣生孩子时，小企业更不太可能让员工休假。1997 年，95％的大中型企业允许员工休产假和陪产假，但只有一半的小企业这样做。正如劳工统计局的一项研究结论所示："对比是鲜明的，大企业提供全方位的正式休假计划，这种计划旨在为假日、疾病、葬礼和其他个人义务提供休假，小企业只准在假日休假，或……根据个人绩效制定休假政策。"[25]事实上，大企业的带薪休假天数比小企业平均高 20％—40％。[26]

大企业也比小企业更有可能提供健康福利。员工人数在 5 000 人以上的企业有 53％提供减肥计划，如慧俪轻体（Weight Watchers）的减重服务，而提供减肥计划的小企业只有 16％；57％的大企业提供保健辅导，而提供该辅导的小企业只有 24％。大企业更有可能提供免费的健康风险评估、健身设施、戒烟计划和减肥计划。[27]

或许这说明了为什么大企业（雇员超过 5 000 人）自愿离职的工人约为小企业员工的 40％。[28]

生产率

有些大企业的批评者认为，大企业之所以给员工发放更高工资，原因在于它们拥有市场势力，得以制定较高的价格，而所获的收入至少有一部分以更高的工资形式转付给员工，其余的则流向股东的腰包。

事实上，大企业能够支付更高的工资是因为它们的平均生产率更高。1978 年，研究者针对美国制造企业进行了一项研究，试图确定大企业是否比小企业生产率更高，如果更高的话，这是否是它们利润更高的原因。研究发现，平均而言，任何行业中前四大企业的利润都比业内其他企业高出 57％。[29]但这些高收益并非得自挤压供应商的利润、制定更高的价格或支付较低的工资。相反，任何行业中前四大企业的劳动生产率平均比行业中的其他企业高出 37％。它们至少把一部分收益转化成了工人的工资，使得平均工资高出业内其他企业 15％。企业的各级员工都可以体会到这种优势，而不仅仅为企业高管所享有。事实上，前四大企业的工人生产率比业内其他企业的工人生产率平均高出 17.2％。[30]

为什么大企业的生产效率更高？原因之一是它们使用了更多可以提高效率的资本设备。资本密集度与生产率和企业规模正相关。[31]1988 年，一项以 1 万家制造商为对象的全国性调查发现，技术使用与工厂规模正相关。[32]同样，20 世纪 80 年代初，当自动取款机刚开发出来时，大型银行使用它的可能性要大得多。[33]

但是，大企业愿意在设备和软件上投资以提高生产率只是因素之一。

即使通过衡量全要素生产率来控制这一因素，大企业的生产率仍然比小企业高出 16.6％。[34]这可能是因为生产的规模经济增加，或是大企业的管理和经营更加完善。

当地经济利益

不少小企业的拥护者喜欢声称小企业理应享有特权，因为它们为支持当地社区做了更多的工作。"美国独立企业联盟"敦促消费者去"小商店购物"，将 10％的支出转移至当地独立的公司，因为"服务社区的企业，是当地经济、公民生活、当地慈善机构和数百万公民致富的支柱，还是培训未来几代企业家的摇篮"。[35]

从某种意义上说，他们是对的。有项研究发现当地零售商将 52％的收入返还给了当地经济，而全国性的零售商却只返还了收入的 14％。当地餐馆将收入的 79％用于当地经济的发展，而特许加盟商和全国连锁店则只拿出了收入的 30％。[36]

但这是一种零和思维。如果一个地区偏爱本地拥有的小企业，将更多的支出留在当地，那么，根据定义，这意味着其他地区得到的支出将越来越少。但是，如果其他所有地区都这样做，那将意味着一开始偏向本地小企业的那个地区得到的支出也会减少。跟国家之间的贸易一样，地区之间也需要贸易。因为专业化或规模收益的增加会提高生产率和收入。

这些社区小企业拥护者实际上在为他们当地的社区发声，却是以牺牲更广泛的全国社区的利益为代价的。此外，他们甚至不是在为当地社区发声。有研究者对购买当地货的运动进行了研究，发现它们注重的是当地企业主的利益，而非社区低收入者的福祉。[37]购买当地货的政策甚至与实现本地更多的增长无关。有项研究发现："经济低迷时，单一机构的当地企业，比非本地所有的企业削减了更多的就业。"[38]

创造就业

至于就业，如第 5 章所述，事实也证明主流的声音大都是错误的。小企业创造更多就业机会的主要原因在于，它们也破坏了更多的就业机会。若是审视就业机会的净值，我们就会发现大企业至少与小企业平起平坐，而且在过去 20 年中，大企业比小企业创造了更多的净就业机会。

研发和创新

小企业的拥护者到处兜售小企业是创新者的观点，否认大企业是创新者。事实上，他们经常挂在嘴边的理由是：小企业通过更多的创新弥补了较低的生产率。正如戴维·奥德雷奇所写的那样，小企业捍卫者认为"小企业的动态贡献远远抵消了任何静态的效率损失。"[39] 如果这是真的，它可能会弥补小企业在工资和生产率方面低于标准水平的表现。但是，正如第 6 章所论，情况并非如此。现在来看几项数据：虽然小企业占美国就业人数的 49%，但在企业研发方面，小企业的支出仅占 16%，而拥有 25 000 名员工以上的企业占 36%。[40] 同样，在已颁发的专利方面，小企业占 18.8%，而最大的企业则占 37.4%。[41]

出口

出口使一个国家有能力购买所需的进口商品。出口实力较弱的国家要么面临高贸易逆差，要么货币贬值，或者二者兼而有之，美国就是这种情况。大企业的出口超过小企业。一份回顾企业规模和出口强度之间关系的研究，发现在大部分企业中两者存在正相关。[42] 对德国企业的一项研究发现，出口产出所占份额随着企业规模的扩大而增加。[43] 对南卡罗来纳州公司的一项研究表明，"公司越大，从事出口的可能性就越大"。在美国,小企业(雇员少于 500 人)雇佣了 49% 的员工,但出口只占 34%。[44]此外,从 1997 年到 2007 年,小企业的出口增幅要比大企业低 3%。[45]

社会因素

即使大企业给消费者和工人带来的经济利益超过了小企业,在企业社会责任和环境保护等社会因素上,小企业的表现仍有可能超过大企业。但事实上,在几乎所有社会因素上,大企业的表现都优于小企业。

环境保护

许多环保拥护者谴责大企业影响环境,认为它们是毫无节制的污染者。我们看过印度博帕尔(Bohpal)的悲惨画面,Union Carbide 公司的一家工厂发生化学气体泄漏,造成数千当地居民死亡。我们对埃克森的瓦尔迪兹号油轮在阿拉斯加威廉王子湾的漏油事件感到震惊,美国人则一直关注英国石油公司钻井平台向墨西哥湾喷涌石油,时间长达几个月。毫无疑问,有些大企业优先考虑利润,而不是环境保护。毫无疑问,在许多污染严重的行业,如化工生产,大企业的产量占了大多数。但这不是重点。重点在于,任一特定行业,若以每单位产出计,大企业的污染是否高于小企业?在这一点上,研究表明大企业的污染较少。

大量研究发现,大企业在控制污染方面的投资比小企业多得多,部分原因是它们受到更严格的法规和执法的管制。不仅有些环境法规免除了小企业的责任,而且监管机构更有可能针对多家工厂的大企业而非小企业开展环境执法。[46]这是有道理的,因为监管预算是固定的,而且检查一家大企业所需的时间几乎跟检查一家小企业相同。此外,在环保方面,大企业更有可能为公众关注，如果做坏事，就会损害声誉。

因此，有研究指出："环保支出对大企业更为可行，因为不但在提供服务方面拥有更大的规模经济，而且更有可能针对大企业开展执法检查，对于其形象的树立也颇有好处。"[47]正因如此，一项有关遵守美国《清洁空气法案》的研究发现，每增加1万美元的产值，有多个运营单位的企业（即大企业）在污染控制资本支出和运营成本上就要比小企业分别多花费185美元和477美元。[48]最大的工厂每单位产出在控制空气污染上的支出，大约是小工厂的4倍。因为大企业有环境保护部门，配备了专家，他们的工作是防止自家企业被拉上法庭或因违规而登上《纽约时报》的头版。有项研究发现，农业化工行业的大企业能够更好地满足严格的监管要求。[49]事实上，许多小企业甚至不考虑环境保护。正如一项对英国小企业的研究总结的："中小企业通常信息不灵通，除非受到外部强制力量的威胁，比如起诉或客户要求等，否则，不愿采取行动。更糟糕的是，许多人预计环境不会对其企业造成任何威胁，企业也不会从中得到什么好处。"[50]

网络安全

随着人们对网络安全和黑客攻击的关注，以及针对Target等大企业的公然破坏和攻击，大企业的网络安全性肯定比小企业差。事实上，提供网络服务的小企业（2015年只有54％有网站）[51]在互联网方面更缺乏安全性。[52]这是有道理的，因为大企业可以投入内部和外部资源，以确保其计算机和互联网系统的安全。三分之二拥有网站的小企业仅利用内部资源管理其网站，40％的所有者自己管理网站。42％的人称网络安全是他们面临的最大挑战之一，44％的人报告称自己是网络攻击的受害者，但只有21％的人表示非常了解这个问题。[53]

纳税

安然。泰科。复杂的公司避税方案,还为这些方案起了奇异的名字,如"双层爱尔兰夹荷兰三明治"。与小企业相比,股份公司肯定会有更多的偷税漏税。但在考虑这样做之前,分清逃税和避税之间的区别非常重要,逃税是非法的,而避税是合法的。可以肯定地讲,许多大企业足够有钱,可以聘请到最好的会计人才,帮助它们制定复杂的避税方案,其中大部分是合法的,并符合美国国税局的要求。在这些情况下,责任在政府那里——只要政府认为存在问题,就有责任堵塞漏洞。

即使就这些合法方案而言,与非上市公司相比,上市公司进行复杂避税的可能性较小,而且上市公司的规模普遍大于非上市公司。[54]原因在于,按美国国内税法 C 分章的要求,须缴纳企业所得税的 1 500 家左右最大的公司,多半要接受年度审计,甚至是持续的审计,这显然有助于限制肆无忌惮的避税行为,更不用说逃税了。[55]这就是大企业比小企业要向投资者披露更多风险信息的原因。[56]

与之形成鲜明对比的是,许多小企业的运营在很大程度上是依赖现金的,它们很有可能会少报收入。正如一项对企业逃税的研究指出:"许多自雇者故意选择这种组织形式,而不是受雇于人,以便逃税。"[57]在意大利,非公司制的企业只缴纳了法律要求缴纳税款的 45% 左右。[58]在美国,个人每年少缴的企业收得税数额约为 3 450 亿美元。[59]据国会研究处的税收政策专家简·格拉维尔(Jane Gravelle)称,业主制企业所得税的瞒报率为 57%,而大中型企业的瞒报率不到 20%。[60]换句话说,小企业报告的实际收入只有 43%,而大中型企业报告的收入达到了 80%。有 61% 的小企业报低了它们的收入,也就是说,它们在撒谎。

针对小企业避税者的一项研究发现,很多人都为避税辩护,因为小企业的避税行为相当于是一种补贴，"类似于直接向农民发放的补贴，或是给予跨国企业的纾困"。他们认为应该得到这样的补贴，因为"做小企业的人是经济兴盛的关键"。[61]其他人则说，如果他们不作弊，就得停业。确实！欺骗让生产率低的"僵尸"企业得以继续经营下去，从而损害了其他人的利益。除此之外，即便审计出来了，违反税法的小企业也很少需要支付巨额罚款，何况小企业受到审计的机会很小（大约为二百分之一），使得避税成为很多小企业文化的一部分。[62]他们之所以得逞，乃是因为有名声不好的小会计师事务所在帮他们，这些会计师事务所知道，如果不能做到至少是对逃税"睁一只眼闭一只眼"，他们就将失去业务。[63]

裁员的风险

诚然，那些贪婪的首席执行官，所有媒体都有报道，比如绰号为"链锯艾尔"（Chainsaw Al）的邓拉普（Dunlap）、"中子弹杰克"（Neutron Jack）的韦尔奇（Welch）。鉴于此，很多人会以为大企业更有可能通过裁员以维持利润。但事实并非如此。事实上，小企业对员工的忠诚度更低。研究发现，随着公司规模的扩大，德国公司的离职率和解雇率都有所下降。[64]与小企业的雇员相比，奥地利大企业的工人被解雇的风险较低。[65]同样，员工人数少于20人的加拿大企业裁员的可能性，几乎是员工人数在500人以上的公司的5倍。[66]

美国也不例外。新公司大多是小企业，当新公司创造出的工作岗位有一半在5年内都会消失时，小企业员工失去工作的几率相当高。[67]正如一项研究总结的那样："小企业的工作不太稳定。在这些工作岗位上的工人都干不长，更有可能辞职或被解雇，而且未来更有可能经历一段失业期。"[68]利用1978年至1984年间的数据进行的一项研究发现：工人少于100人的公司永久遣散员工的可能性，几乎3倍于拥有超过2 000名员工的公司。[69]最新数据显示,2000—2012 年间,员工超过 250 人的企业每年裁员和解雇的比例都低于小企业。2015 年,雇员人数为 1—249 人的小企业的雇员下岗率,是员工人数超过 5 000 人的企业的 4 倍。[70]小机构需要多交 20％的联邦要求的失业保险税,因为它们解雇的工人更多,必须支付更高的失业税。[71]如果失业保险税完全凭经验设定级别,而不是规定一个上限,小企业将支付更高的失业税。因此,实际上,"链锯艾尔"更有可能是小微企业的雇主。

工人的安全保障

小企业的员工更有可能发生工伤。员工人数少于 100 人的公司支付的工伤保险赔付要比大企业多 9％,这反映了它们对该系统的索赔额较高。[72]我们在许多行业都看到了这种情况,包括煤炭开采[73]和建筑业。[74]小型公用事业公司的工伤率几乎是大企业的 4 倍;在有线电视和电信行业,小企业的工伤率几乎是大企业的 3 倍;在信息技术行业,小企业的工伤率是大企业的 2 倍。小型卡车运输公司的事故率高于大企业,包括不安全的违规驾驶、疲劳驾驶、车辆维护违规和碰撞。[75]总体而言,在商品生产行业,雇员超过 1 000 人的企业,工伤率比 10—49 人的企业低 25％。[76]

工会和员工培训

企业成立工会的比率如何? 大企业难道不是吵闹着反对工会,还为昂贵和复杂的反工会运动买单吗? 可以肯定的是,越来越多的美国公司已经采取行动以避免工会,但大企业成立工会的可能性仍然更大。例如,在加拿大,50.2％的大企业成立了工会,而小企业只有 27.4％。[77]对宾夕法尼亚工会比率的一项研究发现高低不同,员工超过 1 000 人的制造商有 22％成立了工会,而员工少于 100 人的制造商成立工会的比率介于

12％和 13％之间。[78]

在员工培训方面,大企业投入了更多的资金。在德国,60％的小企业与学徒计划没有关系,而大企业不提供学徒计划的只有 12％。[79]同样,公司为员工支付进一步培训费用的可能性,也会随着公司规模的扩大而增加,规模最小的公司为 24％,规模最大的公司则为 93％。在美国,新雇员在 500 人以上的企业接受正式和非正式培训的时数,远远多于在小企业接受培训的时数。[80]在经合组织国家,大企业培训员工的比率平均达到 63％,而小企业只有 39％。[81]

就业多样性

在种族和性别的多样化方面,大企业比小企业做得更好,这既是因为它们有专业的人力资源部门,人力资源经理更清楚就业偏见会损害企业的业绩,也因为它们更有可能因招聘行为而受到审查。正如一项研究总结的那样:"还有多个理由可以让我们相信,企业规模可以促进种族和性别的异质性:更大的组织规模肯定会带来更精细的人事制度、更规范的运营和更大的工作差异化,这些都有助于公司的多样化。"[82]

美国大企业更加多样化,原因在于拥有超过 50 名员工的联邦承包商在招聘时必须采用平权行动计划,但小企业是免此责的。[83]此外,雇员人数在 14 人或以下的小企业不受 1964 年《民权法案》第七编的约束,该法禁止基于种族、肤色、宗教、性别和祖籍国的就业歧视,雇员少于 100 人的公司则不要求报告相关内容。[84]

此外,大企业的招聘行为更有可能受到公众监督。因此,乔纳森·格拉特(Jonathan Glater)和玛莎·汉密尔顿(Martha Hamilton)在《华盛顿邮报》写道:"在美国许多全国性的大企业,平权行动已经成为公司的有机构成。"[85]劳工经济学家哈里·霍尔泽(Harry Holzer)在 20 世纪 90 年代末的一项研究发现，非裔美国人在 500 人以上的企业占 13.3％，但在雇员少于 10 人的公司中，非裔美国人只占 7.9％。[86]这在很大程度上是因为大多数小企业都归白人所有，他们不愿意雇佣有色人种。小企业确实雇佣了更多的拉丁裔，但即使算上这一点，在 1 000 人以上的大企业，白人员工的比例也比小企业少 4 个百分点。[87]

大企业雇佣女性的比例也高于小企业，大约高出 3 个百分点（48％—45％），雇佣退伍军人的比例也高（比小企业高 8％）。[88]不要指望"企业家"阶层本身能做到性别平等：在美国，女性拥有企业所有权的比率是男性的 60％，其他经合组织国家甚至更低。[89]总之，大企业的员工比小企业更多样化。

企业的社会责任

若是听"小企业好"信奉者讲：大企业只关心利润，而不回馈社会；小企业则扎根当地社区，并致力于奉献当地社区。事实上，情况比这要复杂得多。

研究发现，大企业和小企业的慈善捐赠水平都高于中型企业。[90]小企业捐赠是因为它们接近所在的社区和本地消费者；而大企业捐赠较多是因为它们比中型企业受到更多的审查。

然而，其他研究发现，大企业的业绩优于中小型企业。正如某项企业社会责任研究得出的结论："我们得出的首要的也是最重要的结论是，大多数小企业没有履行过具体的社会责任问题。……[多数小企业]从未想过。"[91]事实上，多数关于这个主题的研究发现，小企业对企业社会责任的关注程度低于大企业。[92]这在很大程度上是因为"小企业管理者自己辩称他们没有时间或资源用于履行社会责任"。[93]另一项针对企业经理的研究发现，企业规模越大，管理者就越认为：在环境保护和企业慈善等方面的企业社会责任,对企业的销售和市场份额非常重要。[94]

此外,按照"逐利"原则,无论是联合抵制、示威游行和股东施压,还是其他形式的压力,大企业更有可能成为社会活动家下手的目标。像"共同梦想"(Common Dreams)这样的组织,最后一次将小微企业作为行动目标是什么时候?[95]《卫报》有没有公布英国小企业及其捐赠名单?没有,它侧重报道大企业。[96]这种压力确实会导致大企业做出反应,因为对大多数大企业来说,销量至少部分取决于它们的声誉和"能见度"。比如,如经济学家凯文·科克伦(Kevin Cochrane)所写,沃尔玛在 2016 年向当地的慈善机构和慈善事业捐赠了 16 亿美元。如果要按这个比例来算,典型的小零售商每年必须向当地事业捐赠约 4 000 美元。[97]

批评大企业的人也很容易忽略这样一点:美国的各种慈善基金会持有的大多数资产,都是来自企业财富。卡内基、福特、洛克菲勒、盖茨、休利特(Hewlett)、皮尤(Pew)、斯隆(Sloan)和史密斯·理查森(Smith Richardson)只是由大企业利润出资建立基金会中的少数几个。事实上,在美国资产最大的 100 个慈善基金会中,由拥有或管理大企业的个人出资的有 78 个。[98]

收入不平等

最后,收入不平等的情况如何?那些通常给首席执行官发放高薪和股票期权的大企业,难道不是导致收入不平等增长的主要原因吗?托马斯·皮凯蒂(Thomas Piketty)就是这样认为的,他写道:"近几十年来收入不平等扩大的主要原因是超级管理者的出现。"[99]同样,前奥巴马政府经济官员贾森·弗曼(Jason Furman)和彼得·欧尔萨格(Peter Orszag)认为,在过去 20 年里,大企业拥有市场势力,使得它们能够向高管支付更高的报酬。[100]

霍尔格·穆勒(Holger Mueller)及其合著者对英美公司的研究,似乎支持皮凯蒂的观点。在英国,随着企业规模越来越大,最高三层职位和低层职位之间的收入不平等在加剧。[101]例如,该项研究的作者们发现,从企业规模分布区间上的第 25 百分位,移动到第 75 百分位,职位级别最高的第 9 级相对于最低的第 1 级的工资,将会增加 280.1%。[102]他们还发现技能要求高的职位级别第 6、7 和 9 级的工资,都随着企业规模的增加而增加。

然而,有几个因素表明,在解释这些发现时我们应该小心谨慎。首先,穆勒的研究只侧重相对较大的公司,而不是最小的公司。事实上,60%的样本公司是上市公司,公司平均规模超过 10 000 人。绝大多数英国公司规模较小,因此,在理解公司层面收入不平等的趋势时,需要关注各种规模级别。

其次,目前还不清楚企业规模在多大程度上加剧了不平等。作者们指出,自 1986 年以来,美国最大的 100 家企业的就业人数增长了 53%。但与此同时,美国总就业人数增长了 33%。[103]因此,大企业高管收入的某些增长当然对收入不平等的加重起到了一定的作用,但并非全部。

此外,在另一项国民经济研究局(NBER)的研究中,宋杰(Jae Song)和几位合著者指出,高工资公司和低工资公司之间的离散,似乎在所有的规模级别中都存在,这不是一个关乎规模大小的问题。[104]换句话说,造成收入不平等的不仅仅是大企业。事实上,美国劳工统计局的一项最新研究表明,5%的收入最高者与 10%的收入最低者的报酬之比,在小企业(1—49 人)和大企业(500 人或以上)之间没有差别。[105]

宋及其合著者发现,在工作收入的不平等中,有很大一部分不是因为同一家公司里高薪经理人比低薪工人挣得多,而是因为公司之间的对比。[106]换句话说,在单个公司中薪酬最高和薪酬最低员工之间的薪酬比例或多或少保持不变,但有些公司的工资增长快于其他公司,从而增加了高管的工资。他们写道:"虽然 2012 年 1% 收入最高者的工资,远高于 1982 年收入最高者的 1%,但相对于其公司的平均收入,他们现在的工资要比 30 年前低。与其说收入最高的产生自公司内部,还不如说高薪公司现在支付的工资更高。"[107] 换言之,随着一些企业的规模、生产率和销售的增长,它们能够支付员工更高的工资,包括处于高层的管理者。

此外,大企业似乎比小企业为其文员和生产工人支付更多的报酬,但大企业中高薪的专业工人往往得到与小企业同样的报酬——任何关心工人和中产阶级的人都应该为此喝彩。根据劳工统计局的数据,1995 年,雇佣 50—499 名工人的企业向其专业和行政管理人员支付的工资比最大的企业(2 500 人或更多)低 2%—3%,它们的律师和工程师工资待遇甚至更高。但是,小企业付给文员的工资少了 6%,维修工人少了 27%,材料运输工人少了 42%。[108]

虽然穆勒和几位合著者发现,大企业付给技术更熟练的工人的工资比小企业更多,但这似乎反映了更多的人力资本和更高的技能。他们写道:"我们的研究结果支持了这样一种观点,即企业内部的薪酬差距拉大,反映出企业拥有更优秀的管理人才。"[109] 他们继续指出:"对企业规模加以控制之后,我们发现更大的薪酬差距与更好的经营业绩、更高的公司估值和股票回报相关。"[110]

此外,有些研究表明,大企业实际上减少了收入不平等。密歇根大学商科教授杰拉尔德·戴维斯(Gerald Davis)和亚当·科布(Adam Cobb)发现,在 1950 年至 2006 年间,美国前 100 强公司雇佣的人数占美国劳动力的比例每年的变化,与收入不平等之间,存在很强的负相关关系(−0.8)。换句话说,当该比例下降时,收入不平等就增加了。[111] 他们认为这种关系是有原因的,因为与高端的投资银行或低端的小微企业相比,大企业倾向于雇佣更多的中等收入工人。正如杰拉尔德·戴维斯所写:"如果你喜欢不平等……那就是小企业好。"[112]

在吹捧小企业主时,人们很容易忘记,平均而言,他们比普通工人赚得多得多。企业主家庭的平均收入差不多是非企业主家庭的3倍(研究表明,二者分别是127 702美元和45 177美元)。[113]正如斯科特·沙恩所写:"企业主家庭的平均净资产为984 307美元,而非企业主家庭的平均净资产为190 023美元。"[114]联邦储备银行对小企业主的一项研究总结道:"小企业主中的富人比穷人更多。"[115]根据税收政策中心的数据,前1%的转移课税企业*,挣到了所有该类企业总利润的50.8%;前0.1%的转移课税企业,挣到了所有该类企业总利润的22.8%;而后60%的转移课税企业,只挣到了该类企业总利润的13.4%。[116]

此外,新的研究表明,收入最高的1%的人不是公司经理,而是专业人士和金融家。盖洛普经济学家乔纳森·罗斯韦尔(Jonathan Rothwell)发现,在收入最高的1%的人中,6%从事金融服务业,7%是律师,7%是医生,4%是牙医,7%在医院工作。[117]事实上,21%的牙医属于收入前1%,而内科医生和外科医生属于这前1%的人占到了31%。甚至大学校长都有15%属于这前1%。相比之下,软件、互联网出版、数据处理、网站托管、计算机系统设计、科学研发,以及计算机和电子制造业的工人仅占收入前1%的工人的5%。正如乔纳森·罗斯韦尔所写的那样,"牙科服务中收入排进前1%的人数,是软件服务业的5倍。"[118]虽然没有大型牙科公司,但有很多大型软件公司。总体而言,罗斯韦尔发现,非金融公司的经理

---

*　转移课税企业(pass-through business)主要是以独资、合伙、有限责任(与中国的有限责任公司不对等)或S型公司的形式组建的企业,这些企业不单独纳税,而是合并至企业主的个人收入,由企业主或合伙人缴纳个人所得税(C型公司缴纳企业所得税)。尽管小企业的拥趸视"转移课税企业"为小企业的同义词,但很多转移课税企业是大企业,特别是家族企业,比如特朗普集团(Trump Organization)。——译者注

人只占前 1% 收入者的 29%,而且相当一部分人并非为大企业工作。[119]

史蒂文·N.卡普兰(Steven N. Kaplan)和乔舒亚·劳(Joshua Rauh)也得出了类似的结论。在考察收入(调整后的总收入)最高的 0.01% 的人时,他们发现:2004 年,非金融业高管仅占这一收入阶层的 3.98%,略高于 1994 年的 3.66%。[120]他们写道:"2004 年,华尔街投资人中收入超过 1 亿美元的人数,是上市公司首席执行官的 9 倍。事实上,25 位薪酬最高的对冲基金经理的总收入超过标准普尔 500 强所有首席执行官的薪酬总和。"[121]此外,金融和法律领域的顶薪者人数是非金融职业的 3 倍多,前者的收入也是后者 5 倍。所以,如果你想找到收入不平等的最大原因,看看成功的对冲基金经理吧,而不是观察代表性的首席执行官。

即使承认大企业的其他所有优势,信奉"小企业好"的那帮子人还是会退回到熟悉的"小企业是创造就业的引擎"这个说法上。正如我们将在下一章中看到的,仔细审视之下,即使是支持这个流行主张的证据也会分崩离析。

注释

1. Todd L. Idson and Walter Y. Oi, "Workers Are More Productive in Large Firms," *American Economic Review* 89, no.2(May 1999):104—108.

2. Joachim Wagner, "Firm Size and Job Quality: A Survey of the Evidence from Germany," *Small Business Economics* 9, no.5 (October 1997):411—425.

3. Erik Hurst and Benjamin Wild Pugsley, "What Do Small Businesses Do?," NBER Working Paper 17041 (Cambridge, MA: National Bureau of Economic Research, May 2011), 2, http://www.nber.org/papers/w17041.pdf.

4. World Bank, "The Big Business of Small Enterprises: Evaluation of the World Bank Group Experience with Targeted Support to Small and Medium-Size Enter-

prises，2006-12，" March 2014，p.35.

5. Senator Elizabeth Warren, "Reigniting Competition in the American Economy," Keynote Remarks, New America's Open Markets Program Event, Washington, D. C., June 29, 2016.

6. 沃尔玛全职营业员的平均小时工资，是每小时 13.38 美元（资料来源：Walmart Corporation）。美国劳工统计局报告称，零售业售货员的中位数工资是每小时 11.01美元，收银员的中位数工资是每小时 9.70 美元。参见：http:// www. bls. gov/ooh/sales/retail-sales-workers. htm；以及 http://www. huffingtonpost. com/ entry/walmart-10-raise_us_56a01acde4b0404eb8f03b26。

7. Brianna Cardiff-Hicks, Francine Lafontaine, and Kathryn Shaw, "Do Large Modern Retailers Pay Premium Wages?," NBER Working Paper 20313 (Cambridge, MA: National Bureau of Economic Research, July 2014), http://www.nber.org/ papers/w20313.

8. Claudia Goldin, "Monitoring Costs and Occupational Segregation by Sex: A Historical Analysis," *Journal of Labor Economics* 4, no.1 (January 1986):1—27, cited in Charles Brown, James T. Hamilton, and James Medoff, *Employers Large and Small* (Cambridge, MA: Harvard University Press, 1990), 5.

9. Charles Brown and James Medoff, "The Employer Size-Wage Effect," *Journal of Political Economy* 97, no.5 (October 1989):1027—1059.

10. US Bureau of Labor Statistics (BLS), Economic News Release (Table 8. Private Industry, by Establishment Employment Size), https://www. bls. gov/news. release/ecec.t08.htm (accessed March 2017).

11. Li Yu, "Three Essays on Technology Adoption, Firm Size, Wages and Human Capital" (PhD diss., Iowa State University, 2008), http://lib. dr. iastate. edu/ rtd/15716.

12. Cardiff-Hicks, Lafontaine, and Shaw, "Do Large Modern Retailers Pay Premium Wages?"

13. Stéphanie Lluis, "Endogenous Choice of Firm Size and the Structure of Wages: A Comparison of Canada and the United States," Industrial Relations Center Working Paper (Minneapolis: University of Minnesota, June 2003), ftp://ftp.repec.org/opt/ReDIF/RePEc/hrr/papers/0203.pdf, 12.

14. Wagner, "Firm Size and Job Quality," 412.

15. Lluis, "Endogenous Choice of Firm Size and the Structure of Wages," 5.

16. Gregory Acs and Austin Nichols, "Low-Income Workers and Their Employers：

Characteristics and Challenges," The Urban Institute, 2007, https://www.ur-ban. org/sites/default/files/publication/46656/411532-Low-Income-Workers-and-Their-Employers.PDF.

17. Rana Hasan and Karl Robert L. Jandoc, "The Distribution of Firm Size in India: What Can Survey Data Tell Us?," ADB Economics Working Paper 213 (Manila: Asian Development Bank, August 2010), https://www.adb.org/sites/default/files/publication/28418/economics-wp213.pdf.

18. S. Thorsten Beck, A. Demirgüç-Kunt, and Ross Levine, "Small and Medium Enterprises, Growth, and Poverty: Cross-Country Evidence," World Bank Policy Research Working Paper 3178 (Washington, DC: World Bank, December 2003), 8, http://elibrary.worldbank.org/doi/abs/10.1596/1813-9450-3178.

19. Paul Reynolds and Sammis B. White, *The Entrepreneurial Process: Economic Growth, Men, Women, and Minorities* (Westport, CT: Praeger, 1997).

20. US BLS, Economic News Release (Table 8. Private Industry).

21. Walmart 401(k) Plan H, https://www.brightscope.com/401k-rating/331263/Wal-Mart-Stores-Inc/335998/Walmart-401K-PlanH (accessed April 1, 2017).

22. US BLS, *National Compensation Survey: Employee Benefits in Private Industry in the United States, March 2006*, cited in Kelly Edmiston, "The Role of Small and Large Businesses in Economic Development," *Economic Review*, Second Quarter (Kansas City Federal Reserve Bank, 2007), 73—97.

23. US Small Business Administration (SBA), "What Is the Level of Availability and Coverage of Health Insurance in Small Firms?," June 2012, https://www.sba.gov/sites/default/files/Health-Insurance.pdf.

24. Scott A. Shane, *Illusions of Entrepreneurship: The Costly Myths That Entrepreneurs, Investors, and Policy Makers Live By* (New Haven, CT: Yale University Press, 2008),156; and David Bernstein, "Fringe Benefits and Small Businesses: Evidence from the Federal Reserve Board Small Business Survey," *Applied Economics* 34, no.16 (2002):2063—2067.

25. Brian Baker, "The Monthly Labor Review at 100—Part IV: Employee Benefits, Industries and Occupations, and Worker Safety and Health Since 1980," *Monthly Labor Review*, July 2016, http://www.bls.gov/opub/mlr/2016/article/the-monthly-labor-review-at-100-part-iv.htm.

26. Edmiston, "The Role of Small and Large Businesses in Economic Development."

27. Jon R. Gabel, Heidi Whitmore, Jeremy Pickreign, Christine C. Ferguson, Anjali

Jain, K. C. Shova, and Hilary Scherer, "Obesity and the Workplace: Current Programs and Attitudes among Employers and Employees," *Health Affairs* 28, no.1 (January/February 2009):46—56.

28. US BLS, "Job Openings and Labor Turnover Survey, February 2016," news release, USDL 16-0697, US Department of Labor, April 5, 2016, https://www.bls.gov/news.release/archives/jolts_04052016.pdf.

29. Edward M. Miller, "The Extent of Economies of Scale: The Effects of Firm Size on Labor Productivity and Wage Rates," *Southern Economic Journal* 44, no.3 (January 1978):470—487.

30. Ibid.

31. Danny Leung, Césaire Meh, and Yaz Terajima, "Firm Size and Productivity," Bank of Canada Working Paper 2008-45 (Ottawa: Bank of Canada, November 2008),11, http://www.bankofcanada.ca/wp-content/uploads/2010/02/wp08-45.pdf.

32. Bennett Harrison, *Lean and Mean: The Changing Landscape of Corporate Power in the Age of Flexibility* (New York: Basic Books, 1994), 62, citing Timothy Dunne, "Technology Usage in U.S. Manufacturing Industries: New Evidence from the Survey of Manufacturing Technology," Center for Economic Studies, US Census Bureau, 1991, https://www2.census.gov/ces/wp/1991/CES-WP-91-07.pdf.

33. Timothy H. Hannan and John M. McDowell, "The Determinants of Technology Adoption: The Case of the Banking Firm," *RAND Journal of Economics* 15, no.3 (Autumn 1984):328—335.

34. Leung, Meh, and Terajima, "Firm Size and Productivity," 11.

35. Sara Jane McCaffrey and Nancy B. Kurland, "Does 'Local' Mean Ethical? The U.S. 'Buy Local' Movement and CSR in SMEs," *Organization & Environment* 28, no.3 (2015):286—306, 292.

36. Ibid.

37. Ibid.

38. Ibid.

39. David B. Audretsch, "Small Firms and Efficiency," in *Are Small Firms Important? Their Role and Impact*, ed. Zoltan J. Acs (New York: Kluwer Academic, 1999), 22.

40. National Science Foundation, *Business Research and Development and Innovation: 2012* (Table 5. Worldwide R&D Paid for by the Company and Performed by

the Company and Others, by Industry and Company Size: 2012), https://nsf. gov/ statistics/2016/nsf16301/#chp2 (accessed March 5, 2017).

41. Ibid.

42. Tatiana Maria Correia Monteira, "Relationship between Firm Size and Export Performance: Overtaking Inconsistencies" (master's thesis, Universidade do Porto, 2013), http://www. fep. up. pt/docentes/fontes/FCTEGE2008/Publicacoes/ D14.pdf.

43. Joachim Wagner, "Exports, Firm Size, and Firm Dynamics," *Small Business Economics* 7, no.1 (February 1995):29—39.

44. Patrick Delehanty, "Small Businesses Key Players in International Trade," *Issue Brief* (SBA) 11, December 1, 2015, https://www. sba. gov/sites/default/files/ advocacy/ Issue-Brief-11-Small-Biz-Key-Players-International-Trade.pdf; US Census Bureau, Statistics of US Businesses (2014 SUSB Annual Data Tables by Establishment Industry), https://www. census. gov/data/tables/2014/econ/susb/ 2014-susb-annual.html (accessed March 27, 2017).

45. US SBA, Office of Advocacy, "Frequently Asked Questions," September 2012, https://www.sba.gov/sites/default/files/FAQ_Sept_2012.pdf.

46. Randy A. Becker, "Air Pollution Abatement Costs under the Clean Air Act: Evidence from the PACE Survey," *Journal of Environmental Economics and Management* 50, no.1 (July 2005):144—169, 165.

47. Stefanie A. Haller and Liam Murphy, "Corporate Expenditure on Environmental Protection," *Environmental and Resource Economics* 51, no.2 (February 2012): 277—296.

48. Becker, "Air Pollution Abatement Costs," 164.

49. Keith Fuglie, Paul Helsey, John King, and David Schimmelpfennig, "Rising Concentration in Agricultural Input Industries Influences New Farm Technologies," *Amber Waves*, December 3, 2012, https://www. ers. usda. gov/amber-waves/2012/december/rising-concentration-in-agricultural-input-industries-influences-new-technologies/.

50. Quoted in Fiona Tilly, "The Gap between the Environmental Attitudes and the Environmental Behavior of Small Firms," *Business Strategy and the Environment* 8, no.4 (July/August 1999):238—248, 241.

51. US Census Bureau, "Annual Survey of Entrepreneurs 2015"(accessed August 23, 2017), https://www.census.gov/programs-surveys/ase/data/tables.All.html.

52. "Most Small Businesses Unprepared for Cyber Criminals," Nationwide press release, November 10, 2015, https://www.nationwide.com/about-us/111015-cyber-security.jsp.

53. National Small Business Association, "2013 Small Business Technology Survey," http://www.nsba.biz/wp-content/uploads/2013/09/Technology-Survey-2013.pdf.

54. Joel Slemrod, "The Economics of Corporate Tax Selfishness," NBER Working Paper 10858 (Cambridge, MA: National Bureau of Economic Research, 2004), 14, http://www.nber.org/papers/w10858.

55. Ibid., 6.

56. Farahnaz Orojali Zadeh and Alireza Eskandari, "Firm Size as Company's Characteristic and Level of Risk Disclosure: Review on Theories and Literatures," *International Journal of Business and Social Science* 3, no.17 (September 2012):9—17.

57. Giampaolo Arachi and Allesandro Santoro, "Tax Enforcement for SMEs: Lessons from the Italian Experience," *eJournal of Tax Research* 5, no.2 (2007):225—243.

58. Ibid., 234.

59. Susan Cleary Morse, Stewart Karlinsky, and Joseph Bankman, "Cash Businesses and Tax Evasion," *Stanford Law and Policy Review* 20, no.1 (2009): 37—68.

60. Jane G. Gravelle, "Federal Tax Treatment of Small Business: How Favorable? How Justified?," in *Proceedings of 100th Annual Conference*, *National Tax Association* (Washington, DC, 2007), 152—158, https://www.ntanet.org/wp-content/uploads/proceedings/2007/017-gravelle-federal-tax-treatment-2007-nta-proceedings.pdf.

61. Morse, Karlinsky, and Bankman, "Cash Businesses and Tax Evasion," 67.

62. Ibid., 64.

63. Ibid., 49.

64. Bernd Frick, "The Effect of Employment Protection Legislation on Dismissals in Germany," *Vierteljahrshefte zur Wirtschaftsforschung* 63, nos. 1—2 (1994): 85—89.

65. Rudolf Winter-Ebmer, "Does Layoff Risk Explain the Firm-Size Wage Differential?," *Applied Economics Letters* 2, no.7 (1995):211—214.

66. Garnett Picot, "Workers on the Move: Permanent Layoffs," *Perspectives on Labour and Income* 4, no. 3 (Autumn 1992), http://www.statcan.gc.ca/pub/75-001-x/1992003/47-eng.pdf.

67. Decker et al., "Role of Entrepreneurship."

68. William A. Brock and David S. Evans, "Small Business Economics," *Small Business Economics* 1, no.1 (1989):7—20.

69. Patricia M. Anderson and Bruce D. Meyer, "The Extent and Consequences of Job Turnover," *Brookings Paper: Microeconomics* (1994):177—248.

70. US BLS, "Job Openings and Labor Turnover Survey (Experimental JOLTS Estimates by Establishment Size Class," last modified February 21, 2017), https://www.bls.gov/jlt/sizeclassmethodology.htm.

71. US BLS, Economics News Release (Table 8. Private Industry).

72. Ibid.

73. 采矿业小公司数量的减少,让该行业每年的事故死亡人数下降了约 4 人,因为小公司的工作条件更危险。George R. Neumann and Jon P. Nelson, "Safety Regulation and Firm Size: Effects of the Coal Mine Health and Safety Act of 1969," *Journal of Law & Economics* 25, no.2 (October 1982):183—199.

74. D. McVittie, H. Banikin, and W. Brocklebank, "The Effects of Firm Size on Injury Frequency in Construction," *Safety Science* 27, no.1 (October 1997):19—23.

75. David E. Cantor, Thomas M. Corsi, Curtis M. Grimm, and Prabhjot Singh, "Technology, Firm Size, and Safety: Theory and Empirical Evidence from the U.S. Motor-carrier Industry," *Transportation Journal* 55, no.2 (Spring 2016): 149—167.

76. US BLS, (Table Q1. Incidence Rates of Total Recordable Cases of Nonfatal Occupational Injuries and Illnesses, by Quartile Distribution and Employment Size, 2012), https://www.bls.gov/iif/oshwc/osh/os/ostb3585.pdf (accessed January 20, 2017).

77. Lluis, "Endogenous Choice of Firm Size and the Structure of Wages," 12.

78. 非公开信息,来自 Pennsylvania Keystone Research Center, Harrisburg。

79. Frick, "The Effect of Employment Protection Legislation."

80. Brown, Hamilton, and Medoff, *Employers Large and Small*, 54.

81. *OECD Science, Technology and Industry Scoreboard 2015: Innovation for Growth and Society* (Paris: OECD, 2015), 41 (Chart 1.29. Investment in Firm-Specific On-the-Job Training, by Firm Size, 2011-12), http://dx.doi.org/10.1787/sti_scoreboard-2015-en.

82. Barbara F. Reskin, Debra B. McBrier, and Julie A. Kmec, "The Determinants and Consequences of Workplace Sex and Race Composition," *Annual Review of Soci-*

ology 25 (1999)：335—361.

83. "Affirmative Action Plans," *FindLaw*，http：//smallbusiness. findlaw. com/ employment-flaw-and-human-resources/are-employers-required-to-have-affirmative-action-plans. html.

84. "Title VII of the Civil Rights Act of 1964," Equal Employment Opportunity Commission，https：//www.eeoc.gov/laws/statutes/titlevii.cfm.

85. Jonathan D. Glater and Martha M. Hamilton, "Affirmative Action's Corporate Converts," *Washington Post*，March 19, 1995, https：//www. washingtonpost. com/archive/business/1995/03/19/affirmative-actions-corporate-converts/99c326 1c-3d42-47db-a8a5-86b2310b0ae0/?utm_term=.30f06739d8e3.

86. Harry J. Holzer, "Why Do Small Establishments Hire Fewer Blacks Than Large Ones?," IRP Discussion Paper 1119-97 (Lansing：Michigan State University，Department of Economics，Institute for Research on Poverty，1997)，http://www. irp.wisc.edu/publications/dps/pdfs/dp11997.pdf.

87. Brian Headd, "The Characteristics of Small-Business Employees," *Monthly Labor Review* (April 2000)：13—18，http：//www. bls. gov/opub/mlr/2000/04/ art3full.pdf.

88. US Census Bureau, American Fact Finder (Series：SB1200CSA12, 2012 Survey of Business Owners) (database)，https：//factfinder. census. gov/faces/nav/jsf/ pages/index.xhtml (accessed March 27, 2017).

89. Robert W. Fairlie and Alicia M. Robb, "Gender Differences in Business Performance：Evidence from the Characteristics of Business Owners Survey," *Small Business Economics* 33 (2009)：375—395.

90. Louis H. Amato and Christie H. Amato, "The Effects of Firm Size and Industry on Corporate Giving," *Journal of Business Ethics* 72，no.3 (May 2007)：229—241.

91. Jan Lepoutre and Aimé Heene, "Investigating the Impact of Firm Size on Small Business Social Responsibility：A Critical Review," *Journal of Business Ethics* 67，no.3 (September 2006)：257—273.

92. Ibid.

93. Ibid.

94. Crystal L. Owen and Robert Scherer, "Social Responsibility and Market Share," *Review of Business* 15，no.1 (Summer/Fall 1993).

95. "Common Dreams," *Common Dreams*，http：//www.commondreams.org.

96. Stephen Brammer and Andrew Millington, "Firm Size, Organizational Visibility and Corporate Philanthropy: An Empirical Analysis," *Business Ethics: A European Review* 15, no.1 (January 2006): 6—18.

97. Kevin Cochrane, "Shopping 'Local' Doesn't Make Sense," *The Weekly Standard*, August 31, 2017, http://www. weeklystandard. com/shopping-local-doesnt-make-sense/article/2009481.

98. Foundation Center, "Foundation Stats: Aggregate Fiscal Data for Top 50 FC 1000 Foundations Awarding Grants, 2012," http://data. foundationcenter. org/#/fc1000/subject:all/all/top:foundations/list/2012.

99. Thomas Piketty, *Capital in the Twenty-First Century* (Cambridge, MA: Belknap Press of Harvard University Press, 2013), 315.

100. Jason Furman and Peter Orszag, "A Firm-Level Perspective on the Role of Rents in the Rise in Inequality," paper presented at "A Just Society," Centennial Event in Honor of Joseph Stiglitz, Columbia University, New York, October 16, 2015, https:// obamawhitehouse. archives. gov/sites/default/files/page/files/20151016_firm_level_perspective_on_role_of_rents_in_inequality.pdf.

101. Holger M. Mueller, Paige P. Ouimet, and Elena Simintzi, "Wage Inequality and Firm Growth," NBER Working Paper 20876 (Cambridge, MA: National Bureau of Economic Research, January 2015), http://www.nber.org/papers/w20876.

102. Ibid., 4.

103. Ibid.

104. Jae Song, David J. Price, Fatih Guvenen, Nicholas Bloom, and Till von Wachter, "Firming Up Inequality," NBER Working Paper 21199 (Cambridge, MA: National Bureau of Economic Research, May 2015), http://www.nber. org/papers/w21199, 29.

105. 非公开估计数字,来自 US BLS, National Compensation Survey: Employer Costs for Employee Compensation, 2016 年 6 月 4 日提供给本书作者。

106. Song et al., "Firming Up Inequality."

107. Ibid., p.29.

108. Robert W. Van Giezen, "Occupational Pay by Establishment Size," *Compensation and Working Conditions*, Spring 1998, 28—36, https://www. bls. gov/opub/mlr/cwc/occupational-pay-by-establishment-size.pdf.

109. Holger M. Mueller, Paige P. Ouimet, and Elena Simintzi, "Within-Firm Pay Inequality," January 2016, https://papers. ssrn. com/sol3/papers. cfm?abstract_id=

2716315.

110. Ibid., 6.

111. Gerald F. Davis and J. Adam Cobb, "Corporations and Economic Inequality around the World: The Paradox of Hierarchy," *Research in Organizational Behavior* 30 (2010):35—53.

112. Gerald Davis, *The Vanishing American Corporation* (Oakland, CA: Berrett-Koehler, 2016), 136.

113. Shane, *Illusions of Entrepreneurship*, 106, citing Michael S. Gutter and Tabassum Saleem, "Financial Vulnerability of Small Business Owners," *Financial Services Review* 14, no.2 (Summer 2005): 133—147.

114. Ibid., 107.

115. Erik G. Hurst and Benjamin W. Pugsley, "Wealth, Tastes, and Entrepreneurial Choice," Staff Report 747 (Federal Reserve Bank of New York, October 2015), https:// papers.ssrn.com/sol3/papers.cfm?abstract_id=2677571.

116. "Sources of Flow-Through Business Income by Expanded Cash Income Percentile: Current Law, 2016" (Washington, DC: Urban Institute and Brookings Institution, Tax Policy Center, August 23, 2016) (Table T16-0184), http:// www. taxpolicycenter. org/model-estimates/distribution-business-income-august-2016/t16-0184-sources-flow-through-business.

117. Jonathan Rothwell, "Why Elites Want More Competition for Everyone Except Themselves," *Evonomics*, April 2, 2016, http://evonomics. com/why-elites-want-more-competition-for-everyone-except-themselves.

118. Ibid.

119. Jonathan Rothwell, email exchange with Robert Atkinson, based on his analysis using the 2013 American Community Survey (via IPUMS-USA), May 2016.

120. Steven N. Kaplan and Joshua Rauh, "Wall Street and Main Street: What Contributes to the Rise in the Highest Incomes?," *Review of Financial Studies* 23, no.3 (2010):1004—1050.

121. Ibid.

小企业创造就业：神话与现实

在以往的研究中，有一个显而易见的模式大都被忽视了：小企业创造了大部分的净就业，然而小企业也带来了大部分的净失业。换言之，大量的新公司的确要雇用员工，但是多数公司在倒闭后很快又要裁员。因此，平均来说，年轻公司的净就业增长"约等于零"。

认知科学家提出过所谓的"真相错觉效应"(truth effect)，指的是人们会仅仅因为某件事被广泛复述，而把它信以为真。小企业是就业源泉的说法即是如此。[1]自从麻省理工学院教授戴维·伯奇(David Birch)在20世纪70年代末撰文称小企业是就业创造者以来，这一主张就上升到了神话般的程度，以至于它甚至不再受到质疑。奥巴马总统的预算案就概述了这种观点："小企业是国民经济就业增长的引擎。"[2]

这多半是错的。但是，并没有阻止"小企业好"的拥护者不断地重申这一主张。事实上，创造就业机会是他们的杀手锏。即使小企业在所有其他绩效指标上都落后于大企业，小企业的拥护者也总是可以断言：至少小企业创造了大部分就业机会。自2008—2009年全球经济衰退以来，历经近10年的复苏，仍有太多的工人失业或未充分就业。因此，要创造就业就应该让小企业数量成倍增加，成了一个很有说服力的主张。但这是一个神话。

"小企业创造就业"神话的起源

小企业创造就业的神话从何而来？战后的大部分时间里，经济学家认为大企业创造了大部分就业。但部分原因在于，在没有关于个别公司就业水平的纵向数据的情况下，经济学家只是计算了某个时期各规模级别企业的工作岗位数量，减去了前一时期相同规模级别企业的工作岗位数量，以了解哪个规模级别的企业创造了最多的就业机会。问题在于，他们的前提是：当期某个规模级别的公司，与前期这一规模级别的公司，是相同的一批。因此，如果一家公司在初期有 200 名工人，但在后期增长至 600 人，那么，大企业似乎创造了 400 个工作岗位，而小企业损失了 200 个工作岗位。

这显然不是衡量就业增长的正确方法。1979 年，戴维·伯奇决定研究商业数据供应商邓白氏（Dun & Bradstreet）记录的个别企业的就业情况。伯奇声称：1969—1976 年，80% 以上的就业机会是由雇员少于 100 人的企业创造的，三分之二以上是由少于 20 人的公司创造的。

一时间这成了大新闻，因为它与大多数经济研究相左。经济学家和政策制定者再也不能简单地推定大企业是大量就业的创造者。很快，新的世俗认知就变成了小企业是最大的就业机会创造者。现在，从税收减免到监管豁免，再到采购优惠，众多倾向小企业的优惠都在证明它的合理性，不是因为"小企业主是民主社会的支柱"这种老套的说法，而是因为小企业是最重要的就业创造者，是经济的基石。

自从伯奇最初的研究问世以来，有些经济学家发现了类似的结果，但其他很多经济学家批评他的结论，因为他们发现了不同的结果。另外有一些人还加了一个插曲，他们认为大量就业的创造者不是小企业，而是新创建的企业。尽管存在这种争议，伯奇的结论却被人不断地重复，就像都市神话*一样，影响越来越大，甚至被人误解为小企业创造了所有的就业。

---

　　* 都市神话（urban myth）指广为传播，很多人相信，却不真实的故事或说法。但其发生的背景并不限于城市，而是现代工业社会，以区别于传统的民间传说。——译者注

为什么小企业不是就业的主要来源

伯奇的研究受到多方面的批评。伯奇本人说：他早先的结果是一个"愚蠢的数字"，他可以"通过改变起点或间隔时间随时改变这个数字"。[3]有些人批评他的研究是"趋均数回归"的偏误。换句话说，很多在基期被归类为大企业的公司，很有可能最近就业出现了短暂的增加，使得它们变得庞大，这意味着这些公司恰恰是明年更有可能是业务萎缩的公司，却被错当成了失去就业岗位的大企业。同样，有些在基准年被归类为小企业的公司最近可能收缩，而按照趋均数回归，它们更有可能在下一年扩张。

其他研究发现了不那么令人信服甚至矛盾的结果。在设法复制伯奇研究的过程中，经济学家凯瑟琳·阿明顿（Catherine Armington）发现：从1976年至1982年，56％的新工作属于小企业创造的，这与80％以上相差甚远，更接近它们在实际总就业中所占的比例。[4]其他研究发现大企业创造了最多的就业机会。从1973年至1988年制造业创造的就业机会来看，经济学家史蒂文·J.戴维斯（Steven J. Davis）、约翰·霍尔蒂万格和斯科特·舒（Scott Schuh）发现大企业更有可能创造就业机会。[5]根据霍尔蒂万格、罗恩·S.贾明（Ron S. Jarmin）和哈维尔·米兰达2010年的一项研究，经营10年以上、拥有500多名工人的大企业雇佣的员工占私营部门的45％，占创造就业的40％。[6]美国运通和邓白氏的研究发现，从2008年到2014年底，收入在1 000万到10亿美元之间的中等规模公司，创造了92％的新增就业岗位。[7]

最近的研究更深入地进行了探讨，发现创造大多数就业机会的不是小企业，而仅仅是新公司。霍尔蒂万格、贾明和米兰达发现，在对公司的经营时间加以控制后,"公司规模与净增长之间的负相关关系消失,甚至由于最小那些企业的退出率相对较高而出现逆转迹象。"[8]换句话说,在创造就业方面,重要的不是企业规模,而是企业经营时间的长短。正如年幼的孩子比成人成长速度更快一样,年轻的公司也比成熟的公司成长得更快。

然而,考夫曼基金会一项被广泛引用的研究发现,所有净就业增长都来自成立不到 1 年的公司,也就是说是初创企业。[9]但问题是,这些新公司也破坏了就业,因为在创业后不久,很多初创公司就倒闭了。正如瑞安·德克(Ryan Decker)及其合著者所写的那样,"大多数初创企业经营不到10 年就会退出,大多数幸存的年轻企业不会成长,而是保持小规模状态。"[10]乔纳森·罗斯韦尔写道:"在以前的研究中,有一个显而易见的模式大都被忽视了,即小企业创造了大多数的净就业,同样,小企业也带来了大多数的净失业。"[11]换句话说,大量的新公司雇佣员工,但多数公司在倒闭后很快就要裁员。因此,霍尔蒂万格及其同事在美国人口普查局的资料中发现,年轻公司的净就业增长平均"约为零"。[12]根据小企业管理局(SBA)的数据,只有三分之一的新企业存活到第 10 年。[13]事实上,佐尔坦·阿克斯(Zoltan Acs)写道:"旋转门模式最能体现某些行业的特征——新企业进入,但很有可能随后就退出市场。"[14]

研究得知,最小的企业创造的新就业比例(35.1%)略高于其在总就业中所占的比例(27.2%),然而"有更有力的证据表明,最小的企业造成的总就业破坏率(33.9%)也不成比例(相对于总就业中所占比例 27.2%)"。[15]行业分类代码为三位数的行业*新企业创建率和失败率之间的相关性为0.77,正是由于这个原因。换句话说,企业创建率最高的行业也拥有最高的企业倒闭率。[16]戴维斯、霍尔蒂万格和舒指出:"常见的在就业创造和总就

---

* 企业经营的业务范围分类有多个层次,根据各国的行业分类标准,行业分类代码位数越多,业务范围越细。——译者注

业创造之间的混淆,扭曲了就业创造的总体画面,掩盖了大型雇主创造的大量新就业机会。"[17]

我们看到,从 1993 年至 2010 年,拥有 1—19 名员工的小企业占美国创造的就业岗位总数的 29%,但仅占就业增加净额的 15%。相比之下,员工人数超过 500 人的公司创造了总就业的 26%,但占就业增加净额的 38%。(拥有 20—99 名员工的公司和拥有 100—499 名员工的公司分别创造了 23% 的就业。)[18]事实上,每月总就业总增幅是就业增加净额的 27 倍,反映出劳动力市场的巨大流失,尤其反映在小企业和新公司身上。德克及其合著者发现,如果只考虑持续经营的企业(舍弃成立后倒闭的企业),从 1992 年至 2005 年,大企业(员工人数超过 500 人)每年创造的就业要高于各规模企业创造的平均就业,任一年龄的企业都是如此。例如,在成立后的第 8 至第 9 年,大企业创造的就业增长率(4.5%)几乎是所有同龄但不同规模企业平均水平的 3 倍(1.8%)。此外,对于经营超过 16 年的那部分企业来说,雇员少于 50 人的小企业实际上还在缩减就业机会,而大企业的就业率还在继续增加。[19]

按照小企业鼓吹者的逻辑,当企业很小时,社会应该偏爱它们,但是一旦它们的员工增加到第 501 人,它们就会成为冷嘲热讽的对象。这跟希望孩子永远不要长大的家长的态度一样反常和不健康。

也许,谈到就业时,对"小企业好"观点最好的反驳,是一个简单的事实,即在美国,几十年来,小企业在产出和就业中所占的比例已经下降了。小企业的销售额占比从 1958 年的 57% 降至 1982 年的 50%,而 1986 年在小企业就业的工人占比略低于 1958 年。[20]最近,自 1990 年 4 月以来,私营企业就业人数增加了 1 750 万人,或者说增长了 19%。1990 年,这些就业岗位约有 65% 是在 500 人或以上的公司,尽管在 1990 年初,这些大企业只雇佣了 42% 的工人。只有 19% 的就业岗位在雇员为 50—499

人的公司,另外有 16％在小企业。

小企业对美国经济的重要性完全没有增加,而且越来越不重要。事实上,从 2000 年至 2014 年,雇员人数少于 500 的企业的就业比例实际上下降了,从 53％降至 51％。此外,据劳工统计局的报告,"自 2009 年 10 月就业低点以来,截至 2011 年 3 月,员工人数少于 50 人的企业的年就业率增长了 0.8％。相比之下,大企业的就业率在 2010 年 2 月达到低点后,年增长率为 2.1％"[21]。难以证明小企业的重要性日益增加。事实上,根据 2011 年美国人口普查局的美国企业统计数据,雇员人数为 4 人以下的公司仅占所有就业人数的 5.2％。[22]

相比之下,拥有超过 500 名员工的企业虽然只占所有企业的 0.3％,却占全部就业人数的 51.5％。这些工作岗位大部分来自最大的企业,即雇员超过 1 万人的公司,它们只占所有企业的 0.016％,却占所有雇员的 27.8％。[23]

最后,研究表明,与小企业的就业变化相比,大企业的就业变化是影响失业率的一个更大因素。朱塞佩·莫斯卡里尼(Giuseppe Moscarini)和法比安·波斯特尔-维奈(Fabien Postel-Vinay)说:"美国大企业和小企业之间就业增长率的差异与同期失业率具有很强的负相关性。"[24]换言之,当超过 1 000 人的企业增加的员工多于不足 50 人的企业增加的员工时,失业率就会下降(相关性为－0.52)。反之亦然。因此,研究表明,虽然小企业在高失业率时创造了更多的就业机会,但它们在充分就业期间创造了较少的就业机会。正因如此,莫斯卡里尼和波斯特尔-维奈写道:"'小企业是创造就业的引擎'这个传统观念只在高失业率时才能在我们的数据中观察到一些支持的证据。……从紧缩的劳动力市场看,这一说法显然站不住脚。"[25]

同样,佐尔坦·阿克斯和凯瑟琳·阿明顿研究了 1993 年至 1998 年美国 394 个大都市区的公司创建速度，发现那些前一年人均收入增长较多的大都市区在下一年会有更多的公司创建。[26] 换句话说，企业的创建是经济增长的结果，而不是原因。而原因往往是大型出口公司的增长，这些企业为当地经济带来了更多资金，人们便可以到当地的小企业消费，比如干洗店和餐馆，还增进了对木匠的需求。换句话说，大企业是推进器，小企业是结果。此外，他们认为，小企业在经济衰退中增长更多的原因之一是小企业从高失业率中获益，因为放宽了雇佣限制。换句话说，那些本来想到工资更高、福利更好的大企业工作的人现在别无选择，只能到小企业工作。[27] 他们继续指出："这种描述只是部分证实了众所周知的'小企业是创造就业的引擎'这个观点：似乎只在失业率高时，小企业才会创造更多的就业机会，成为其就业的一小部分。"[28] 他们在加拿大、丹麦、法国和英国也发现了同样的动态变化。因此，如斯科特·沙恩写道："许多研究表明，在失业率较高的地方，失业率上升时，人们更有可能为自己创业，在其他时间和其他地方则没有这种现象。"[29] 例如，2009 年 1 月至 12 月，尽管失业率从 7.7％上升至 10％，但自谋职业的美国人仍然保持数量不变。

初创企业就业神话

但是，初创企业情况如何呢？它们可是所谓的美国经济复兴的源泉。事实证明，大多数初创企业实际上并没有创造那么多的就业机会。沙恩指出："只有 1％的人在开业不到两年的公司工作，60％的人在成立 10 年以上的公司工作。"[30] 针对英国初创企业的研究发现，在 1982 年估计雇佣不到 20 人的 56 万多家企业中，到 1984 年有 10％倒闭，88％当时雇员仍然不足 20 人。创立 2 年后，1982 年的这些企业中，只有 2％把规模扩大到了 20 人以上。[31]

　　大多数小企业在第1年之后实际上就已经裁员了。研究发现,在小企业第2、第3、第4和第5年,因破产而失去的工作岗位,多于仍在运营的企业增加的就业岗位(见图5.1)。这就是每家企业的平均员工数在企业诞生后每年都在下降的原因。根据小企业管理局的数据,新企业第1年的平均员工数为3.07人。但到了第5年,这一数字下降到2.36人,并在第11年下降到1.94人。[32] 又或者如小企业管理局所说:"成长型企业带来的就业增加小于企业萎缩和关闭带来的就业下降。"[33] 在2008—2009年经济衰退的深渊中,小企业平均每月新增近80万个就业岗位。但是它们每月的裁员数量更大,大约为97.1万人。简而言之,小企业创造了大量的就业机会,但它们也毁掉了大量的就业机会。鉴于人们越来越担心就业的不稳定,这肯定不是一件好事,至少对工人来说是这样,因为他们中有一半人失业了。

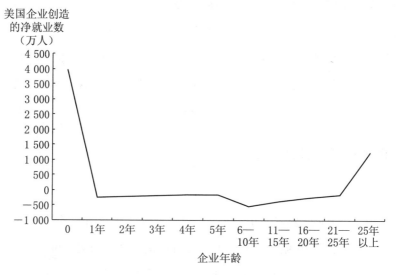

图 5.1　2000 至 2013 年企业创造的净就业数

　　资料来源:US Census Bureau, Business Dynamics Statistics (Longitudinal Business Database, Firm Characteristics Data Tables, Firm Age by Firm Size, 1977 to 2014), https://www.census.gov/ces/dataproducts/bds/data_firm.html (访问于2017年3月17日)。

据说证明了小企业创造了大部分就业的那些统计数字,往往是基于图 5.1 的数据。根据定义,新企业的员工数不可能低于上一年,而且工资单上的任何员工都被记为"已创造的工作岗位"。相比之下,如果一家企业在第 2 年停业,这算是就业负增长。从 2000 年至 2013 年,只有非常年轻和非常老的公司的净就业增长为正值。

按净值计算,成立时间不长的公司没有创造很多就业机会,这不能归咎于监管和高税收;如第 12 章讨论的那样,即便存在这个问题,小企业在税收和监管负担方面受到的也是宠爱和保护。相反,大多数小企业主并不想扩大其公司的规模。近四分之三的创业者希望保持小微企业状态。[34] 调查显示,创业者中有很大一部分人的初心,并不是想成为一名富有的企业家,那需要付出巨大的牺牲和辛勤工作才能实现,相反,大多数人只不过是不想为老板打工。[35] 沙恩发现,"通过对 1998 年创立的新企业创始人进行抽样调查,研究结果表明 81% 的人没有拓展新业务的愿望。"[36]

另一项研究也发现,50% 的小企业主并非为赚钱而创业。[37] 帕格斯利(Pugsley)和赫斯特(Hurst)主持的联邦储备银行的一项研究指出:

> 被问及他们理想的公司规模时,有一半新企业主希望自己的企业最多拥有几名员工。毫不奇怪,因为在美国,绝大多数小企业主是熟练的工匠(如水管工、电工、油漆工)、专业人士(如律师、牙医、会计师、保险代理人),或小老板(如干洗店、加油站、餐馆)。[38]

再加上许多新公司在 10 年内倒闭,这就是为什么沙恩发现,他要在 43 家初创企业中,才能找到一家 10 年后雇佣了创始人以外的人。[39] 平均而言,幸存的初创企业只有 9 名员工。沙恩指出:"从 1992 年至 2008 年,4% 拥有 50—499 名员工的小企业创造了 30% 的净就业,而 79% 雇员少于 10 人的小企业只创造了净就业的 15％。"[40]

如果说政策应该关注新企业的话,重点也应放在那些想要做大并且能够做大的企业。最近的证据表明创造就业机会的只是一小部分企业。戴恩·施坦格勒(Dane Stangler)发现在任何给定的年份,美国公司中只占 5％的少数企业,创造了三分之二的新就业机会。[41]然而,尽管它们往往比那些声称小企业创造了最多就业机会的研究更准确,但那些为"高成长性"企业歌功颂德的研究也面临一些问题。

首先,高成长性公司的定义部分是以创造就业为基础的。因此,一家生产率高、在降低价格和增加工资的同时销售额大增的公司很可能被排除在高成长性公司之外,因为它没有像一家效率较低的劳动密集型公司那样创造那么多的就业机会。小企业管理局资助了一项针对高成长性公司的研究,其报告的作者写道:"最早的定义很多完全基于收入的增长。这种定义法有其局限性,即它没有考虑到就业的变化。而这是政府在制定政策时需要重点考虑的一件事情。"[42]令人担忧的是,它暗示生产率不是一个重要的考虑因素。

对高成长性企业的研究还存在第二个局限性,而且比较严重,它与这些企业的定义有关。高成长性企业被定义为在 4 年内销售额翻番的企业。但根据定义,小比萨店的规模翻一番比苹果这样的大企业要容易得多。因此,毫不奇怪,研究表明这些"高成长性"企业大多是小企业。小企业管理局资助的研究发现,员工人数超过 500 人的高成长性企业的平均增长率约为 125％,而最小的企业(1—19 名员工)的平均增长率则为 375％。对于一家有 3 名员工的企业来说,成长为 14 名员工并不难。(从 1—19 名员工起步的公司看,期初平均规模为 2.7 人,期末平均规模为 14.4 人。)但是,对于一家拥有 5 000 名员工的公司来说,在 4 年内增长到 17 000 人要困难得多。(从超过 500 人的公司看,期初的平均规模为 4 466 人,期末平均规模为 10 102 人。)[43]

从逻辑上讲,不管一家企业的规模从 20 人翻番到 40 人,或是从 10 000 人增长至 10 020 人,我们都应该公平对待。事实上,由于大企业的优越表现,我们应坚决支持后者。尽管如此,即使小企业管理局采用了有偏见的定义,500 人以上的企业创造的就业仍然占到了高成长性企业创造就业机会的 43%。[44]

大多数小企业依赖大企业

在自然界,顶层物种(大型动物或植物)有助于形成多种小生物繁衍的环境。在北美大草原,北美野牛通过吃草和打滚为草原犬鼠和各种草清理出了空间。在热带雨林,大树为喜荫的小植物提供藤蔓和树荫。跟很多行业的顶层物种一样,大企业为大量中小企业提供的便是"生态系统服务"。大企业是小供应商复杂网络的客户。它们的支出也有利于其他企业,其大量的高薪员工的支出也是如此。大企业可以从初创企业购买创新技术或收购初创企业,以助其通过创新扩大规模。在发达的工业经济体中,很多小企业和大企业会在共同的生产性事业中成为相互依存的伙伴,而不是"有你没我"的天敌。此外,美国能否在全球经济中蓬勃发展,并不取决于小镇商业街上的服装店是否卖出了更多条裤子,而在于出口商品和服务并在困难重重的国际市场中角逐的企业是否业绩良好,在于通过引进新技术提高生产力的企业是否业绩良好,在于高成长性的创业企业尤其是那些研发并商业化创新的企业是否业绩良好。虽然它们的供应商可能来自小镇商业街,但它们不是小镇商业街的公司。它们属于工业园区和写字楼,前者是制造企业,特别是那些在国际市场上竞争的企业,后者是技术性的非制造企业。

为什么大企业创造或减少就业岗位比小企业发生的类似变化对失业率的影响更大?原因之一是,如第 3 章所述,较大的企业更有可能在所在地理区域之外销售商品和服务。理解区域经济学家所说的本地服务企业和出口服务企业之间的区别非常重要。

不妨考虑一下几年前在艾奥瓦州牛顿市关闭的美泰克(Maytag)家电工厂。电视新闻节目《60 分》(60 Minutes)讲到牛顿当地的小企业因此次关闭(洗衣机和烘干机将在墨西哥制造)而日子不好过时,主持人斯科特·佩利(Scott Pelly)哀叹这些小企业没有得到帮助:"大萧条开始后 3 年来,利率是有史以来最低的,银行向创造就业的引擎放贷却在减少。"它忽略了一点。美泰克是一家为出口服务的企业,意味着它要将产品运送到当地劳动力市场之外。虽然从装配线上流下的洗衣机和烘干机有一小部分卖给了牛顿当地的居民,但绝大多数卖给了全国甚至全世界的消费者,而销售货款又寄回了美泰克,美泰克又将部分钱支付给了当地的工人和承包商。[45]

相比之下,牛顿市当地的餐馆、干洗店、服装店和理发店都为当地服务,因为它们的大部分产出都卖给了牛顿市居民,包括美泰克的工人。如果这些服务本地的小镇商业街上的餐馆有一家停业,不会对美泰克家电工厂的产量产生影响。此外,另一家餐厅会或多或少地自动扩大业务,或出现另一家餐厅,以满足当地的需求。

但是,美泰克家电工厂的关闭对当地服务企业产生了直接的消极影响,其消费者(美泰克的工人、供应商和供应商的工人)在当地花在吃饭、理发、干洗和其他需求上的钱就会少很多。相反,如果艾奥瓦州牛顿市吸引了一家大型"出口"公司占用了美泰克废弃的生产设施,牛顿的小企业就会立即恢复健康。

因此，小镇商业街的服装店能否卖出更多条裤子并不能决定美国是否繁荣，包括对失业率也没有多大的影响。起影响作用的是，出口商品和服务并在国际市场上艰难竞争的公司能否取得出色的业绩。如上所述，虽然有些小企业有出口业务，但更有可能出口商品的是大企业。

大多数美国企业都是服务本地的，其中包括 219 986 家诊所、166 366 家汽车修理厂、151 031 家食品和饮料店、115 533 个加油站、111 028 家房地产代理和经纪人、93 121 家园林绿化公司、75 606 家养老院、36 246 家家具店，28 336 家兽医门诊、15 666 家旅行社、4 571 个保龄球馆、2 463 个游乐场、858 个无线电网络和 26 个通勤铁路系统。从在小企业（员工人数在 20 人或以下）经营业务中所占比例来看，40 大四位数行业占去了所有小企业业务的三分之二，除了咨询服务和计算机系统设计两个行业外，其他 38 个行业主要是服务本地的，如餐厅、诊所、汽车修理、保险代理等。[46] 就这一点而言，无论大企业还是小企业，只要能满足需求就行，对于创造就业影响不大；有些当地的企业自会满足需求，因为当地的消费者总会购买当地企业的产品或服务。

其他很多小企业都依赖大企业作为它们的客户或商业伙伴，正如本内特·哈里森（Bennett Harrison）所写："许多法律上独立的小企业其实在不同程度上依赖于大企业经理的决策，因为大企业有小企业需要的市场、资金支持和进入政界的机会。"[47] 例如，我们看到领先的航空航天公司波音 2016 年为美国小企业供应商支付了 50 亿美元，相当于支持了 5 万个工作岗位。[48] 例如，在欧洲，丹麦 56％的小企业依赖大企业，挪威则为 55％，也就是说，它们都是更大的企业集团的一部分。[49]

最后，不管怎么说，整个围绕创造就业的争论不仅取决于数据显示的内容，还取决于人们认为创造就业是来自供给侧，还是需求侧。小企业拥护者约翰·迪里（John Dearie）和考特尼·格杜尔迪格（Courtney Geduldig）在写以下内容时就指向了供给侧，他们写道："在此期间的其他 7 年里，老公司也为创造就业机会做出了贡献。但初创企业平均每年创造 300 万个新就业岗位。换句话说，如果没有新创企业及其创造的就业机会，除去这 7 年，1977 年至 2005 年间所有行业的净就业创造都是负数。"[50]

但这是不准确的。为了理解原因，我们只需要记住创新、生产率和出口是供给侧的要素。换句话说，虽然一个经济体的需求水平可以影响这些要素，但主要驱动因素在企业内部，即研发水平、资本设备投资水平、更好商业模式的开发等。但是，当涉及整个经济体创造就业机会时，决定因素在需求侧。这里的关键词是"整个"。当大多数小企业的拥护者声称因为小企业在创造就业机会方面能力超强而需要它们时，他们就犯了一个错误，而错误在于他们把宏观因素与微观因素混为了一谈。这是一种合成谬误。

让我们假设目前美国经济已经接近没有贸易。然后，所有企业将其所有产出都卖给了美国企业或消费者。我们还要假设今年进入劳动力队伍的年轻人比退休的人多。现在，如果没有创造就业机会，就会出现失业，因为现在有更多的工人。我们是否希望确保政策鼓励贾斯汀和阿什莉开办一家新的比萨饼店，以雇佣一些年轻人？或许我们甚至应该给贾斯汀的披萨"创业企业"某种税收优惠，这样他才会敢冒险创立公司，而且希望取得成功，他就能够雇佣一些年轻人了。

或是希望联邦储备银行将利率降低几个基点，刺激减少一点储蓄，增大一点支出和投资？当这些支出和投资在经济中流动时，它们创造了更多的需求，从而产生了更多的产品，反过来又创造了对更多工人的需求。新进入劳动力市场的年轻人被雇佣，经济又回归充分就业，此时，美联储重提利率，达到原有的均衡利率（平衡通货膨胀和失业率的利率）。

在这种模式中，企业大小并不重要，任何规模的企业都会对需求作出反应，并雇佣新员工。因此，根本不需要优惠政策来帮助小企业创造就业机会。事实上，正如第 12 章指出的，这种偏向小企业的优惠政策对经济增长十分有害。

注释

1. Alice Dechêne, Christoph Stahl, Jochim Hansen, and Michaela Wänke, "The Truth about the Truth: A Meta-Analytic Review of the Truth Effect," *Personality and Social Psychology Review* 14, no.2 (2009): 238—257, https://www.researchgate.net/publication/40730710_The_Truth_About_the_Truth_A_Meta-Analytic_Review_of_the_Truth_Effect.

2. White House, Office of Management and Budget, "Supporting Small Businesses and Creating Jobs," ObamaWhiteHouseArchives.gov, n.d., https://obamawhitehouse.archives.gov/omb/factsheet/supporting-small-businesses-and-creating-jobs.

3. Bennett Harrison, *Lean and Mean: The Changing Landscape of Corporate Power in the Age of Flexibility* (New York: Basic Books, 1994), 42.

4. Catherine Armington, "Entry and Exit of Firms: An International Comparison," paper presented at the UK conference on Job Formation and Economic Growth, London, March, 1986.

5. Steven J. Davis, John Haltiwanger, and Scott Schuh, "Small Business and Job Creation: Dissecting the Myth and Reassessing the Facts," NBER Working Paper 4492 (Cambridge, MA: National Bureau of Economic Research, October 1993), http://www.nber.org/papers/w4492.

6. John C. Haltiwanger, Ron S. Jarmin, and Javier Miranda, "Who Creates Jobs? Small vs. Large vs. Young," NBER Working Paper W16300 (Cambridge, MA: National Bureau of Economic Research, 2010), 30.

7. "The Middle Market Power Index: Catalyzing U.S. Economic Growth," American Express and Dunn & Bradstreet, April 2015, http://about.americanexpress.com/news/docs/2015x/MMPI-FINAL-14April15.pdf.

8. Haltiwanger, Jarmin, and Miranda, "Who Creates Jobs?," 30.

9. Tim Kane, "The Importance of Startups in Job Creation and Job Destruction" (Kansas City, MO: Kauffman Foundation, July 2010), http://www.kauffman. org/~/media/kauffman_org/research%20reports%20and%20covers/2010/07/ firm_formation_importance_of_startups.pdf.

10. Ryan Decker, John Haltiwanger, Ron Jarmin, and Javier Miranda, "The Role of Entrepreneurship in U.S. Job Creation and Economic Dynamism," *Journal of Economic Perspectives* 28, no.3 (Summer 2014).

11. Jonathan S. Leonard, "On the Size Distribution of Employment and Establishments," NBER Working Paper 1951 (Cambridge, MA: National Bureau of Economic Research, June 1986), http://www.nber.org/papers/w1951.pdf.

12. John Haltiwanger, Ron S. Jarmin, Robert Kulick, and Javier Miranda, "High Growth Young Firms: Contribution to Job, Output, and Productivity Growth," US Census Bureau, Center for Economic Studies Working Papers, vol. 16, no.49, November 2016, 30.

13. US Small Business Administration (SBA), Office of Advocacy, "Frequently Asked Questions" (Washington, DC: SBA, September 2012), https://www. sba.gov/sites/default/files/FAQ_Sept_2012.pdf.

14. Zoltan J. Acs, *Are Small Firms Important? Their Role and Impact* (Boston: Kluwer Academic, 1999), 32.

15. David Neumark, Brandon Wall, and Junfu Zhang, "Do Small Businesses Create More Jobs? New Evidence for the United States from the National Establishment Time Series," IZA Discussion Paper 3888 (Bonn: Forschungsinstitut zur Zukunft der Arbeit, Institute for the Study of Labor, December 2008), ftp://repec.iza. org/pub/SSRN/pdf/dp3888.pdf.

16. Scott A. Shane, *The Illusions of Entrepreneurship: The Costly Myths That Entrepreneurs, Investors, and Policy Makers Live By* (New Haven, CT: Yale University Press, 2010).

17. Stephen J. Davis, John C. Haltiwanger, and Scott Schuh, *Job Creation and Destruction* (Cambridge, MA: MIT Press, 1996).

18. Kevin L. Kliesen and Julia S. Maués, "Are Small Businesses the Biggest Producers of Jobs?," *Regional Economist*, Federal Reserve Bank of St. Louis, April 2011, 8.

19. Decker et al., "The Role of Entrepreneurship in U.S. Job Creation and Economic Dynamism."

20. Charles Brown, James T. Hamilton, and James Medoff, *Employers Large and Small* (Cambridge, MA: Harvard University Press, 1990), 5.

21. John Mullins and Mike McCall, "Analytical Highlights of CES Firm Size Employment Data," Joint Statistical Meeting 2012, October 2012, https://www.bls.gov/osmr/pdf/st120070.pdf.

22. US Census Bureau, National Quarterly Workforce Indicators (Data, Firm-Size Disaggregation, 2015 Q3 release), http://lehd.ces.census.gov/data/qwi/us/R2015Q3/DVD-sa_fs (accessed January 2016).

23. Benjamin Wild Pugsley and Erik Hurst, "What Do Small Businesses Do?," paper presented at the Brookings Conference on Economic Activity, Washington, DC, Fall 2011, https://www.brookings.edu/bpea-articles/what-do-small-businesses-do.

24. Giuseppe Moscarini and Fabien Postel-Vinay, "The Contribution of Large and Small Employers to Job Creation in Times of High and Low Unemployment," *American Economic Review* 102, no.6 (2012):2509—2539, http://dx.doi.org/10.1257/aer.102.6.2509.

25. Ibid.

26. Catherine Armington and Zoltan J. Acs, "The Determinants of Regional Variation in New Firm Formation," *Regional Studies* 36, no.1 (2002):33—45.

27. Moscarini and Postel-Vinay, "The Contribution of Large and Small Employers to Job Creation."

28. Ibid., 2522.

29. Shane, *The Illusions of Entrepreneurship*, 25.

30. Ibid., 7.

31. Harrison, *Lean and Mean*, 19.

32. SBA, Office of Advocacy, "Frequently Asked Questions."

33. Ibid.

34. US Census Bureau, Business Dynamics Statistics (Longitudinal Business Database, Firm Characteristics Data Tables, Firm Age by Firm Size, 1977 to 2014), https://www.census.gov/ces/dataproducts/bds/data_firm.html (accessed March 17, 2017).

35. Pugsley and Hurst, "What Do Small Businesses Do?"

36. Shane, *The Illusions of Entrepreneurship*, 43.

37. Ibid., 66.

38. Pugsley and Hurst, "What Do Small Businesses Do?" 73.

39. Shane, *The Illusions of Entrepreneurship*, 154.

40. Ibid.

41. Dane Stangler, "High-Growth Firms and the Future of the American Economy" (Kansas City, MO: Kauffman Foundation, March 2010), 12, http://www.kauffman. org/what-we-do/research/firm-formation-and-growth-series/highgrowth-firms-and-the-future-of-the-american-economy.

42. Spencer Tracy, "Accelerating Job Creation in America: The Promise of High-Impact Companies" (Washington, DC: SBA, July 2011), 19.

43. Ibid.

44. Ibid., 41.

45. Ibid., 28.

46. Pugsley and Hurst, "What Do Small Businesses Do?"

47. Harrison, *Lean and Mean*, 13.

48. Data provided by the Boeing Company, March 23, 2017.

49. Eurostat, "Statistics on Small and Medium-Sized Enterprises: Dependent and Independent SMEs and Large Enterprises," Eurostat Statistics Explained, September 2015, http://ec.europa.eu/eurostat/statistics-explained/index.php/Statistics_on_small_and_medium-sized_enterprises (accessed June 3, 2017).

50. John Dearie and Courtney Geduldig, *Where the Jobs Are: Entrepreneurship and the Soul of the American Economy* (Hoboken, NJ: John Wiley &. Sons, 2013), 16.

6

车库天才的迷思：创新的真正诞生地

乔布斯、盖茨等人在新技术商业化方面取得了巨大的成功，值得称赞。但这些技术大多是在大企业的实验室里发明的，这些公司很多是美国军方或民用联邦机构的承包商。我们这个时代的技术革命，更多要归功于资金雄厚的企业实验室，而不是在车库里搞发明的大学辍学生。

信息时代最著名的商业广告是《1984》，该广告旨在推出苹果麦金托什电脑，1984 年 1 月 22 日，时值全美职业橄榄球联赛期间，该广告在超级碗球场比赛直播时播放了一次。它由里德利·斯科特（Ridley Scott）指导拍摄，开头的场景能让人想起反乌托邦的科幻小说，如乔治·奥威尔的《1984》，以及弗里茨·朗（Fritz Lang）的电影《大都会》。当身着制服的工兵穿过隧道时，一名身着鲜艳运动装的女短跑运动员被警察追赶，跑向一个巨大的屏幕，而屏幕正播放一个黑白影像，一位像"老大哥"式的人物正在用低沉的声音讲话，女子向屏幕猛地抛出一把铁锤，击碎了屏幕。接下来，随着画外音的讲述，文字滚动而出："1 月 24 日，苹果电脑公司将推出麦金托什电脑。届时你将明白为什么此 1984 不同于彼 1984。"

广告抓住了信息时代初期的时代思潮。以 20 世纪 60 年代的文化解放和 70 年代蔓延的质疑权威为题材，它将许多人认为的垂死挣扎的旧工业时代和后工业的自由至上新时代之间的决裂具体化——旧工业时代由大企业、大政府主导，新时代则将科技昌明时代的个人主义与个人电脑等最新的技术相结合。正如《全球产品目录》（*Whole Earth Catalog*）的创作者斯图尔特·布兰德（Stewart Brand）所写："技术是表达的工具。它扩展了创造力的边界，并且像毒品和摇滚一样，可能是叛逆的，并可促进社会转型。"[1]与保守的工业企业的管理者不同,新兴的科技企业创业者成为了文化偶像,如苹果的史蒂夫·乔布斯和微软的比尔·盖茨。

自《1984》广告让美国电视观众大吃一惊以来,已经过去了三分之一个世纪。那时的苹果和微软等初创公司以及谷歌和 Facebook 等较新的公司已经成长为企业巨头,其中大部分由职业经理人管理。现在看来,显然不存在从工业化公司经济向后工业化公司经济的过渡,只是从一种工业化公司经济过渡到另一种工业化公司经济。信息时代远不是用越来越多去中心化的、自雇职业者的"电子小屋",来取代烟囱林立时代的中央集权管理的公司。信息时代见证了全球性企业和供应链规模空前的发展,以及在美国和类似经济体中自雇职业的持续式微。

最重要的是,以当今的视角,我们得以看出,下面这种信息时代起源的神话只是一个神话而已:在车库里创造未来的、聪明绝顶且又敢打敢拼的鼓捣小发明的人,颠覆了僵化守旧的大企业。史蒂夫·乔布斯、比尔·盖茨和其他人在新技术商业化方面取得了巨大的成功,值得称赞。但是,这些技术大多是在大企业的实验室发明的,其中很多是美国军方或民用联邦机构的承包商。我们这个时代的技术革命更多要归功于在资金雄厚的企业实验室研究的科学家和工程师团队,而不是在车库里搞改进的大学辍学生。

从奥托到苹果麦金托什

在苹果麦金托什问世之前,有奥托(Alto)。在苹果公司之前,有施乐的帕洛阿尔托研发中心(Palo Alto Research Center, PARC)。1973 年 3 月 1 日,首款施乐奥托亮相。奥托是第一台将图形用户界面与手持鼠标和其他功能相结合的个人电脑，10年后，这些功能成了个人电脑的标配。到这个10年结束时，大约有1 500台奥托电脑投入使用。

1976年，史蒂夫·乔布斯和史蒂夫·沃兹尼亚克（Steve Wozniak）共同创立了苹果电脑公司，这是一家从"自制计算机俱乐部"成长起来的企业，该俱乐部的成员是一群在硅谷相识的计算机爱好者。最初，苹果公司销售的个人电脑名为苹果I和苹果II。这家年轻公司历史上的关键时刻出现在1979年，当时乔布斯24岁，作为施乐购买苹果公司股票的回报，他说服施乐公司允许苹果的员工参观位于硅谷的施乐帕洛阿尔托研发中心。第二次参观时，据说乔布斯对奥托惊奇不已，他看到了这款设备的商业潜力。据施乐工程师拉里·特斯勒（Larry Tesler）回忆，他演示了奥托新颖的"视窗"和其他功能，"他（乔布斯）非常兴奋。然后，他看我在屏幕上演示了大约1分钟后，他开始在房间里跳来跳去，大喊：'你们为什么不用它做点什么？这是最伟大的东西。这是革命性的！'"[2]

1981年，施乐推出了一款新版本的奥托，叫做"施乐之星"。但施乐等公司开创的概念，在苹果公司得到了最佳的商业化，苹果于1984年发布了第一台麦金托什个人电脑，在此之前，1983年推出的苹果莉萨（Apple Lisa）销量并不好。正如苹果电脑的灵感部分来自施乐奥托一样，苹果的激光打印机LaserWriter也借鉴了施乐开发的激光打印技术。

指责苹果仅仅是抄袭帕洛阿尔托研发中心的想法是错误的。甚至在参观帕洛阿尔托研发中心之前，麦金托什的设计者就打算为其增加一些特色，比如后来苹果电脑采用的位图显示屏。此外，苹果以多种方式修改了奥托的开创性设计，使麦金托什既便宜又易用。当然，事实证明，苹果奉行的商业和营销策略也比包括施乐在内的竞争对手更为成功。20世纪70年代末和80年代初，苹果通过电脑商店、杂志和学校推广其电脑，并鼓励软件开发者编写自己的程序。

施乐的帕洛阿尔托研发中心开发的概念也起源于其他机构。其中之一便是斯坦福研究所（SRI）的扩展研究中心（ARC）。该中心的创始人道格拉斯·恩格尔巴特（Douglas Engelbart）是在美军服役的雷达技术员，其间，他阅读了一篇改变了他生活的文章，而作者是万尼瓦尔·布什（Vannevar Bush），文章的标题是"诚如我们所思"（As We May Think），发表于1945年7月的《大西洋》月刊。[3]当时，布什是联邦科学研究与发展办公室主任，在原子弹研制中发挥了关键作用。

布什设想出一种设备，他称之为"扩展存储器"（Memex），使得个人可以分享文字和图片，并构成了集体记忆的基础。战后，恩格尔巴特获得工程学博士学位，并于1957年加入斯坦福研究所。1962年，他发表了《扩展人类的智力：一个基本概念》的文章。在美国国防部高级研究计划局（DARPA）的资助下，恩格尔巴特在斯坦福研究所的扩展研究中心建立了自己的实验室，以开发他所谓的联机系统（NLS）。

1968年12月9日，在旧金山计算机协会/电气与电子工程师学会（ACM/IEEE）的会议上，恩格尔巴特展示了其在实验室的研究，现在它被称为"所有演示之母"。在90分钟内，恩格尔巴特及其同事（包括一些在远程站点通过无线技术通信的人）展示了个人电脑的许多功能：鼠标、窗口、图形、超文本，甚至视频会议。万尼瓦尔·布什的扩展存储器梦想已经实现。[4]

1970年，施乐创立帕洛阿尔托研发中心，当时，该实验室雇佣了扩展研究中心老练的员工。帕洛阿尔托研发中心计算机科学部的第一任主任是罗伯特·泰勒（Robert Taylor），作为国防部高级研究计划局信息处理技术办公室主任，他为恩格尔巴特在帕洛阿尔托研发中心的研究提供了资助。泰勒从国防部高级研究计划局和帕洛阿尔托研发中心的圈子里聘请了一些工程师和科学家。[5]很多国防部高级研究计划局的资深员工转而在 20 世纪末的硅谷唱起了主角。

科技行业的发展史出现过很多这样的事例：大企业和企业的研究实验室取得了技术突破，却被其他人开发和商业化，包括同一机构的资深员工。例如，在 AT&T 的贝尔实验室主持晶体管开发后，威廉·肖克利（William Shockley）于 1957 年在加利福尼亚州的山景城创立了自己的半导体公司，取名"肖克利半导体实验室"。但由于作风霸道，他招募的 8 位年轻技术人员表示反抗，"八叛徒"退出了，并组建了自己的仙童半导体公司（Fairchild）。仙童衍生出了一系列公司，包括英特尔在内，这些公司被称为"仙童的孩子"（Fairchildren）。戈登·摩尔（Gordon Moore）是"八叛徒"之一，他成为英特尔的共同创始人，最为人所熟知的是他提出了摩尔定律，该定律预计每个集成电路可容纳的晶体管的数量会在一定时期内翻一番。另一位是尤金·克莱纳（Eugene Kleiner），他是硅谷风险投资公司凯鹏华盈（Kleiner Perkins Caulfield & Byers）的联合创始人，该公司早期投资了美国在线、亚马逊、谷歌、网景和太阳微系统等公司。[6]

如果硅谷有出生地的话，那就是加利福尼亚州帕洛阿尔托的艾迪生大道 367 号。1939 年，这间平房里居住着两位年轻的电气工程师，他们是斯坦福大学毕业的戴夫·帕卡德（Dave Packard）和比尔·休利特（Bill Hewlett），当时他们创立了合伙企业惠普公司。在车库里，他们组装出了自己的第一个产品音频振荡器，卖给沃尔特·迪士尼电影公司 8 台，以测试电影院的音响系统，这些电影院计划播放第一部立体声电影《幻想曲》。但是，让惠普真正兴旺发达的是第二次世界大战，因为它为美国军方制造了无线电、雷达、声纳和其他设备。1947 年合并后，惠普成为全球最大的电子测量设备生产商，以及计算机、计算器和打印机的主要生产商。[7]

但是，可以利用车库的两位年轻电气工程师的天才，并不是惠普成功故事的全部。惠普车库的历史地标清楚地说明了这一点。在"硅谷诞生

地"的标题下,历史地标写道:

> 该车库是世界上第一个高科技产业区硅谷的发源地。建立这样一个科技区的想法源于斯坦福大学教授弗雷德里克·特曼(Frederick Terman)博士,他鼓励学生在该区创办自己的电子公司,而不是加入东部的老牌企业。首先听从他建议的两个学生是威廉·R.休利特(William R. Hewlett)*和戴维·帕卡德。

在为《哈佛商业评论》撰写的文章中,加里·P.皮萨诺(Gary P. Pisano)和威利·C.希(Willy C. Shih)为某个具体行业的生态网络创造了"产业公地"(the industrial commons)这个词,该网络融"研发知识、高级工艺开发和工程能力,以及与特定技术相关的制造能力"于一体。[8]早在有此名之前,硅谷就存在一个产业公地,其基础是初创企业、大企业、大学研究部门、政府机构和风险资本家之间富有成效的互动。

无疑,"车库创新"的故事部分是正确的。初创企业确实在创新中扮演着重要的角色,尤其是在新技术诞生的初期。但该故事及其支持者认为初创公司几乎是所有创新的源泉,一旦企业变大了,也就没有能力再创新了。按照这个故事,虽然惠普可能在20世纪30年代和40年代开发了一些重要的创新,20世纪80年代和90年代的苹果公司亦是如此,但是当这些公司成为巨头时,它们就会丧失大部分的创新能力,开始依赖新的车库创新者,而它们只不过是买下车库创新者的创新。正如我们将要看到的那样,这完全是错的。

---

* 威廉·雷丁顿·休利特(William Redington Hewlett)的昵称即上文的比尔·休利特(Bill Hewlett)。——译者注

企业规模和创新

一个多世纪以来，经济学家一直在研究企业规模与创新之间的关系。约瑟夫·熊彼特于 1911 年出版的《经济发展理论》一书侧重于将企业家视为创新的推动力。他写道："相比其他类型的人，典型的企业家更加以自我为中心，因为他比他们更少依赖传统和社会关系，因为他特有的任务……恰恰在于打破旧传统，创造新传统。"[9]

但是，此书出版 30 年后，在专业的企业研究实验室和艾尔弗雷德·钱德勒所谓"管理者主导的公司"出现之后，熊彼特开始认为大企业是创新的核心。在其 1942 年首次出版的《资本主义、社会主义与民主》一书中，他说："技术进步正日益成为训练有素的专家团队的事情，他们生产制造所需的东西，并以可预见的方式使之运行。"[10]他继续说道：单个发明者和企业家的创新"已经失去重要性，必将变得越来越不重要。……创新正退化成日常之事。技术进步将越来越成为经过培训的专家的工作，这些专家将所需要的成果生产出来，使其按照预想的方式运转。"[11]熊彼特认为，传统经济学家过于关注垄断企业的价格操纵，忽视了创新公司的情况，后者可以利用其市场势力收取高于边际成本的价格，从而收回其在研发上的投资。熊彼特认为，"无可置疑的是，处在我们这个时代，这种优越性事实上是典型的大规模控制单位的突出特征。"[12]

1952 年，约翰·肯尼思·加尔布雷思赞同熊彼特的观点，二人曾是哈佛大学的研究伙伴。他在《美国资本主义》一书中写道："少数大企业的现代工业，是促使技术变革的极好工具。它为技术开发提供资金和投入应用的能力令人钦佩。相比之下，竞争世界中的竞争，几乎完全排除了技术开发。"[13]在当代主要的经济学家中,威廉·J.鲍莫尔(William J. Baumol)强调,基于创新而不是价格的寡头垄断企业之间的竞争,是技术进步的主要推动力。他将这种寡头垄断的竞争比作"参与者无法轻易退出的"军备竞赛。[14]

与大一经济学入门课程的粗糙简单不同,在技术停滞的条件下,许多小企业之间的竞争压低了消费者的价格,而到了大二的经济学课程,或所谓的现代工业经济学中,大企业之间的少量竞争推动了技术创新。历史不能证明大型寡头垄断公司必然不如小企业充满活力和富于创新。相反,正如约瑟夫·鲍林所写:"那些核心企业不是注定要被推倒和……衰老成可怜无助的巨人;它们的竞争优势使它们几乎坚不可摧。"[15]

一个多世纪以来,大量的经济学和历史研究,把在不完全竞争市场中的大企业之间的寡头垄断竞争,视为现代工业经济的常态。然而,政策制定者和受过教育的公众,对于这种研究却一无所知。其缺陷主要在于 20世纪下半叶新古典经济学在数学上发生了转变。1939 年,现代数理经济学的奠基人之一约翰·希克斯(John Hicks)指出,即便有可能为寡头垄断市场建立一个简洁的数学模型,那也是很困难的:

> 如果我们假设,典型的公司(至少在那些大规模经济很重要的行业)对其销售价格有一定的影响力……那么,在某种程度上,它就是一个垄断者。……然而,必须认识到,普遍放弃完全竞争的假设,同时普遍采用垄断的假设,必然令对经济理论产生非常有破坏性的影响。

一方面是复杂的现实,一方面是假定竞争均衡的简洁方程式,面对二者之间的选择时,希克斯建议经济学界忽略现实,以保全方程式:

> 我相信,如果可以假设,我们研究的大多数企业,面临的市场与

完全竞争市场没有太大的区别，那我们还是可以从这次沉船中拯救出些什么东西的。必须记住的是，处于危险中的沉船是一般均衡理论的大部分内容。……然而，我们必须意识到，我们正在迈出危险的一步，并可能严重地限制我们的后续分析能够处理的问题的范围。[16]

经济学在很大程度上听从了希克斯的建议。加尔布雷思将新古典经济学对竞争市场中小企业的重视，与美国的实际情况进行了比较：

> 假设美国没有纽约、芝加哥、洛杉矶和其他比锡达拉皮兹＊更大的社区，那才可以将这个国家描述为基本上是一个小市镇的邻里社区。只有传统经济学中的一个非常重要的假设，才能替这种有问题的描述辩护。[17]

加尔布雷思指出了美国人对竞争市场的神秘信仰："对我们来说，竞争不仅仅是一个技术概念。它还是一切美好的象征。在纯粹的古典竞争体制下——经济如果真的满足如此严格的描述，即便我们还没有屈膝于希特勒，也早就向威廉二世投降了＊＊——我们根本就无法生存。但饶是如此，我们仍然对市场竞争的王座顶礼膜拜。"[18]

熊彼特认为暂时垄断的企业既有创新的资源，又有创新的动力，这种观点受到经济学家肯尼思·J.阿罗（Kenneth J. Arrow）的质疑，他认为在竞

　＊　锡达拉皮兹（Cedar Rapids）是美国艾奥瓦州第二大城市，横跨锡达河两岸，人口只有十多万人。——译者注

　＊＊　为什么在纯粹市场竞争条件下，"我们"会输给希特勒或威廉二世？作者是站在美国的立场上说这番话的。如果美国经济是完全竞争的，大企业就不可能存在；大企业不存在，资源就无法集中使用，战时物资就无法大批量地及时制造；这样，美国不但会输掉第二次世界大战，也会输掉第一次世界大战。——译者注

争更加激烈的市场中创新将更多。[19]但是,正如奥巴马经济顾问委员会所述:"允许企业合法地行使其拥有的市场势力,可以维持对研发、新产品投放、生产率提高和进入新市场的激励,所有这些都促进了长期的经济增长。"[20]

企业研究实验室的兴起

不无讽刺的是,新古典经济学预言:在一个真正竞争的经济体中,研发很少或根本没有。对企业来说,复制另一家公司的创新要比投资于昂贵的创新便宜得多。换句话说,如果其他公司可以借助逆向工程和其他方法复制,选择为突破性研发投入资金的公司将不能确保其初始投资能产生足够的收益,用以弥补投资成本。因此,在一个没有专利和其他知识产权保护的完全竞争和自由的市场中,很可能没有哪家公司会把钱花在风险性的长期创新上,部分原因在于企业会控制资本投入,以追求利润率,从而留下很少资源或不留资源用于研发投资。

历史证明了经济理论的预测。现代经济进步很大程度上源于对早期系统性研究产生的技术创新的商业化。自 19 世纪以来,早期研究主要由三类机构进行:研究型大学、政府实验室和企业研究实验室;并有两个主要资金来源:政府支出和企业利润。在最近半个世纪里,有些由风险资本资助的高科技初创公司也发挥了重要作用。

这种技术创新的方法由德意志帝国于 19 世纪末开创。美国的现代研究型大学模仿了德意志帝国的先例,先是约翰斯·霍普金斯大学,然后是其他大学。麻省理工学院和斯坦福大学就是按照德国模式成立的两所研究型大学,它们的确极大地促进了技术进步。德意志帝国还率先建立了政府研究实验室——威廉大帝研究院,美国则建立了与能源部和国防部等有关的实验室。南北战争后，美国率先建立了州立科技大学（如北卡罗来纳州立大学、俄亥俄州立大学），其中大多数是用联邦政府赠地变卖后的资金成立的。

企业研究实验室也是德国化工行业在 19 世纪末开创的，到 20 世纪上半叶很快被多个国家效仿。纵观 20 世纪，私营部门突破性的技术创新大多来自直接或间接由政府资助的公司（通过税收优惠、补助或合同），或具有一定市场势力的公司。在国防部的资助下，IBM 开发出了很多早期的计算机技术，这就是政府资助企业研发的一个例子。贝尔实验室受益于其母公司 AT&T 在美国的合法垄断。

然而，直到 20 世纪 20 年代和 30 年代，美国的主要创新来源，才从依靠技工和发明者在技术上的修补和反复试错，转变为以科学为基础的方法，即创新基于对基础流程的根本了解。自此，大企业的研究实验室成为技术创新的主要来源，只是有时得到联邦政府的支持。

随着更正式的、基于实验室的研发体系的发展，研发支出和从事工业研究的科学家和工程师的数量激增。1921 年至 1938 年间，工业研究增长了 300%，是 1937 年就业人数最多的 45 个职业之一。工业实验室从 1920 年的不足 300 个增加到 1938 年的 2 200 多个，到 1956 年增加到近 5 000 个，很多实验室进行了广泛的基础研究，如贝尔实验室。与此同时，工业研究的年度支出从 2 500 万美元猛增至 1.75 亿美元。[21]

因此，创新中心发生了转移，开始是艾迪生和贝尔等单个发明家在车库里进行技术改进，现在则成了科学家在企业实验室里搞研究。专利的发放反映了这种转变：1901 年，美国向个人颁发了 20 896 项专利，只有 4 650 项授予了公司。20 世纪 30 年代，这一比例较为平均，但在 1953 年，个人发明人只获得了 40% 的专利，60% 的专利属于公司，其中三分之二来自公司的科研人员。[22]到 1980 年，公司获得的专利是个人专利的 5 倍。因此，在 20 世纪中叶，少数大企业主导了私人的研发。1974年,126家员工超过25 000人的公司,完成了所有工业研究的四分之三,其中4家公司完成了工业研发的19%。[23]

重大技术突破都是大企业所为。从碳氢化合物中提取的合成材料成为新产品和产业的基础。二战期间,新泽西州标准石油公司率先开发合成橡胶,看似神奇的新材料从杜邦和陶氏等大企业的实验室里流出:尼龙、聚酯、富美家耐火板、乳胶漆、凯芙拉防弹衣、纤维玻璃、有机玻璃、树脂玻璃。在私营部门,只有利润稳定的大企业才能为尖端研究提供资金,并将这些发现商业化。亨利·克雷塞尔(Henry Kressel)和托马斯·伦托(Thomas Lento)描述了企业实验室在引发信息和通信技术(ICT)革命的重要性:

> 例如,UNIX操作系统同其衍生版本,以及软件语言C和C++是由位于新泽西州默里山的贝尔实验室开发的。IBM在纽约约克敦的实验室发明了关系数据库和精减指令集计算机。半导体器件和集成电路制造由贝尔实验室、Westen Electric和美国无线电公司(RCA)实验室(后来的Sarnoff公司)开发。[24]

如迈克尔·曼德尔(Michael Mandel)指出的那样,大多数诺贝尔科学技术奖获得者都为大学和大企业工作过。上一次初创企业创始人获得诺贝尔物理学奖是在1909年,颁给了无线电的先驱古格利尔莫·马可尼(Guglielmo Marconi)。自那以后,AT&T和IBM两家大企业囊括了所有授予公司的诺贝尔奖。[25]

企业研究实验室的衰落

正如历史学家艾瑞克·霍布斯鲍姆(Eric Hobsbawn)所写的那样:

"人们通常认为私营企业经济必然创新成瘾,但情况却并非如此。它只偏向追求利润。"[26]近几十年来,企业研发的转变证明了这一观点,很多美国公司从早期研究转向后期的更为渐进式的开发。对有些企业而言,它们还转向了各种形式的金融工程,从而产生更高的短期利润。这种转变的受害者包括传统的企业研究实验室。

正如经济理论预测的那样,竞争压力的增加导致企业在基础和应用研究(不同于产品和工艺开发)上的支出减少。麻省理工学院的一项研究发现,竞争越激烈,包括来自低工资、出口导向的国家的竞争,美国企业的研发支出越少。[27]再加上华尔街对关注短期利润而非长期突破施加的压力,无论长期突破对社会多么有益,投资企业都不一定会捕捉这样的机会,我们看到美国企业正偏离克莱顿·克里斯滕森(Clayton Christensen)所谓的颠覆式创新,转向稳稳当当的持续创新。制药业是企业减少基础科学研发支出的少数例外之一,原因很简单,没有新药,它们就不可能有未来,而研发新药就需要早期研究(专利保护也给了制药公司一些机会,以收回昂贵的研发成本)。随着企业内部实验室重要性的下降,很多行业的大企业都采用了与小型初创企业合作或收购初创企业的模式。[28]

作为收入的一部分,美国企业的研发一直相对稳定,自 2000 年以来仅略有下降。但是,由于经济越来越以创新为基础,随着全球化的深化,美国应该更专注于创新,企业研发占国内生产总值的比重有望提高。此外,阿希什·阿罗拉(Ashish Arora)、沙伦·贝伦松(Sharon Belenzon)和安德烈亚·帕塔科尼(and Andrea Patacconi)观察到,1980 年至 2015 年间,其研究人员在科学期刊上发表成果的上市公司的数量减少了三分之二,比例仅为 6%。[29]他们总结道:"大企业似乎看重科学的金蛋(体现为专利),而不是下金蛋的鹅本身(科研能力)。"[30]根据他们的说法,从事更多研究的公司其股价较低。[31]

在股东的压力下，很多企业已经取消或剥离了研发业务。例如，迫于激进的投资者纳尔逊·佩尔茨（Nelson Peltz）的压力，杜邦与陶氏合并，但削减了研发部门。[32] 在 AT&T 分拆后，贝尔实验室被分离出来，几乎消失。2002 年，施乐的帕洛阿尔托研发中心成为一家独立的子公司，用基本的研发取代了满足客户需求的研究。IBM 的研发仍然存在，并产生了人工智能系统 Watson 等重大创新，但随着 IBM 收入和利润的下降，它也面临着压力。[33] 明显例外的趋势也可以证明规律的存在。由于微软在一定程度上与竞争压力隔绝，因此从 2002 年至 2016 年，每年它在研发上都可以投入 60 亿至 120 亿美元。[34] 谷歌是一家封闭式公司*，没有股东压力的干扰，而且利润丰厚，这或许可以解释尽管谷歌似乎削减了一些用时较长、出结果的风险更大的项目，但还是愿意参与"登月"级的项目，如自动驾驶汽车。

虽然公司在基础和早期应用研究上可能较之过去做得更少，但它们继续为研发提供资金，在这方面，最大的全球性公司处于领先地位。彼得·诺兰（Peter Nolan）、张瑾和刘春航认为："受益于规模经济和范围经济，世界领先的系统集成商和子系统集成商对核心业务的日益关注提高了研发经费的效率。"[35]

单个企业家的新时代？

20 世纪中叶，传统的企业研究实验室的衰落是当代创新领域"小企业好"思维复兴的一大因素。另一个因素是大众思潮和媒体的创新与科

---

　　* 封闭式公司（a closely held corporation）指股东人数极少，且股权流通性很低的公司，又译"闭锁型公司"。——译者注

技领域一些企业家的结合，这些企业家包括史蒂夫·乔布斯和马克·扎克伯格。正因如此，在过去的几十年中，约瑟夫·熊彼特关于创新的见解是否正确一直存有争议——"熊彼特一期"将创新归于个人；"熊彼特二期"则认为，创新的未来在于"托拉斯化"资本主义中的研究团队。

当熊彼特于 1911 年出版《经济发展理论》时（熊彼特一期），托马斯·艾迪生、安德鲁·卡内基和约翰·洛克菲勒等单个企业家是创新和增长的驱动力。但是，当他在 1942 年写《资本主义、社会主义与民主》时（熊彼特二期），拥有专门研发实验室的 AT&T、通用汽车和杜邦等大型管理者的公司推动了创新。这种随着时间推移的变化，在很大程度上解释了：对于创新在不同规模企业之间的来源，熊彼特的看法是如何演变的？

换句话说，大小企业在创新中的相对重要性，取决于时间点。20 世纪 80 年代末之后，熊彼特一期理论复兴，原因在于随着信息技术革命的启动，它使迈克尔·戴尔（Michael Dell）、拉里·埃里森（Larry Ellison）、比尔·盖茨或史蒂夫·乔布斯等一群创业者得以另辟蹊径，组建新公司。但随着技术的成熟，出现了演变和合并，以至于平衡又开始向大企业倾斜。因此，到了 2005 年前后，美国只有大约 7% 的初创企业从事高科技行业，只有约 3% 的企业创始人认为他们的新企业"技术先进"。[36]

但是，随着企业对风险更高的早期研究的资金削减，以及创新型初创小企业的蓬勃发展，大企业是否仍具有创新精神？主流的说法认为没有了：这些企业巨头已经变成充满惰性、厌恶风险的抄袭者。企业家萨姆·霍格（Sam Hogg）写道："初创企业需要创新型企业家，而在大企业的职位描述中通常没有这样的人。大企业只在工作量需要雇佣人手时才想到招聘，而当大企业能浮出水面，得以喘息并思考创新时，却不会想到雇人。"[37]

虽广受吹捧，这种说法却并不正确。学术研究表明，大企业在创新中继续发挥主导作用。可以肯定的是，有些研究发现，若以每一美元产生的收入计,一些小企业比大企业更具创新性。一项由小企业管理局资助的研究发现:"以员工人均计,小企业比大企业开发了更多的专利,而规模最小的企业(员工少于 25 人)员工平均产生的专利数量最多。"[38]另一项研究发现:"取得专利的小企业每位员工的创新度大约是取得专利的大企业的13 倍。"[39]还有一项研究发现:"雇员不超过 290 人的小企业,每一美元研发资本存量的专利引用数为 1.262 6 次,而大企业只有 0.571 2 次;因此,小企业每一美元研发资本存量的专利引用数平均是大企业的 2.210 4 倍。"[40]

但是,自称发现小企业更具创新性的研究,实际上观察的只是一小部分企业。在获得专利的企业中,小企业人均专利数确实比大企业多。但是这并没有阻止小企业管理局误导性地指出小企业人均专利数是大企业的 13 倍。[41]值得注意的是,在"小企业"前面遗漏了"取得专利的"这个定语。另外需注意的是,从 1999 年至 2008 年,所有排名前 1.5％且取得专利的大企业获得了所有专利的 48％。2011 年,美国颁授实用专利 108 626 项。获得专利最多的(所有大企业范围内)50 家美国公司获得了超过 30％的专利。现实情况是,在全美 600 万家小企业中,只有一小部分拥有专利或进行创新。[42]这并不是说一些小型科技公司没有很强的创新性。但是,假设小企业总是有创新性或具有创业精神是不准确的。

表现不佳的一个原因是新企业很少有创新的意图或能力。正如斯科特·沙恩所写:

> 大多数新企业并不打算开展一些创新来改变它们所在的市场。《美国的企业家精神》(*Entrepreneurship in the United States*)估计的数据显示,只有 2％的新企业创始人希望新公司对其经营市场产生实质性影响,91％的人预计对这些市场的影响很小或根本没有影响。[43]

沙恩继续指出:

> 几乎所有新企业都生产与现有企业相同的产品和服务,而且几乎没有一家企业提供其创始人认为独特的产品或服务。即使在那些最出色的初创企业中(即美国发展最快的未上市公司 500 强),也只有 10％的公司提供其他公司不提供的产品或服务。[44]

另一项研究发现:

> 在企业最初的 4 年中,只有 2.7％的样本企业已经申请或正在申请专利。版权和商标的使用率略高,但至少根据这些粗略的观察指标,大多数公司没有进行创新。……近 85％的小企业在存续的头 4 年里没有获得专利、商标或版权。[45]

该研究还发现,只有 6％—8％的新企业在最初几年开发了专有的商业做法或技术。[46]

因此,对于兜售小企业优越性的研究需要谨慎理解。首先,虽然某些行业的小型科技公司可能比大企业更具创新性,但真正的问题是它们对整体创新的贡献率。就这个标准而言,它很小。例如,研究发现,虽然小型科技公司的员工人均专利比大企业多,但从 2002—2006 年,它们只占专利的 6.5％。[47]换句话说,虽然小型科技公司在创新方面的效率可能更高,但总体而言,它们比大企业的贡献要少得多。事实上,IBM 一家获得的专利比研究对象的全部 504 家小企业的总和还要多。在观察 5 年内获得专利超过 15 项的小企业时,诺兰和同事们发现多家企业已经跌出了数据库。6％的小企业变成了大企业,17％的小企业已被合并或收购。大多数仍旧保持小规模的企业之所以跌出数据库,是因为无法再达到 15 项专利的门槛;另外 4% 跌出数据库的企业则是因为经营陷入困境或宣布破产。2003 年的 700 强企业中,前 17 家的研发支出占 25%,前 33 家的研发开支占 40%,前 300 家的研发开支占 80%。[48]

此外,虽然小企业的就业人数占美国的 49%,但它们的研发支出仅占 16%,而员工超过 25 000 人的公司占 36%(见图 6.1)。[49]同样,它们的专利占已颁发专利的 18.8%,而规模最大的那些公司占到了 37.4%。[50]员工人均研发支出随着企业规模的增长而增加(对行业没有限制),5—99 人的企业人均花费约 790 美元,而拥有超过 5 000 人的大企业人均花费约 3 370 美元。[51]

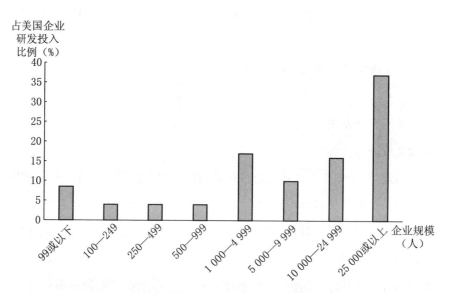

图 6.1　按规模划分的美国企业研发投入比例

资料来源: National Science Foundation, "Business Research and Development and Innovation: 2012," NSF 16-301 (Arlington, VA: NSF, October 29, 2015) (Table 21. Percent of R&D by Firm Size), https://nsf.gov/statistics/2016/nsf16301/♯chp2。

有些美国科学家和工程师会在美国、欧洲和日本同时申请专利,当亚当斯·纳赫尔（Adams Nager）和信息技术与创新基金会的同事调查其中近1 000位三重专利申请者时，他们发现大约75％的材料科学和信息技术专利以及60％的生命科学专利是由500人以上的企业申请的。[52]与普遍认为"大企业是懒惰的仿制者，小企业是真正的创新者"相反，样本中500人或不足500人的小企业，获得的专利只占30％左右，但它们雇佣了48.4％的工人。正如创新学者卢克·泽特（Luc Soete）发现的那样，"创新活动似乎随着企业规模的增长而增加"。[53]

其他研究表明，即使在拥有专利的公司中，小企业更具创新性的假设也并非那么简单，部分原因在于衡量创新的标准偏向了专利。在1996年的一篇论文中，韦斯利·M.科恩（Wesley M. Cohen）和史蒂文·克莱珀（Steven Klepper）发现研发和公司规模密切相关。换句话说，大企业在研发方面的投资占销售额的比重更大。[54]与其他学者一样，科恩和克莱珀发现，随着企业规模的扩大，单位研发费用产生的专利和创新数量也在下降。但他们认为这不是由于效率低下、官僚主义和缺乏动力，而是反映了对创新产出的测量不准确。大企业可进行"成本分摊"，一项创新的收益可分散至更多的单位和产品，从而提高每单位研发的整体创新水平。他们写道："成本分摊不仅为解释研发和企业规模的关系奠定了基础，还挑战了研发文献中的共识，即大企业的规模在研发竞争中没有优势。"[55]此外，"通过将研发成果应用于更大的产出水平，大企业不仅比小企业更有动力开展研发，还可以比小企业从研发中获得更大的回报。"[56]

最近，2016年，商业教授安妮·玛丽·诺特（Anne Marie Knott）和卡尔·菲尔埃格（Carl Vieregger）解释了以前的研究是如何把数据搞错的。[57]从历史上看，创新学者一直依赖产品或专利计数作为创新产出的代名词。但这样做过分强调产品创新，低估了过程或增量创新，增量创新指多由大企业参与，但很少申请专利的创新活动。但最近美国国家科学基金会的"商业研发和创新调查",能够更好地分析增量和过程创新。他们估计员工人数增加 10％可使研发增加 7.2％,公司收入增长 10％可使研发生产率提高 0.14％。他们的结论表明,大企业在研发活动上投入更多,在研发上投入的每一美元会收获更高的创新产出。

有些研究发现,大企业人均或销售额平均的研发投入较少的原因在于:小企业较新,更注重研发,因为它们的生产没有那么多。换句话说,在年轻的公司,更大一部分精力都放在了开发产品上,因为它们没有产品。这也许就是为什么对 2002 年和 2005 年 1 000 多家欧洲大小企业的研究发现,在对企业年龄加以控制之后,大企业参与创新(产品和工艺)的可能性比小企业高 14％。而处于"中青年"的小企业不参与任何创新的可能性是大企业的 2.5—3 倍。[58]若对行业、国家和所有权类型等多种因素加以控制,这些结果仍然成立。

在很多国家都能看到这种模式。例如,对日本创新的一项研究发现,"日本中小企业在创新方面的支出相对较少。与其他发达经济体相比,日本在研发方面的整体支出很大,但中小企业并没有那么多的研发投入"[59]。另一项研究发现,在企业规模平均较小的意大利和西班牙等欧盟国家,企业研发支出占国内生产总值的比例约为欧盟的一半。作者的结论是:"与小规模生产相适应的经济体可能还没有准备好享用当前大规模和快速技术变革阶段的全部利益。"[60]经合组织对 33 个国家进行了调查,将推出新产品的大企业与推出新产品的小企业的比例进行了比较,数据表明:没有哪个国家的小企业更有可能推出新产品。事实上,大企业的优势从澳大利亚的 1 倍到西班牙和波兰的近 6 倍不等(见图 6.2)。这就是 2002—2005 年对 26 个国家的 1 053 家企业进行的一项研究,发现企业规模与创新之间在统计上显著正相关的原因所在。[61]

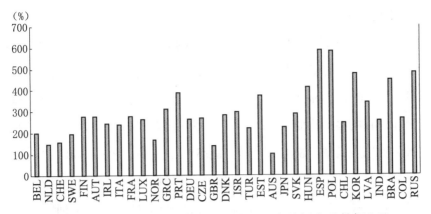

图 6.2　2010—2012 年大企业与小企业推出的新产品份额之比

注：国名从左到右依次为：比利时（BEL）、荷兰（NLD）、瑞士（CHE）、瑞典（SWE）、芬兰（FIN）、奥地利（AUT）、爱尔兰（IRL）、意大利（ITA）、法国（FRA）、卢森堡（LUX）、挪威（NOR）、希腊（GRC）、葡萄牙（PRT）、德国（DEU）、捷克（CZE）、英国（GBR）、丹麦（DNK）、以色列（ISR）、土耳其（TUR）、爱沙尼亚（EST）、澳大利亚（AUS）、日本（JPN）、斯洛伐克（SVK）、匈牙利（HUN）、西班牙（ESP）、波兰（POL）、智利（CHL）、韩国（KOR）、拉脱维亚（LVA）、印度（IND）、巴西（BRA）、哥伦比亚（COL）、俄罗斯（RUS）。

资料来源：OECD, *OECD Science, Technology and Industry Scoreboard 2015: Innovation for Growth and Society* (Paris：OECD Publishing, October 19, 2015) (Table 4.5.3. Firms Introducing Products New to the Market, by Firm Size, 2010—2012, October 2015), http://dx.doi.org/10.1787/sti_scoreboard-2015-en。

　　此外，硅谷和 128 公路*分别坐落在加利福尼亚州和马萨诸塞州。如果初创企业是创新的驱动力，小企业捍卫者如何解释这两个州的新企业创建率低于平均水平？[62] 如沙恩所写，旧金山和波士顿的大都市区"在人均企业创建数方面，根本无法匹敌排名第一的大都市区；该项荣誉属于怀俄明州的拉勒米（Laramie）。在 394 个都市区中，旧金山排名第 121位，只是拉勒米人均企业创建数的 40% 左右"，而圣何塞（San Jose）的人

---

　　*　128 公路（Route 128）是美国马萨诸塞州波士顿市的一条半环形公路，距市区约 16 公里。公路两侧聚集了数以千计的从事高科技研发和生产的机构和公司，形成了 128 公路高新技术区。它是世界上知名的电子工业中心。——译者注

均企业组建率更低,处于第 165 位。[63]

　　另一个问题是,企业规模与创新之间的关系,在不同的行业不能一概而论。1987 年,有研究者对英国 40 年的创新情况进行了研究,发现了一个 U 形分布:最小和最大的企业,开展了数量最多的创新。[64]但它忽略了特定产业部门的独特特征。2011 年,乔瓦尼·多西(Giovanni Dosi)及其同事指出:"在工业机械行业,创新企业可能都相当小;而在化工、金属加工、航空航天和电气设备领域,大企业占优势,而许多'科技'行业(如电子和制药)往往表现出双峰分布——小企业和非常大的企业同时拥有很高的创新率。"[65]

　　最后,关于企业规模和创新的研究有含糊之处,原因在于,在不同的时期,小企业在某些行业扮演了比在其他行业更重要的角色。换句话说,一个健康的创新生态系统取决于各种企业规模的组合。在就此问题开展的一项最具权威性的研究中,佐尔坦·阿克斯和戴维·奥德雷奇发现:"大企业和小企业创新率之间的巨大区别,意味着正确答案是:创新取决于具体的行业。例如,在轮胎行业,大企业的创新率比小企业创新率高 8.46,换言之每千名员工多 8 次创新。"[66]他们发现,在资本密集程度较高的行业,"大企业的创新往往比小企业多"。[67]例如,在美国公用电力行业,大部分研究是由大型发电公司进行的,当它们是大型控股公司的一部分时尤其如此。[68]有趣的是,在为增强竞争力而重组美国电力市场后,电力公司的研发量急剧下降(78.6%),这更加证明了创新和竞争的倒 U 形分布(参见第 11 章)。较早的(1974 年)一项研究发现,"大型制药公司在创新方面胜过小企业"。[69]同样,联邦贸易委员会 1980 年的一份报告总结道:"无法确定小企业能否像通用电气那样支持研发计划。如果没有通用电气等多家工厂经营的支持,也无法确定私营部门能否开展各种灯具和照明的大型专业研究项目。"[70]我们在农业生物技术上看到了这一点。美国农业部的一份报告指出:"在农作物种子和动物育种行业,生物技术的出现是整合的主要推动力。公司会寻求获得相关技术能力，服务更大的市场，以分担巨额的固定成本，满足监管的要求，获准进行新生物技术的创新。"[71]

其他研究发现"小企业在初期阶段有优势，随着行业走向成熟，创新往往集中于大企业。"[72] 20 世纪 90 年代即呈现这一特点，当时许多小企业应运而生，竞相成为信息技术领域的赢家。但是，只有少数取得了成功，那些继续投资创新，改进产品和服务，并在相关活动中获得优势的企业胜出。该研究总结道："问题不再是规模对创新的影响是积极的还是消极的，而是小企业在什么情况下比大企业享有创新优势（反之亦然）。"[73] 因此，弗雷德里克·迈克尔·谢勒（Frederic M. Scherer）警告说："单独研究企业规模与发明和创新之间的关系，是会让人误入歧途的"，这是一个很好的建议。[74]

然而，有些人认为大企业是创新型初创小企业的天敌。有人断言，大企业会向规模较小的创新企业发出最后通牒：要么与我们合并，要么出局，接不接受由你。巴里·林恩写道："在这样的环境中，独立的公司发现单打独斗越来越难。只需问一问 Tom's of Maine、Ben & Jerry's、Niman Ranch、Honest Tea 和 Stonyfield Farm 的创始人就明白了，他们的公司都被迫出售给了大企业。"[75]

至少在其中一个案例中林恩错了。当本书作者，问 Honest Tea 的联合创始人和"茶执行官"（TeaEO）塞思·戈德曼（Seth Goldman），为什么选择与可口可乐合作时，他说：

> Honest Tea 不是"被迫"卖给大公司的。相反，我们选择与可口可乐合作，以便让我们的发展步入更快的轨道。……我们花了 10 年时间才打进 1.5 万家零售客户，在最初的 10 年中，通过它们累计销售了 1.2 亿美元。在接下来的 6 年中，我们扩展至超过 10 万家客

户,累计售出 8.8 亿美元。因此,我们卖给可口可乐是有一些很大的激励(和奖励)的,但我们肯定不是被迫这样做。……此外,Honest Tea 从投资者那里筹集资金的能力,取决于这样一种信念:在某个时候,我们可以出售给一家规模更大的公司。这将给我们的投资者带来回报。既然我有此后见之明,我是不会为此品牌选择其他出路的。[76]

以 Honest Tea 为例,Honest Tea 是一家深具成长价值和特性的创新性初创企业,与一家大企业合作使其有益健康的产品更多地出现在美国消费者面前。它向其他初露头角的企业家发出了一个明确的信号:如果你能成功创建一家成功的企业,你就可以通过与一家大企业合作,实现快速增长。具有革新意识的人应该为这种事情欢呼,而不是大声反对。

总之,毫不奇怪,尽管媒体宣传偏向罕有的科技初创企业,但大多数小企业并不创新,或者说很少愿意创新。在 2011 年的一项研究中,埃里克·赫斯特(Erik Hurst)和本杰明·怀尔德·帕格斯利(Benjamin Wild Pugsley)发现,大多数小企业并不打算开发产品或创新。[77]大多数小企业主,都把自己当老板或可以灵活掌握时间等非金钱原因,作为创办企业的动机,只有41%的人有新的商业点子或想要开发新产品。[78]在接受调查的新企业中,只有 15%的企业计划"将来开发专有技术、流程或程序"。[79]这并不是说,科技初创企业和研发密集型小企业,对推动创新并不重要,但创新政策给予小企业特殊待遇的做法,根本就是错误的。

注释

1. Quoted in Walter Isaacson, "Stewart Brand Responds," *Medium*, December 27,

2013，https://medium.com/@walterisaacson/stewart-brand-responds-f857b2e8da26.

2. Quoted in Malcolm Gladwell, "Creation Myth: Xerox PARC, Apple, and the Truth about Innovation," *New Yorker*, May 16, 2011, http://www.newyorker.com/magazine/2011/05/16/creation-myth.

3. Vannevar Bush, "As We May Think," *Atlantic Monthly*, July 1945.

4. Dylan Tweney, "Dec. 9, 1968: The Mother of All Demos," *Wired*, December 9, 2010.

5. "The Xerox PARC Visit," in *Making the Macintosh: Technology and Culture in Silicon Valley*, Stanford University, web.stanford.edu.

6. Chris Nuttall, "Silicon Valley's Founding Fathers," *Financial Times*, October 30, 2007.

7. Benjamin Pimentel, "High Tech's Lowly Birthplace," *SFGATE*, November 27, 2005.

8. Gary P. Pisano and Willy C. Shih, "Restoring American Competitiveness," *Harvard Business Review*, July/August 2009, https://hbr.org/2009/07/restoring-american-competitiveness.

9. Joseph A. Schumpeter, *The Theory of Economic Development* (Cambridge, MA: Harvard University Press, 1934 [1911]), 91.

10. Joseph A. Schumpeter, *Capitalism, Socialism, and Democracy*, 3rd ed. (New York: Harper & Brothers, 1950 [1942]).

11. Ibid., 132.

12. Ibid., 100—101.

13. John Kenneth Galbraith, *American Capitalism: The Concept of Countervailing Power* (New York: Houghton Mifflin, 1952), 91.

14. William J. Baumol, *The Free-Market Innovation Machine* (Princeton, NJ: Princeton University Press, 2002), 287.

15. Joseph Bowring, *Competition in a Dual Economy* (Princeton, NJ: Princeton University Press, 1986), 11.

16. J. R. Hicks, *Value and Capital* (Oxford: Oxford University Press, 1946), 83—84, cited in John Bellamy Foster, Robert W. McChesney, and R. Jamil Jonna, "Monopoly and Competition in Twenty-First Century Capitalism," *Monthly Review* 62, no.11 (April 2011), https://monthlyreview.org/2011/04/01/monopoly-and-competition-in-twenty-first-century-capitalism.

17. John Kenneth Galbraith, *The New Industrial State*, 4th ed. (Princeton, NJ:

Princeton University Press，2007），746.

18. Galbraith, *American Capitalism*, 85.

19. Kenneth J. Arrow, "Economic Welfare and the Allocation of Resources for Invention," in *Essays in the Theory of Risk-Bearing*, ed. Kenneth J. Arrow (Amsterdam: North-Holland, 1971), 144—160.

20. White House, Council of Economic Advisers, "Benefits of Competition and Indicators of Market Power," Council of Economic Advisors Issue Brief, ObamaWhiteHouseArchives.gov, May 2016, 3, https://obamawhitehouse.archives.gov/sites/default/files/page/files/20160502_competition_issue_brief_updated_cea.pdf.

21. Ester Fano, "Technical Progress as a Destabilizing Factor and As an Agent of Recovery in the United States between the Two World Wars," *History and Technology* 3 (1987): 262—263, http://www.tandfonline.com/doi/abs/10.1080/07341518708581671?journalCode=ghat20.

22. Zvi Griliches, "Recent Patent Trends and Puzzles," Brookings Papers on Economic Activity (Washington, DC: Brookings Institution, 1989), 291—330, cited in Baumol, *The Free-Market Innovation Machine*, 34.

23. "Research and Development in Industry, 1974" (Washington, DC: National Science Foundation, September 1976), cited in Galbraith, *The New Industrial State*, 38—39.

24. Henry Kressel and Thomas V. Lento, *Entrepreneurship in the Global Economy: Engine for Economic Growth* (Cambridge: Cambridge University Press, 2012), 44.

25. Michael Mandel, "Scale and Innovation in Today's Economy" (Washington, DC: Progressive Policy Institute, December 2011), 3.

26. Eric Hobsbawm, *Industry and Empire: From 1750 to the Present* Day (Harmondsworth: Penguin, 1969), 40.

27. David Autor, David Dorn, Gordon H. Hanson, Gary Pisan, and Pian Shu, "Foreign Competition and Domestic Innovation: Evidence from US Patents" (working paper, Department of Economics, Massachusetts Institute of Technology, November 2016), http://economics.mit.edu/files/11708.

28. Fred Block, "Swimming against the Current: The Rise of a Hidden Developmental State in the United States," *Politics & Society* 36, no.2 (2008): 169—206; Walter Powell, "The Capitalist Firm in the 21st Century: Emerging Patterns in Western Enterprise," in *The Twenty-First Century Firm: Changing Economic Organization in International Perspective*, ed. Paul DiMaggio (Princeton, NJ:

Princeton University Press, 2001), 35—68; and Raymond E. Miles, Grant Miles, and Charles C. Snow, *Collaborative Entrepreneurship: How Communities of Networked Firms Use Continuous Innovation to Create Economic Wealth* (Palo Alto, CA: Stanford University Press, 2005),36, note 56.

29. Ashish Arora, Sharon Belenzon, and Andrea Patacconi, "Killing the Golden Goose? The Changing Nature of Corporate Research, 1980—2007" (faculty paper, Fuqua School of Business, Duke University, and Norwich Business School, University of East Anglia, January 9, 2015), https://faculty. fuqua. duke. edu/~ sb135/bio/Science%201%2091%2015.pdf.

30. Ibid.

31. Cited in Chris Matthews, "The Death of American Research and Development," *Fortune*, December 21, 2015, http://fortune. com/2015/12/21/death-american-research-and-development.

32. Bill George, "Dow-DuPont Raises Even More Concerns America Is Abandoning Corporate Research," *Fortune*, December 12, 2015, http://fortune. com/2015/12/12/dow-dupont-corporate-research-america.

33. Moshe Y. Vardi, "The Rise and Fall of Industrial Research Labs," *Communications of the ACM* 58, no.1 (January 2015): 5, http://delivery.acm.org/10.1145/2690000/2687353/p5-vardi.pdf.

34. "Microsoft's Expenditure on Research and Development from 2002 to 2016 (in Million US Dollars), Statista. com, n. d., https://www. statista. com/statistics/267806/expenditure-on-research-and-development-by-the-microsof-corporation.

35. Peter Nolan, Jin Zhang, and Chunhang Liu, *The Global Business Revolution and the Cascade Effect: Systems Integration in the Global Aerospace, Beverage and Retail Industries* (New York: Palgrave Macmillan, 2007), 146.

36. Scott A. Shane, *The Illusions of Entrepreneurship: The Costly Myths That Entrepreneurs, Investors, and Policy Makers Live By* (New Haven, CT: Yale University Press, 2008), 30.

37. Sam Hogg, "Why Small Companies Have the Innovation Advantage," *Entrepreneur*, November 15, 2011, https://www.entrepreneur.com/article/220558.

38. Anthony Breitzman and Diana Hicks, "An Analysis of Small Business Patents by Industry and Firm Size," cited in *The Small Business Economy, 2009: A Report to the President* (Washington, DC: US GPO, 2009), 29, https://www.sba.gov/sites/default/files/files/sb_econ2009.pdf.

39. Jose M. Plehn-Dujowich, "Product Innovations by Young and Small Firms," (Washington, DC: SBA, Office of Advocacy, May 2013), 5, https://www.sba.gov/sites/default/files/files/rs408tot.pdf.

40. Jose M. Plehn-Dujowich, "The Effect of Firm Size and Age on R&D Productivity" (faculty paper, Department of Economics, SUNY at Buffalo, n.d., 435), https://editorialexpress.com/cgi-bin/conference/download.cgi?db_name=IIOC2008&paper_id=510.

41. US SBA, Office of Advocacy, "Frequently Asked Questions" (Washington, DC: SBA, September 2012), https://www.sba.gov/sites/default/files/FAQ_Sept_2012.pdf.

42. Justin Hicks, "Knowledge Spillovers and International R&D Networks" (Washington, DC: Information Technology and Innovation Foundation, May 7, 2012), http://www2.itif.org/2012-knowledge-spillover-hicks.pdf.

43. Shane, *The Illusions of Entrepreneurship*, 65.

44. Ibid.

45. Erik Hurst and William Pugsley, "What Do Small Businesses Do?", paper presented at the Brookings Conference on Economic Activity, Washington, DC, Fall 2011, 21, https://www.brookings.edu/bpea-articles/what-do-small-businesses-do.

46. Ibid.

47. Anthony Breitzman and Diana Hicks, "An Analysis of Small Business Patents by Industry and Firm Size," in Rowan University, *Faculty Scholarship for the College of Science & Mathematics* (Glassboro, NJ, November 2008), iii.

48. Nolan, Zhang, and Liu, *The Global Business Revolution and the Cascade Effect*, 146, table 6.1.

49. National Science Foundation, "Business Research and Development and Innovation: 2012," NSF 16-301 (Arlington, VA: NSF, October 29, 2015), table 5, https://nsf.gov/statistics/2016/nsf16301/#chp2.

50. Ibid., table 51.

51. Michael Mandel, "Scale and Innovation in Today's Economy" (Washington, DC: Progressive Policy Institute, December 2001), 3, http://progressivepolicy.org/wp-content/uploads/2011/12/12. 2011-Mandel_Scale-and-Innovation-in-Todays-Economy.pdf.

52. Adams Nager, David Hart, Stephen Ezell, and Robert D. Atkinson, "The Demographics of Innovation in the United States" (Washington, DC: Information

Technology and Innovation Foundation，February 2016），http://www2.itif.org/2016-demographics-of-innovation.pdf?_ga=1.150326719.884756560.1448881039.

53. Luc L. G. Soete，"Firm Size and Inventive Activity：The Evidence Reconsidered," *European Economic Review* 12，no.4（October 1979）：319-340，https://ideas.repec.org/a/eee/eecrev/v12y1979i4p319-340.html.

54. Wesley M. Cohen and Steven Klepper，"A Reprise of Size and R&D," *Economic Journal* 106，no.437（July 1996）：948，http://www.jstor.org/stable/2235365.

55. Ibid.

56. Ibid.

57. Anne Marie Knott and Carl Vieregger，"Reconciling the Firm Size and Innovation Puzzle," Center for Economic Studies Paper 16—20（Washington，DC：US Census Bureau，March 2016），https://www2.census.gov/ces/wp/2016/CES-WP-16-20.pdf.

58. Zeina Alsharkas，"Firm Size, Competition, Financing and Innovation," *International Journal of Management and Economics*（*Zeszyty Naukowe KGŚ*）44（December 2014）：58，http://kolegia.sgh.waw.pl/pl/KGS/publikacje/Documents/IJME44_ZN%2044%20(1).pdf.

59. "SMEs in Japan：A New Growth Driver?"，Economist Intelligence Unit，December 2010，https://www.eiuperspectives.economist.com/sites/default/files/EIU_Microsoft_JapanSMEs_FINAL-WEB.pdf.

60. Patrizio Pagano and Fabiano Schivardi，"Firm Size Distribution and Growth," *Scandinavian Journal of Economics* 105，no.2（2003）：272，http://onlinelibrary.wiley.com/doi/10.1111/1467-9442.t01-1-00008/abstract.

61. Alsharkas，"Firm Size, Competition, Financing and Innovation," 58.

62. Shane，*The Illusions of Entrepreneurship*，23.

63. Ibid.

64. Keith Pavitt，Michael Robson，and Joe Townsend，"The Size Distribution of Innovating Firms in the UK：1945—1983," *Journal of Industrial Economics* 35，no.3（1987）：297—316，http://econpapers.repec.org/article/blajindec/v_3a35_3ay_3a1987_3ai_3a3_3ap_3a297-316.htm.

65. Giovanni Dosi，Alfonso Gambardella，Marco Grazzi，and Luigi Orsenigo，"The New Techno-Economic Paradigm and Its Impact on Industrial Structure," in *Techno-Economic Paradigms：Essays in Honor of Carlota Perez*，ed. Wolfgang Dreschsler，Rainer Kattel，and Erik S. Reinert（London：Anthem Press，2011），84.

66. Acs and Audretsch, *Innovation and Small Firms*, 50.

67. Ibid., 55.

68. Paroma Sanyal and Linda R. Cohen, "Powering Progress: Restructuring, Competition, and R&D in the U.S. Electric Utility Industry," *Energy Journal* 30, no.2 (2009):41—79, https://www.jstor.org/stable/41323233? seq＝1 # page_scan_tab_contents.

69. John M. Vernon and Peter Gusen, "Technical Change and Firm Size: The Pharmaceutical Industry," *Review of Economics and Statistics* 56, no.3 (August 1974):294—302, http://www.jstor.org/stable/1923966.

70. Robert P. Rogers, "Staff Report on the Development and Structure of the U.S. Electric Lamp Industry" (Washington, DC: Federal Trade Commission, Bureau of Economics, February 1980), https://www.ftc.gov/sites/default/files/documents/reports/bureau-economics-staff-report-development-and-structure-u.s.electric-lamp-industry/198002electriclampindustry.pdf.

71. Keith Fuglie, Paul Heisey, John Kind, and David Schimmelpfennig, "Rising Concentration in Agricultural Input Industries Influences New Farm Technologies" (Washington, DC: US Department of Agriculture, December 3, 2012), http://www.ers.usda.gov/amber-waves/2012/december/rising-concentration-in-agricultural-input-industries-influences-new-technologies.

72. Antonio J. Revilla and Zulima Fernández, "The Relation between Firm Size and R&D Productivity in Different Technological Regimes," *Technovation* 32, no.11 (November 2012): 609—623, https://www.researchgate.net/publication/257002756_The_Relation_between_Firm_Size_and_RD_Productivity_in_Different_Technological_Regimes.

73. Ibid.

74. Quoted in Acs and Audretsch, *Innovation and Small Firms*, 50.

75. Barry C. Lynn, "Antitrust: A Missing Key to Prosperity, Opportunity, and Democracy" (New York: Demos, New Economic Paradigms, and Rockefeller Foundation, n.d.), http://www.demos.org/sites/default/files/publications/Lynn.pdf.

76. Seth Goldman, personal conversation with Robert Atkinson, November 4, 2016.

77. Hurst and Pugsley, "What Do Small Businesses Do?" 73.

78. Ibid., 75.

79. Ibid., 96.

7

产出的驱动力：大企业还是小企业？

大企业的平均生产率在小企业之上，因为小企业的就业份额总是超过了对 GDP 的贡献份额。一个经济体中大企业占的就业比例越大，它就越富有。而小企业的增长似乎是与经济增长负相关，而不是正相关。企业创建率高是贫穷的标志，而不是富裕的象征，因为这反映出那些成熟且能实现较高生产率的企业缺乏真正的经济机会。

如果我们告诉你，知道了一个国家的一项统计数据，就可以知道它的人均收入处在全球排名的顶端、底部还是中间，你相信吗？如果我们告诉你，只要知道了这一项统计数据，我们还可以相当准确地推测这个国家的总体经济状况，甚至知道它可能位于世界的哪个地区，你相信吗？

的确有这样一个窥一斑而见全豹的统计数字，它就是自雇者人口的百分比。一个国家越穷，人口中的自雇者就越多。[1]2016 年，6.4％的美国人是自雇者。在布隆迪，自雇者或在家族企业工作的人占到了 89.9％。2016 年，布隆迪的人均收入（购买力平价）为 800 美元，而美国为 57 300 美元。[2]

通常，最富有的地区是自雇职业最少的地区，而最贫穷的地区是自雇居民最多的地区。自雇者占北美劳动力的 7％，欧盟的 10％，拉丁美洲和加勒比地区的 22％，撒哈拉以南非洲的 36％，以及东南亚的 41％。[3]正如本书第 4 章中指出的那样，原因很简单：通常企业越小，生产率水平越低。

还有另一个有趣的技巧。如果我们知道一个国家自雇者的百分比，我们也可以准确地推测该国出口的是什么类型的商品。自雇者水平低的国家出口的主要是高附加值制成品，而自雇者数量多的国家出口的则主要是低附加值产品，如原材料、农产品和旅游等服务。

根据世界银行的数据，最贫穷的国家是马拉维、布隆迪、中非共和国和尼日尔,其出口产品包括烟草、铀和钍矿石、茶叶、糖、咖啡、棉花、兽皮、木材、香料和宝石等。现在让我们来看看美国、日本和德国这三个最大的先进工业资本主义国家的主要出口产品:机械、电子设备、飞机、航天器、车辆、石油、医疗设备、钢铁、塑料、有机化学品、发动机和药品。富国主要出口高附加值的制成品。穷国主要出口低附加值的商品,其中大部分是用原始的劳动密集型方法,而不是现代机械收获或手工制造的。

专门从事旅游业是另一条注定通往贫困之路。2015 年美国旅游业占出口总额的 10.9%,德国为 3%,日本为 3.5%,但阿尔巴尼亚为 52%,牙买加为 55.3%,黑山为 55%,巴哈马为 73.4%。[4]

小企业比例与收入不平等之间也存在正相关的关系。戴维斯和科布发现,在 53 个样本国中,收入最平等的国家是丹麦,大约四分之一的工人受雇于其最大的 10 家公司。相比之下,在收入最不平等的国家哥伦比亚,最大的企业雇佣的工人不到 1%。总体而言,各国的收入不平等与在大企业就业的工人比例之间存在负相关(-0.47)。[5]

新的初创企业情况如何呢?根据世界经济论坛一份调查初创企业数量占全部企业比例的报告,乌干达排名第一,泰国第二,巴西第三,喀麦隆第四。[6]这些国家几乎不是经济强国。

自雇率、人均收入、出口构成、收入不平等和初创企业比率,怎么解释这五个看似不相关的因素之间存在的显著相关性?答案在于大企业,更确切地说,是追求规模报酬递增的行业中的大中型企业。不发达的穷国由小农场主、小作坊和小贩主导,往往在非正式的经济部门;而在北美、欧洲和东亚的先进技术国家,大企业在为不成比例的产出和就业尽责。

用加尔布雷思的话说,现代经济是一种"双峰经济"。它可以分为规模收益不变或递减行业以及规模收益递增行业两类。在规模收益不变或递减行业,额外增加一产品或服务的生产成本与前一个产品或服务相同

（想一想按摩）；在规模收益递增行业，主要由于技术的原因，生产第一万个单位的平均成本低于第一个产品的成本（想一想汽车）。在软件等数字行业，第二个单位产品比第一个单位产品便宜得多，因为第二个单位可以大量地免费生产（用电脑复制）。收益递增行业往往属于贸易行业，而收益不变或递减行业往往属于非贸易行业，如按摩治疗。

在始于18世纪的工业革命之前，贸易行业规模很小，可以忽略不计，仅限于一些奢侈品，如香料和丝绸，这些奢侈品只被富绅消费。其他的一切（工具、衣服、食物等）都是在家里或附近制造或种植的。工业化是一个过程，在此过程中，越来越多之前由人力和畜力在当地生产的商品和服务，变成由机器（包括计算机）使用能源生产，而不再使用人力或畜力，其中许多商品和服务被从非贸易行业转到贸易行业（无论它们实际上是否销往国外，理论上都是可以出口的）。由于在收益递增行业中效率最高的公司通常规模较大，因此，在经济发展过程中，自雇者和夫妻杂货店的数量在下降，贸易业尤其明显，而为大中型企业工作的工薪阶层人数在增加。公共部门的就业亦是如此，因为经济的日益繁荣使得不用费多大劲就可以增加税收，扩大政府的职能。

随着更高效的大企业获得市场份额，它们为员工提供了更好的机会。这就是富裕国家的自雇者也相对较少的原因。[7]随着企业规模的扩大，很多人的收入也在增加，他们中的许多人从次优的"创业者"转向为工资而工作。这也解释了自欧洲和美国的全球经济衰退以来，临时工或零工在近期有所增加的原因。对零工经济增长的关注，大部分集中在新的网络平台上，如优步和 Task Rabbit，但是，更多的工人在用接活的 app 而成为自雇者，可能正是因为其他更高质量的就业机会不足。

随着国家的工业化，以及劳动力和资源从传统的小企业转向创新型的大企业，国家正是因为大企业的增长而更加富裕，并非受制于大企业的增长。信息技术革命正在使更广泛的服务业也成为规模收益递增的产业和贸易行业。银行就是一个很好的例子。几个世纪以来，银行大都服务于本地，属于非贸易行业。人们在当地银行存钱。如今，随着"金融科技"和电子银行的出现，银行业务可以在美国的任何地方甚至跨境办理。网络银行业变得像制造业一样，规模收益递增，而且有过之而无不及，它还实现了远程消费。我们在许多行业可以看到这种信息技术的转型，包括新闻、保险、旅游服务、零售、法律和其他一些行业，其中技术正在支持规模收益递增，并使它们跟大多数制造业长期以来的那样具有可贸易性。这就是美国非制造业的平均企业规模正在增加的原因，如第 3 章所示。

世界范围的企业规模

美国政治家喜欢谈论美国例外论。但美国经济发展的总体格局与欧洲和东亚其他先进工业国家非常相似，其特点是技术创新与更大企业规模的共同演进。毕竟，技术工具在很大程度上决定了公司的规模，而这些工具在全球随处可见。

但是，这并不是说其他因素不会产生影响。鉴于技术的发展趋势，人们可能会认为其他发达国家像美国一样实际上也会看到企业规模的扩大。然而，尽管美国的企业规模一直在增加，在一些地区企业规模却一直在缩小。在欧洲，公司的平均规模从 2005 年的平均每家公司 7 人降至 2013 年的 6.2 人（见图 7.1）。[8] 葡萄牙则从 1986 年每家公司 15.7 人减少到 2008 年的 9.1 人，任何行业的企业规模都没有增加，但自雇者的比例增加了 10 倍。[9] 同样，中国小企业贡献的就业比例从 2004 年的 22％左右增至 2009 年的 32％。[10]

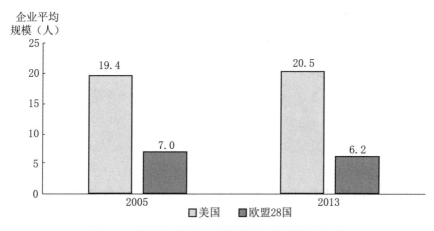

图 7.1　美国和欧盟 28 国平均企业规模的变化

资料来源：US Small Business Administration, Firm Size Data (Table 1. Number of Firms, Establishments, Employment, and Payroll by Firm Size, State, and Industry) (database), https://www.sba.gov/advocacy/firm-size-data (访问于 2016 年 2 月 11 日)；Eurostat, Structural Business Statistics-Main Indicators (Number of Enterprises) (database), http://ec.europa.eu/eurostat/web/structural-business-statistics/data/database(访问于 2017 年 2 月 2 日)。

什么原因导致一个国家企业规模的变化？有两个因素：生长效应和混合效应。混合效应指各行业之间工作岗位组合的变化。增长效应指总体趋势。几乎在每个国家，制造企业都比非制造企业的规模大。因此，随着就业向服务业的转移，混合效应导致公司总体平均规模的减小。但增长效应也起到了一定的作用，例如，信息技术使得一系列服务企业扩大规模。在企业规模日益缩小的国家，部分原因是制造业工作岗位的减少，但其中很大一部分似乎与增长效应有关，即其他行业的平均企业规模也不是在扩大，甚至正在缩小。

为什么服务性企业在有些国家变小，而在美国变大？原因是多方面的。其一可能是各国在努力消除原先的国有化行业的垄断。另一种可能是政策明确有利于小企业，同时对大企业增加税收和加强监管。例如，在韩国,大企业的产出份额从 20 世纪 70 年代初的 72％降至 2006 年的 50％左右,而中小企业的就业比例从 2000 年的 80％,升至 21 世纪 10 年代初的 87％。[11]正如我们将要讨论的那样,韩国已经颁布了一系列政策,包括明确要求其竞争主管机构为中小企业创造一个"竞争性的环境",从而使得大企业更难发展。

世界范围内的小企业生产率较低

对很多国家来说,这种企业规模的停滞甚至下降事关重大,因为大企业的平均生产率高于小企业。若要估计二者之间的这种差异,方法就是看它们在就业和国内生产总值中所占的份额。20 世纪 90 年代初,在 14 个经合组织国家中,除西班牙外,小企业的就业份额都超过了其在国内生产总值中所占的份额。[12]换言之,小企业工人的生产率较低。在英国,小企业占就业的三分之二,但只占国内生产总值的 30％。[13]在英国,大企业工人的生产率是 1—9 人小企业员工的 2 倍多。[14]芬兰大企业(1 000 人以上)的全要素生产率比小企业(15 人以下)高出 13％,如果控制行业类型的话。[15]

巴特·范·阿克(Bart van Ark)和埃里克·蒙尼克霍夫(Erik Monnikhof)表明,在法国、德国、日本、英国和美国,大企业的生产率比小企业更高。[16]在加拿大,员工人数在 100 人以下的工厂生产率为行业平均水平的 62％,但在员工人数为 500 人或以上的工厂,生产率为行业平均水平的 165％。[17]即使在对其他特征(如外国控制、出口强度、工会化和企业年龄)加以控制后,这些差异仍然存在。[18]即使研究者控制了行业和企业年龄,大企业的生产率仍然高出 10.5％。一项针对日本的研究发现,日本经济增长的下滑导致日本出现的所谓"失去的十年"，全都应该归因于中小企业没有提高生产率，而大企业在持续提高生产率。[19]事实上，从 1980 年至 2000 年，大企业的全要素生产率继续增长，但中小企业要么停滞不前，要么下降。在总共 18 个欧洲国家中，250 人或以上的企业，生产率比不足 10 人的企业高出 80％（见图 7.2）。

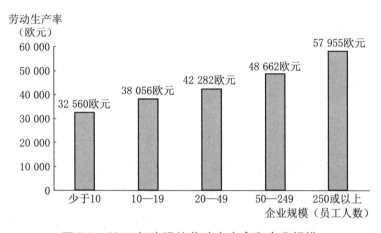

图 7.2　2014 年欧盟的劳动生产率和企业规模

资料来源：Eurostat, Structural Business Statistics Overview, Labor Productivity by Size of Enterprise (database), http://ec.europa.eu/eurostat/statistics-explained/index.php/Structural_business_statistics_overview。

发展中国家情况如何？毕竟，国际发展界的一个信念是：将小型甚至微型企业的数量成倍增加将帮助发展中国家摆脱贫困。但世界银行对 76 个国家的研究发现，没有证据表明中小企业有利于经济增长或减少贫困。[20]另一项对 10 个非洲国家的研究发现，大小企业创造了同样数量的净就业机会，但大企业支付的工资却持续走高。[21]这是因为大企业的生产率比小企业更高。

亚洲的大企业也比小企业的生产率更高。在印度，5—49 人企业的生产率只有 200 人以上企业的 10％；与大企业相比，印度尼西亚小企业

的生产率为 19%，菲律宾为 21%，韩国为 22%，泰国为 42%，马来西亚为
46%。[22]我们在非洲看到了同样的动态，那里的大企业比小企业生产率更
高[23]，土耳其的情况也是如此。[24]

这就是为什么，推测经济有多富有的方法，是看大企业员工所占比例。
一个地区大企业的就业比例越大，它就越富有。这也是小企业就业比例较
高的美国各州居民平均收入较低的原因。事实上，雇员少于 20 人的企业所
占就业比例与该州人均收入之间为负相关，相关系数为－0.27。例如，蒙大
拿州的人均收入仅为 39 800 美元，小企业的就业比例超过 31%。马萨诸塞
州的人均收入为 62 900 美元，小企业的就业岗位只占 16%。[25]

各国均呈现同样的模式。一般来说，高收入国家的大企业就业比例
要高得多。[26]此外，小企业的增长似乎与经济增长负相关，而不是正相关。
如斯科特·沙恩发现，"除去国家之间不同的所有其他因素的影响，一年
的新企业创建率，对一国下一年的实际人均 GDP 有消极影响"。[27]此外，
"从 1975 年至 1996 年，在经济增长持续较快的国家，新企业创建率不断
下降"。[28]因此，从 2000 年至 2004 年 44 个国家新企业创建率的数据可以
看出，发展中国家企业创建率远高于发达国家。[29]企业创建率较高是贫穷
的标志，而不是富裕的象征，因为它们反映了那些成熟且能实现较高生产
率的企业缺乏真正的经济机会。

企业规模也是加拿大较美国贫穷的原因之一。加拿大企业的平均规
模较小，导致美加两国的员工人均销售额总体相差 20%，在制造业，这个
差距达到了 48%。[30]虽然美国企业的平均规模在增加，但加拿大企业的平
均规模从 1984 年的 17.5 人降至 1997 年的 15.3 人，大部分人员的减少来
自大企业的规模缩小。[31]它的下降导致加拿大每位雇员的平均销售额下
降了 1 700 美元。如果美国与加拿大拥有相同的企业规模分布，那么美国
人均 GDP 将下降 1 800 美元——而这，如在第 10 章将要看到的那样，正是

美国的民粹主义左翼所希望的。[32]如果美国与欧洲的企业规模分布相同，美国的生产率将下降 2 060 美元。这就是这些国家所缴纳的"小企业税"。

国家间企业规模差异的解释

为什么企业规模的分布在各国之间差异如此之大？一个因素是一个国家是否拥有大量平均规模较大的企业，如制造企业。其他条件相同的情况下，制造企业较多的国家往往企业平均规模较大。同样，研发密集型产业往往规模较大，因此，在这种产业较多的国家（其他所有条件都相同），企业规模将大于平均水平。[33]但这些因素在解释国家间的差异方面似乎并没有起到很大的作用。

影响国家企业规模的因素似乎是人口规模和市场准入规模。人口越多，市场越大，更多的企业就能利用大规模生产技术实现规模经济。事实上，在 29 个经合组织国家[34]，人口规模与 250 人以上企业的就业份额之间呈正相关，相关系数为 0.45；人口规模和少于 51 人的企业的就业份额之间呈负相关，相关系数为 -0.2。同样，通过贸易协定和其他市场开放措施可以更好地进入外国市场，从而增大企业规模；改善运输网络和通信网络会产生同样的效果。如果能够改善物流运输或基于宽带网的信息传输，企业就能进入更多的市场，它们可能就会变得更大。

较高的人均收入也起到了一定的作用。更高的收入不仅扩大了市场规模，而且使一个人更有可能愿意成为一个领工资的工人，而不是一个自求生存的企业家。很多研究发现了这种关系。在研究 1900—1970 年间数据的基础上，小罗伯特·卢卡斯（Robert E. Lucas，Jr.）发现美国企业平均规模和人均国民生产总值之间存在很强的正相关。[35]同样，在一项对

30多个国家的研究中,马库斯·波施克(Markus Poschke)发现,富裕国家拥有更多的大企业和更少的小企业。[36]富裕国家也拥有相对较多的管理职位。[37]简而言之,随着各国越来越富裕,其企业规模普遍增大,这跟过去40年来大多数东亚经济体的情况一样,包括印度尼西亚、日本、韩国和泰国。[38]小企业在贫穷国家更为普遍,部分原因是穷国为所需的规模经济提供的市场较小。因此,拥有大量小企业不应被视为成功的标志,决策者还应该再接再厉;相反,它应被视为不发达的迹象。一个国家自雇者人数众多,意味着没有足够的全职工作,因此,许多人被迫通过为自己工作而获得低收入。

文化也起一定的作用。弗朗西斯·福山(Francis Fukuyama)在其著作《信任:社会美德与创造经济繁荣》中指出:牢固的家庭关系不利于大企业的形成,因为它们使个人更难信任非家庭成员。例如,意大利南部的大量小企业部分源于信任家人而不信任外人的文化。很多研究发现:统计数字表明,给予非家庭成员较高信任度的国家,其大企业的经济产出明显占有较大的比重,这可能就是原因所在。[39]更高的信任度也让管理者可以在更广泛的范围内将责任委托给个人,并更加确信他们会为企业的利益而采取行动。[40]

监管和法律环境也发挥了作用。几项研究发现,知识产权保护严格的国家拥有更大的企业。[41]理由是:“有效的法律制度使管理层能够利用有形资产以外的关键资源作为权力来源,从而导致大规模企业的建立。它还可以更好地保护外部投资者,并使得大企业获得资金。”[42]在次国家层级上也是如此。例如,拥有更有效法律制度的墨西哥的州拥有较大的企业,因为法律制度更有利的州降低了企业所有者面临的风险,使得他们可以扩大投资。[43]金融市场比较发达的国家企业规模也较大。一项研究发现,在金融市场较为发达的国家,那些所处行业更依赖外部融资的企业规模更大。[44]

让企业保持小规模的政策

有些国家企业规模较小的主要原因是政府想要小企业,并且制定了一系列向小企业倾斜的政策,包括监管要求、税收优惠和补贴。当政策奖小罚大时,其结果就是遍地小企业。

大多数国家的政府会让小企业免除监管,或放松其要求。欧盟委员会的官方政策是按规模区分对待:"有利于中小企业的政策应该成为主流。为此,'首先为小企业着想'的原则应根植于从监管到公共服务的决策之中,不可取消。"[45]在法国,很多法规要求仅适用于员工人数在50人或以上的企业。在葡萄牙,少于50人的公司可雇佣由公共资金补贴工资、并优先获得培训补贴的工人。此外,工人越多,违反劳动法的罚款就越高。在许多发展中国家,对小企业的豁免力度甚至更大。例如,巴西的大多数劳动执法检查都集中在正规的大企业,而不是非正规的小企业。[46]

很多国家还通过进入壁垒、地区限制法规和商店规模的限制,来保护夫妻杂货店。例如,阿根廷制定了一系列有利于低效率小杂货店的政策。[47]大企业被迫将食品"捐赠"给社区组织,并面临价格控制和进口限制。法规限制任何一家公司在一个地区经营的商店规模和最大数量。有些地区甚至要求大型商店提高辛劳津贴。

由于担心法国消费者会从亚马逊网站购买太多的书籍,减少当地小书店的销量,法国文化部长曾称亚马逊免费发送网上订单为"倾销策略"。[48]最近,法国议会下院一致通过的一项法案,禁止任何线上卖家将图书打折,有效地迫使网上书商以高于实体店的价格出售。麦肯锡全球研究所在巴西也发现了同样的小零售商保护政策。[49] 在日本,限制大型超市进入和鼓励小型零售商持续营业的法律,说明了为什么日本存在那么高比例的生产率低下的家庭零售商。

大多数国家要求大企业缴纳更高的税收。在墨西哥,从 1998 年到 2013 年,销售额低于 200 万比索(约等于 2008 年的 12.5 万美元)的公司,要统一缴纳约 2％ 的销售税,并免征工资税和增值税。超过 200 万比索门槛的公司需要缴纳 15％ 的增值税、38％ 的所得税和 35％ 的工资税。[50] 在印度尼西亚,超过一定规模的公司需要缴纳 10％ 的增值税。在韩国,小企业要缴纳 10％ 的企业所得税,而大企业的企业所得税率则为 22％。

很多国家的特殊税收优惠要么只适用于小企业,要么对小企业更为慷慨。在韩国,只有小企业才有资格享受工业设备或先进办公设备支出的 5％ 税收抵免。英国提供新的企业免税额,但只适用于小企业。在加拿大,小企业有资格获得比大企业高出 75％ 的研发信贷。中国最近又出台了一轮针对小企业的特别减税措施,其中包括对小企业的退税计划。[51]

在大多数国家,小企业还受益于补贴贷款、直接拨款、政府服务费降低,以及政府合同的小企业补贴。韩国要求银行向小企业放贷,导致债务过剩。2012 年,78％ 的银行贷款流向了中小企业,而美国的这一比例为 25％。[52] 此外,韩国金融公司(Korea Finance Corporation)和韩国中小企业振兴公团(Small and Median Business Corporation)等公共金融机构,可直接向中小企业提供贷款。只有 21％ 的中小企业贷款没有政府担保或抵押。[53] 政府还实施了 1 300 个中小企业项目和涉及税收、营销和就业的 47 项扶持措施。

很多政府只是简单地给小企业发放现金。虽然欧盟委员会严禁国家补助企业,却把很多小企业排除在了限制之外。[54] 欧洲政府可以直接向小型的渔户、农场主、煤矿公司、造船企业、钢铁公司和合成纤维公司伸出援手，但不能向大企业提供援助。欧盟委员会希望减少"对国内龙头企业的救助，那会扭曲竞争，转而支持有助于促进经济增长和创造就业机会的措施。"[55]这意味着他们想把钱交给小企业。这就是法国"创办个人企业或小企业的人可申请的……财政拨款和补贴有250多种"的原因。[56]

许多国家支持小企业，因为它们不想经受失业造成的经济混乱，也因为政策制定者不相信市场能创造就业机会。因此，从本质上讲，它们使效率低下的小企业继续效率低下。但这只会阻止生产率更高的公司获得市场份额。韩国就是一个典型的例子。由于整个社会对就业中断极度厌恶，韩国政府延续了一系列限制企业倒闭的政策。2012年全球创新指数上将韩国列为解雇员工成本的第120位。[57]该国政府推行一系列国内政策，以保护小企业免受竞争。韩国"国家企业伙伴关系委员会"负责"为中小企业指定合适的产业"。[58]例如，它规定中型餐馆不能在收入低于4 800万韩元(合42 800美元)的小餐馆150米范围内开设新店。

韩国的情况表明规模歧视如何限制了经济增长。韩国中小企业的就业占87%，而美国仅为44.4%。[59]中小企业享有慷慨的福利和监管豁免，意味着很少有企业愿意发展。2002年，在韩国数百万家中小企业中，只有696家在2012年脱离了中小企业的身份。制造中小企业的劳动生产率不到大企业的三分之一，服务中小企业的劳动生产率为大企业的45%。政府对小企业的大规模偏袒降低了劳动生产率，低于工人在低、中、高生产率企业之间随机分布时的水平。相比之下，在美国，实际分布比生产率较低的企业拥有同韩国一样的市场份额时可能有的劳动生产率水平提高了50%。[60]

如果竞赛场有偏向，那结果都是相似的，这在很多国家都能看到。在法国，员工在50人以上的公司比员工少于50人的公司面临更多的监管。路易斯·加里卡诺(Luis Garicano)、克莱尔·勒拉尔热(Claire LeLarge)和约翰·范·里宁(John Van Reenen)的一项国家经济研究局的研究发现，这样做的结果是：许多法国公司故意停留在 50 名工人的神奇门槛之下，导致法国国内生产总值下降多达 5%，而工人承担了大部分成本。[61] 导致这种低增长的一个相关原因是，通过降低工资，这些监管鼓励"太多管理能力低下的代理人成为小企业主，而不是为生产率更高的企业家当雇员"。[62]

在葡萄牙，歧视性监管的扩大意味着从 1986 年至 2009 年企业的平均规模下降了近 50%，而且由于这些企业的生产率低于大企业，经济增长停滞不前。[63] 同样，研究表明，小企业偏好使印度[64]、意大利[65]和日本[66]的企业规模偏小。

这些政策不仅阻止效率更高的大企业获得市场份额，还会抑制小企业向大企业增长，因为它们不愿意失去让其轻松安逸的特殊待遇。如此，通过将产出从生产率较高的大企业转移至生产率较低的小企业，损害了增长。因此，有研究发现将企业分支机构的平均规模减少 20% 的政策，致使总产出和平均每个机构的产出分别减少了 8.1% 和 25.6%，而企业机构数量大幅增加，增加了 23.5%。[67]

这种小企业偏好在很多发展中国家甚为广泛，而且鉴于其人均收入已经很低，因此更具破坏性。印度即是这种标志性的国家。独立后，印度经济政策深受"小企业好"思想的影响。本身具有这种心态，再加上工会要求给予工人保护和防止生产率提升的压力，印度政府通过了限制某些企业规模的法律，不切实际地寻求就业创造。20 世纪 70 年代，总理英迪拉·甘地为小企业保留了大约 800 个行业，不允许大企业涉足。生产这些物品的任何单位对厂房和机械的投资不得超过 25 万美元。[68] 例如，铅笔制造商不能增长至超过 50 名员工，这使得印度拥有世界上最低效的铅笔产业之一。正如古尔恰兰·达斯（Gurcharan Das）所写："因此，印度大企业被禁止生产日用品，如铅笔、鞋油、蜡烛、鞋子、服装和玩具，所有这些产品都帮助东亚尤其是中国创造了数百万个就业机会。即使在 1991 年之后,印度政府仍不敢触碰这头圣牛。"[69]这一悲剧性遗产的一个结果是,到2005年,中国的制造业工人有52%受雇于大企业,而印度只有10.5%。

尽管这些"许可统治"*政策多已放弃,但印度仍寻求保护其脆弱的小企业之花免受大企业的摧残。在印度,针对不同企业规模的制造商实施了各种法规,具体取决于监管类型,如卫生、社会保障和劳动保护。《劳资纠纷法案》(Industrial Disputes Act)只适用于雇佣100人或以上的企业,它大大限制了企业裁员的能力,因为必须获得政府的许可它们才能裁员,而且如果它们改变休假、工资和工时,则要提前21天发出通知。[70]同样,印度政府禁止沃尔玛直接向消费者销售商品,它只能卖给零售商,然后再由零售商卖给顾客。如果你想给自己的孩子买一套床单或几双袜子,不要去沃尔玛,而是去当地的街角商店,它会转售给你从沃尔玛买的东西,只是经过了加价。研究发现,在劳动力市场的管制比较灵活的印度各邦,大企业的就业份额较大。[71]

大多数发展中国家也犯了同样的错误。研究发现,由于税收政策差异,巴基斯坦、韩国、加纳和塞拉利昂的大企业成本比小企业高出10%—26%,而因为劳动法规,加纳、塞拉利昂、突尼斯和巴西的大企业成本要高20%—27%。[72]这些扭曲的现象使得国内生产总值减少了6%—18%。谢长泰(Hsieh)和基诺(Kienow)发现,在印度和中国,小制造商的市场份额,比实现生产率最大化目标时应有的份额要大得多。[73]他们认为:"生产率更高的公司难以成长。但在印度,生产率较低的公司反倒比在美国更容易生存。"[74]

此外,在发展中国家,很多小企业不受监管,也不纳税,因为它们在非正式的经济中经营(称为"非法经济"可能更准确)。例如,在巴西,大多数用工检查都集中在正规的大企业,而不是非正规的小企业。[75]如世界银行

---

* 英国统治结束后,印度人事无巨细都必须经过政府的许可,因此称为"许可统治"(permit raj)。——译者注

所写,非正规的地位"赋予不合规的公司以不公平的优势,从而扭曲了资源的分配"。[76]墨西哥财政和公共信贷部长路易斯·维德加雷·卡索(Luis Videgaray Caso)写道:"非正规劳动力降低了生产力,从而削弱了经济增长。"[77]麦肯锡全球研究所发现:"墨西哥生产率总体增长乏力的一个原因是,一半以上的非农业工人受雇于非正式部门;事实上,由于建立正规企业的监管成本很高,而且执法不严,非正式经济正在增长。"[78]非正式经济拖了经济增长的后腿,而不是促进发展的力量。[79]

国际发展界采用的支持微型企业和非正式经济活动等流行的做法,并不能解决问题。例如,欧盟委员会写道:"在许多发展中国家,私营部门特别是微型、中小企业的扩张,是经济增长的强大动力,也是创造就业的主要来源。"[80]根据联合国可持续发展知识平台鼓励可持续增长的第8个目标,其中一个手段是"鼓励微型、小型和中型企业的正规化和成长"。[81]世界银行"通过系统性和有针对性的干预措施,促进中小企业的增长"。[82]具有讽刺意味的是,这些政策导致了与其意图完全相反的结果:阻碍发展。这种对小企业的痴迷致使生产率和人均收入增长放缓。[83]

教训再清楚不过了。如果目标是推动全球发展,特别是低收入国家的发展,应侧重于保持企业规模的中立。以创造就业或社会包容的名义,支持、补贴或保护小企业,都是一些不明智的国家政策,它们不利于实现经济发展和提高生活水平的长期目标。

注释

1. "Self-Employment Rate," OECD data, 2016, https://Data.Oecd.Org/Emp/Self-Employment-Rate.Htm (accessed March 19, 2017).

2. Central Intelligence Agency, *CIA World Factbook* （2016）, https://www.cia. gov/library/publications/the-world-factbook.

3. Ben Ryan, "Nearly Three in 10 Workers Worldwide Are Self-Employed," Gallup. com, August 22, 2014, http://www.gallup.com/poll/175292/nearly-three-workers-worldwide-self-employed.aspx.

4. World Bank, "International Tourism, Receipts （% of Total Exports）" （database and graph）, http://data.worldbank.org/indicator/ST.INT.RCPT.XP.ZS.

5. Gerald F. Davis and J. Adam Cobb, "Corporations and Economic Inequality around the World: The Paradox of Hierarchy," Administrative Science Quarterly 62, no.2: 304—340, http://journals.sagepub.com/doi/10.1177/0001839216673823 # articleCitation-DownloadContainer.

6. Klaus Schwab, ed., *The Global Competitiveness Report: 2015—2016* （Geneva: World Economic Forum, 2015）, http://www3.weforum.org/docs/gcr/2015-2016/Global_Competitiveness_Report_2015-2016.pdf.

7. Emilio Congregado, Antonio A. Golpe, and André Stel, "The Role of Scale Economies in Determining Firm Size in Modern Economies," *Annals of Regional Science* 52, no.2 （March 2014）:431—455, https://www.researchgate.net/publication/260762630_The_role_of_scale_economies_in_determining_firm_size_in_modern_economies.

8. Serguey Braguinsky, Lee G. Branstetter, and Andre Regateiro, "The Incredible Shrinking Portuguese Firm," NBER Working Paper 17265 （Cambridge, MA: National Bureau of Economic Research, July 2011）, http://www.nber.org/papers/w17265.pdf.

9. Ibid., 46.

10. Shanji Zin, "Firm Size and Economic Growth in China" （faculty paper, Depart ment of Economics, Seoul National University, June 2015）, https://editorialexpress.com/cgi-bin/conference/download.cgi?db_name=WCCE2015&paper_id=418.

11. Robert D. Atkinson, "The Real Korean Innovation Challenge: Services and Small Businesses," Korea Economic Institute of America, March 4, 2016, https://itif.org/publications/2016/03/04/real-korean-innovation-challenge-services-and-small-businesses.

12. "SMEs: Employment, Innovation and Growth," Washington Workshop, OECD, 1996, https://www.oecd.org/cfe/smes/2090756.pdf.

13. Benedict Dellot, "The Second Age of Small: Understanding the Economic Impact of Micro Businesses" （London: RSA Action and Research Centre, June 2015）,

https://www.thersa.org/globalassets/pdfs/reports/rsa_second_age_of_small.pdf.

14. Ibid.

15. International Monetary Fund, "Finland: Selected Issues," IMF Staff Country Report 15/312 (Washington, DC: IMF, 2015), http://www.imf.org/en/Publications/CR/Issues/2016/12/31/Finland-Selected-Issues-43397.

16. Bart van Ark and Erik Monnikhof, "Size Distribution of Output and Employment: A Data Set for Manufacturing Industries in Five OECD Countries, 1960s—1990," OECD Economics Department Working Paper 166, January 1, 1996, http://www.oecd-ilibrary.org/economics/size-distribution-of-output-and-employment_207105163036?crawler=true.

17. Danny Leung, Cesaire Meh, and Yaz Terajima, "Firm Size and Productivity," Bank of Canada Staff Working Paper 2008-45 (Ottawa: Bank of Canada, February 2010), 3, http://www.bankofcanada.ca/wp-content/uploads/2010/02/wp08-45.pdf.

18. Ibid.

19. Fukao Kyojirietirieti, "Explaining Japan's Unproductive Two Decades," RIETI Policy Discussion Paper Series 13-P-021 (Tokyo: Research Institute of Economy, Trade and Industry, October 22, 2013), http://www.rieti.go.jp/jp/publications/pdp/13p021.pdf.

20. S. Thorsten Beck, A. Demirgüç-Kunt, and Ross Levine, "Small and Medium Enterprises, Growth, and Poverty: Cross-Country Evidence," World Bank Policy Research Working Paper 3178 (Washington, DC: World Bank, December 2003), http://elibrary.worldbank.org/doi/abs/10.1596/1813-9450-3178.

21. John Page and Måns Söderbom, "Is Small Beautiful? Small Enterprise, Aid and Employment in Africa," African Development Review 27, Suppl. 1 (2015): 44—55, http://soderbom.net/smallbeautiful_feb2015.pdf.

22. Rana Hasan and Karl Robert L. Jandoc, "The Distribution of Firm Size in India: What Can Survey Data Tell Us?", ADB Economics Working Paper 213 (Manila: Asian Development Bank, August 2010), https://www.adb.org/sites/default/files/publication/28418/economics-wp213.pdf.

23. Johannes Van Biesebroeck, "Firm Size Matters: Growth and Productivity Growth in African Manufacturing," Economic Development and Cultural Change 53 (2005):546—583, http://www.journals.uchicago.edu/doi/abs/10.1086/426407.

24. Donald R. Snodgrass and Taylor Biggs, Industrialization and Small Firm: Patterns and Policies (San Francisco: International Center for Economic Growth,

1996).

25. US Small Business Administration，"The Small Business Economy"（compilation of databases，covering multiple years，on small business and the economy），https://www.sba.gov/advocacy/small-business-economy.

26. Snodgrass and Biggs，*Industrialization and Small Firm*.

27. Scott Shane，*The Illusions of Entrepreneurship：The Costly Myths That Entrepreneurs，Investors，and Policy Makers Live By*（New Haven，CT：Yale University Press，2008），151.

28. Ibid.，152.

29. Ibid.，18.

30. Leung，Meh，and Terajima，"Firm Size and Productivity."

31. Ibid.，3.

32. 两个国家的生产率相差了18%，而企业规模分布可以解释这一差距的19%。

33. Krishna B. Kumar，Raghuram G. Rajan，and Luigi Zingales，"What Determines Firm Size?"，NBER Working Paper 7208（Cambridge，MA：National Bureau of Economic Research，July 1999），http://www.nber.org/papers/w7208.

34. 经合组织的29个国家是：澳大利亚、奥地利、比利时、保加利亚、捷克、丹麦、芬兰、德国、希腊、匈牙利、以色列、意大利、日本、拉脱维亚、立陶宛、卢森堡、墨西哥、新西兰、波兰、葡萄牙、罗马尼亚、斯洛伐克、斯洛文尼亚、西班牙、瑞典、土耳其、瑞士、英国、美国。

35. Robert E. Lucas，Jr.，"On the Size Distribution of Business Firms，" *Bell Journal of Economics* 9，no.2（1978）：508—523，https://www.jstor.org/stable/3003596?seq=1#page_scan_tab_contents.

36. Markus Poschke，"The Firm Size Distribution across Countries and Skill-Biased Change in Entrepreneurial Technology"（Economics Department，McGill University，November 2011），http://www.ub.edu/ubeconomics/wp-content/uploads/2013/05/mposchke_skillbias1.pdf.

37. Jan Eeckhout and Boyan Jovanovic，"Occupational Choice and Development，" NBER Working Paper 13686（Cambridge，MA：National Bureau of Economic Research，March 2012），http://trove.nla.gov.au/work/25837889?q&sort=holdings+desc&_=1494451397913&versionId=178164501.

38. Farrukh Iqbal Shujiro Urata，"Small Firm Dynamism in East Asia：An Introductory Overview，" *Small Business Economics* 18，no.1（February 2002）：1—12.

39. Rafael Laporta，Florencio Lopez-De-Silanes，Andrei Shleifer，and Robert W.

Vishny, "Trust in Large Organizations," *American Economic Review Papers and Proceedings* 87, no.2 (May 1997), 333—338.

40. Nicholas Bloom, Raffaella Sadun, and John Van Reenen, "The Organization of Firms across Countries" (working paper), *Quarterly Journal of Economics* 127, no.4(2012): 1663—1705, https://academic.oup.com/qje/article-abstract/127/4/1663/1842108/The-Organization-of-Firms-Across-Countries? redirectedFrom = PDF.

41. Kumar, Rajan, and Zingales, "What Determines Firm Size?"

42. Ibid., 22.

43. Luc Laeven and Christopher Woodruff, "The Quality of the Legal System, Firm Ownership, and Firm Size" (Washington, DC: World Bank Group, March 2004), http://elibrary.worldbank.org/doi/abs/10.1596/1813-9450-3246.

44. Kumar, Rajan, and Zingales, "What Determines Firm Size?", 22.

45. European Commission, "Putting Small Businesses First: Europe Is Good for SMEs, SMEs Are Good for Europe" (European Commission, 2008), http://ec.europa.eu/docsroom/documents/2278/attachments/1/translations/en/renditions/pdf.

46. Adalberto Cardoso and Telma Lage, *As normas e os factos* (Rio de Janeiro: Editora FGV, 2007).

47. Gabriel Sánchez, "Understanding Productivity Levels, Growth and Dispersion in Argentina: The Case of Supermarkets" (faculty paper, IERAL, Buenos Aires, draft of February 13, 2008), www.merit.unu.edu/meide/papers/2009/1236010806_GS.pdf.

48. Stephen Ezell, "Stephen Ezell on Innovation Matters," *Bridges* 41 (October 2014) (Washington, DC: Office of Science and Technology Austria), http://ostaustria.org/bridges-magazine/item/8284-stephenezell-on-innovation-matters.

49. Bill Lewis, Heinz-Peter Elstrodt, David Edelstein, et al., "Productivity: The Key to an Accelerated Development Path for Brazil" (Washington, DC: McKinsey Global Institute, March 1998), http://www.mckinsey.com/global-themes/americas/productivity-is-the-key-to-development-path-for-brazil.

50. Chang-Tai Hsieh and Benjamin A. Olken, "The Missing 'Missing Middle,'" NBER Working Paper 19966 (Cambridge, MA: National Bureau of Economic Research, March 2014), 100, http://www.nber.org/papers/w19966.

51. Bikky Khosla, "SME Policy: What China Is Doing and We're Not," *SME Times*,

January 27, 2015, http://www.smetimes.in/smetimes/editorial/2015/Jan/27/sme-policy-what-china-doing-and-we-are-not29921.html.

52. R. S. Jones and M. Kim, "Fostering a Creative Economy to Drive Korean Growth," OECD Economics Department Working Paper 1152 (Paris: OECD, 2014), 9, http://dx.doi.org/10.1787/5jz0wh8xkrf6-en.

53. Ibid., 24.

54. European Commission, *Handbook on Community State Aid Rules for SMEs* (European Commission, February 25, 2009), http://ec.europa.eu/competition/state_aid/studies_reports/sme_handbook.pdf.

55. Ibid.

56. Scott Shane, "Why Encouraging More People to Become Entrepreneurs Is Bad Public Policy," *Small Business Economics* 33, no.2 (August 2009): 141—149, https://link.springer.com/article/10.1007/s11187-009-9215-5.

57. Soumitra Dutta, ed., *The Global Innovation Index 2012: Stronger Innovation Linkages for Global Growth* (Fontainebleu: INSEAD and WIPO, 2012), https://www.globalinnovationindex.org/userfiles/file/gii-2012-report.pdf.

58. Kim So-Hyn, "8 Firms Get Poor Shared Growth Marks," *Korea Herald*, May 28, 2013, http://m.koreaherald.com/view.php?ud=20130527000961&ntn=1.

59. Robert Atkinson, "The Real Korean Innovation Challenge: Services and Small Businesses," *Korea's Economy* 30 (2015): 47—54, http://keia.org/sites/default/files/publications/kei_koreaseconomy_atkinson_0.pdf.

60. Ibid.

61. Luis Garicano, Claire LeLarge, and John Van Reenen, "Firm Size Distortions and the Productivity Distribution: Evidence from France," NBER Working Paper 18841 (Cambridge, MA: National Bureau of Economic Research, February 2013), http://www.nber.org/papers/w18841.

62. Ibid., 25.

63. Serguey Braguinsky, Lee Branstetter, and Andre Regateiro, "The Incredible Shrinking Portuguese Firm," NBER Working Paper 17265 (Cambridge, MA: National Bureau of Economic Research, July 2011), http://www.nber.org/papers/w17265.

64. Rana Hasan and Karl Robert L. Jandoc, "Labor Regulations and the Firm Size Distribution in India Manufacturing," paper presented at the conference "India: Reforms, Economic Transformation and the Socially Disadvantaged," Columbia

University, New York, September 2012, http://indianeconomy. columbia. edu/
sites/default/files/paper_4-hasan. pdf.

65. Fabiano Schivardi A. and Roberto Torrini, "Identifying the Effects of Firing Re-
strictions through Size-Contingent Differences in Regulation," *Labour Economics*
15, no. 3, (June 2008): 482—511, http://www. sciencedirect. com/science/arti-
cle/pii/S0927537107000206.

66. Kazuki Onji, "The Response of Firms to Eligibility Thresholds: Evidence from
the Japanese Value-Added Tax," *Journal of Public Economics* 93 (2009): 766—
775, http://www. sciencedirect. com/science/article/pii/S0047272708001953.

67. Nezih Guner, Gustavo Ventura, and Xu Y, "Macroeconomic Implications of Size-
Dependent Policies," *Review of Economic Dynamics* 11 (2008): 721—744, ht-
tp:// fmwww. bc. edu/repec/sed2005/up. 14973. 1107121049. pdf.

68. Montek S. Ahluwalia, "Economic Reforms in India since 1991: Has Gradualism
Worked?", *Journal of Economic Perspectives* 16, no. 3 (Summer 2002): 67—88.

69. Gurcharan Das, *India Grows at Night: A Liberal Case for a Strong State* (New
Delhi: Penguin, 2012), 35.

70. Hasan and Jandoc, "The Distribution of Firm Size in India", https://think-asia.
org/bitstream/handle/11540/1554/economicswp213. pdf?sequence=1.

71. Ibid.

72. Robert C. Young, "Enterprise Scale, Economic Policy and Development: Evi-
dence on Policy Biases, Firm Size, Efficiency, and Growth," Occasional Paper 52
(International Center for Economic Growth, 1994), 15, http://213.154.74.164/
invenio/record/15889/files/iceg52. pdf.

73. Chang-Tai Hsieh and Peter J. Klenow, "Misallocation and Manufacturing TFP in
China and India," *Quarterly Journal of Economics* 124, no. 4 (2009): 1403—
1448, http://klenow. com/MMTFP. pdf.

74. Shahid Yusuf and Danny Leipziger, eds., *How Economies Grow* (Washington,
DC: Growth Dialogue, 2014), http://dannyleipziger. com/documents/How%20
Economies%20Grow. pdf.

75. Cardoso and Lage, *As normas e os factos*.

76. Stoyan Tenev, Amanda Carlier, Omar Chaudry, and Quynh-Trang Nguyen,
"Informality and the Playing Field in Vietnam's Business Sector" (Washington,
DC: IFC, World Bank, and MPDF, 2003), https://www. ifc. org/wps/wcm/
connect/9aae680047adb52f9311f7752622ff02/VN-informality-playing-field-VN. pdf?

MOD＝AJPERES.

77. "The Informal Workforce and Public Policy" (interview with Luis Videgaray Caso), *Revista Este País* 267 (July 2013), http://www.wiego.org/sites/default/files/publications/files/Videgaray-Informal-Workforce-Public-Policy.pdf.

78. James Manyika, Jonathan Woetzel, Richard Dobbs, Jaana Remes, Eric Labaye, and Andrew Jordan, "Can Long-Term Global Growth Be Saved?" (Washington, DC: McKinsey Global Institute, January 2015), http://www.mckinsey.com/global-themes/employment-and-growth/can-long-term-global-growth-be-saved.

79. "Policies & Programmes," Women in Informal Employment: Globalizing and Organizing website, http://wiego.org/informal-economy/policies-programmes.

80. "EU Accountability Report 2012 on Financing for Development: Review of Progress of the EU and Its Member States," European Commission Staff Working Paper (European Commission, July 9, 2012), 40, http://ec.europa.eu/europeaid/sites/devco/files/swp-accountability-report-199-main-report_en.pdf.

81. United Nations, "Sustainable Development Knowledge Platform," http://www.un.org/sustainabledevelopment/development-agenda.

82. World Bank, "The Big Business of Small Enterprises: Evaluation of the World Bank Group Experience with Targeted Support to Small and Medium-Size Businesses, 2006—2012" (Washington, DC: World Bank, 2014), xi.

83. James Militzer, "Most Influential Post Nominee: 10 Takeaways from the World Bank Forum on Microcredit's (Lack of) Social Impact," NB Financial Innovation, December 25, 2015, http://nextbillion.net/10-takeaways-from-the-world-bank-forum-on-microcredits-lack-of-social-impact.

下　篇

政治与政策

坚持下去就是共和国：大企业和民主

生产者共和主义之所以行不通，并非是政治因素决定的，而是由技术驱动的生产率增长所注定的，后者使得农业和制造业的小生产者在资本雄厚的大企业面前黯然失色。信奉小企业好的众多思想家反对这一结论。在工业发展的各个阶段，一些理想主义者都希望新技术不仅能与基于小规模生产的去中心化社会兼容，而且还能促使其重新出现。

1787 年，费城大会制定了美国联邦宪法。会议结束后，马里兰州代表詹姆斯·麦克亨利（James McHenry）说："一位女士问富兰克林博士：嘿，博士，我们得到的是一个共和国，还是一个君主国。博士回答说：如果你们能坚持下去，它就是共和国。"[1]

自 19 世纪末以来，很多美国人一直认为大企业的崛起对美国共和政体构成了威胁。正如我们在前面的章节中看到的，反垄断派实际上是两种不同传统的结合体。

与托马斯·杰斐逊（Thomas Jefferson）、威廉·詹宁斯·布赖恩（William Jennings Bryan）和路易斯·布兰代斯的遗产相关的一脉，是生产者共和主义，即刻意保护和促进由小生产者主导的经济，必要时通过政府阻挠市场势力，以谋取其所谓的社会和政治利益。在这种反垄断传统的变种中，垄断和寡头垄断市场乃至生产率增长本身都是不好的，因为它们倾向于用大多数新的工薪阶层或"工资奴隶"取代大多数自雇主，而自雇主就是共和政体声称要依靠的人，"工资奴隶"却有赖于大型雇主、福利国家或慈善机构的温柔怜悯。作为布兰代斯的当代崇拜者，巴里·林恩和菲利普·朗曼（Phillip Longman）承认，"在这种传统中，打破垄断与提高效率或消费者利益之间没有多大的关系，而是与保护政治平等、自治和民主制度息息相关。"[2]布兰代斯本人辩称:"三权分立的信条被采纳……不是为了提高效率,而是阻止强权的行使。"他说:"救人民于专制水火"的办法,恰恰是要将"摩擦"纳入制度之中。[3]他接着说:"没有产业的独立就不可能有自由。今天,美国人面临的最大危险是成为一个雇员阶级,而他们正逐渐成为雇员,而且越来越多。"[4]

反垄断传统的另一脉,声称要维护消费者的利益,而不是无论大小的生产者的利益,它首先与亚当·斯密的古典经济学有关,现在又与当今的新古典经济学联系在一起。但在新古典经济学的粗糙版本中,所有行业都被认为是各自独立的,没有规模经济或网络效应,它们由许多小企业组成,都是"价格接受者",而非"价格制定者"。在这种反垄断传统的变种中,垄断和寡头垄断是不可接受的,因为它们对消费者从利润最低的生产者处购买商品的利益构成威胁。

虽然生产者共和主义传统愿意为了所谓的共和利益牺牲消费者的福利,以维持大量的小生产者公民,多数反垄断传统的市场原教旨主义派却声称没有必要在消费者福利和生产者独立性之间作出选择。在一个没有被对特定企业的政治偏袒所扭曲的自由市场中,大多数公司应该规模不大,它们之间的竞争应该导致消费者以更低的价格购买商品。

市场原教旨主义者和生产者共和派都愿意为"自由"牺牲物质福利的改善,从这一点看,他们之间应该相差无几。当布兰代斯认为,在大企业的经济体中,"这些东西我们都会有,并且有一个奴隶制国家",他是在代表许多公民共和主义者说话。[5]市场原教旨主义者的守护神弗里德里希·哈耶克(Friedrich Hayek)对此表示赞同,他写道:"就个人而言,我宁愿忍受一些这种低效率,也不愿有组织的垄断者控制我的生活方式。"[6]因此,对双方而言,"自由"胜过繁荣。布兰代斯担心大企业会剥夺自由,而哈耶克担心的则是大政府。[7]

因此，生产者共和派和市场原教旨主义者，都担心大企业的增长会破坏民主。但生产者共和派担心，当大多数公民在为别人打工，而不是作为小农场主、工匠或小店主为自己劳作，民主就会受到损害。市场原教旨主义者不反对雇佣劳动。他们关心的重点是公民：作为消费者和纳税人，而不是生产者，他们受到企业和政府之间"裙带资本主义"勾结的威胁，而这会导致价格的抬升和税收的增加。"小企业好"支持者中市场原教旨主义者这一支的目标，是尽量减少谋取私利的政治腐败的机会，而不是尽量扩大自雇者的人数。

在本章，我们讨论关于企业规模与民主健康之间关系的两种争论。我们认为生产者共和主义一连几代人一直在抱残守缺。如果临时工和其他兼职者以及合同工被定义为工薪阶层，那么，以生产者共和主义的观点，美国和类似的先进工业民主国家中的绝大多数成年公民，在现在和将来都是"工资奴隶"。大多数美国人、加拿大人、德国人、英国人、法国人、日本人和韩国人没有任何的机会再次成为独立小企业的自雇主，除非出现导致回归前工业化状态的全球剧变。更有甚者，随着生产率的提高，发达经济体中真正自雇者的比例可能会继续下降，技术使得大企业继续侵入剩余的小规模、劳动密集的就业领域，如旅行社、出租车司机和房地产经纪人。要么21世纪的民主国家只是名义上的民主政体，要么必须拒绝生产者共和主义者认为民主要求自雇者占多数的主张。

至于"小企业好"反垄断传统另一脉的市场原教旨主义者，本书作者和他们一样，都对企业为了私利而对政府施加过分的影响表示担忧。但是，在"裙带资本主义"的传统观点上，我们存在两个方面的不同。

首先，不管是大企业造成的，还是小企业造成的，腐败就是腐败。共和政体既能被大象杀死，也能被军蚁杀死。只要代表许多小生产者私利和反社会目标的行业协会和游说团体，能够恐吓或贿赂政治家和官员，将大企业分解成众多小单位并不能消除特殊利益集团政治腐败的威胁。如果政治腐败令人担忧，就应该通过竞选筹款制度改革和其他措施直接处理，以减少所有特殊利益集团（包括小企业和非营利的倡导团体）的非法影响。

此外，政治上右倾的市场原教旨主义者有时会有反大企业的进步派人士加入，他们经常错误地将政府支持创新和产业的政策斥为"裙带资本主义"，但在充满活力的、与其他国家展开激烈竞争的先进工业经济体中，这些政策是合法的和必需的，而且在与美国竞争全球市场的大多数国家看来，这些政策也是理所当然的。

生产者共和主义的源起

生产者共和主义意识形态起源于启蒙运动关于"共和主义自由"的思想，深受古希腊和罗马政治思想的启发。17 世纪和 18 世纪，许多英美共和主义理论家不将"自由"（liberty）定义为"许可"或没有干涉，而是定义为"非统治"或独立于专制统治。[8] 这种观点认为共和国公民必须享有最低限度的经济独立，以减少他们受到暴虐的个人或派别恐吓的可能性。

根据亚里士多德的说法，"民主和寡头政治的真正区别是贫穷和富裕。只要人是凭借财富而统治，无论财富多少，那都是寡头政治；而穷人统治的地方，就是民主"[9]。他更喜欢混合政体，有一个拥有财产的庞大的中产阶级，而不是一个没有财产的乌合之众。在古罗马共和国，"无产阶级"是最低阶级的公民。由于作为独立的农民或小企业主不能养活自己，无产阶级被迫为他人劳动，以换取工资。人们认为由于缺乏财产和贫穷，他们容易受到苏拉和恺撒等野心勃勃的煽动者的影响。因此，小业主的衰落和赚取工资的无产阶级的大量产生，同时被视为个人无产者的灾难和对宪政共和国的威胁。

美国共和党人继承了典型的欧洲共和主义传统对"工资奴隶"的蔑视。19 世纪美国工人阶级的"劳工共和主义者"，有时引用 17 世纪英国共和主义者阿尔杰农·西德尼（Algernon Sidney）《论政府》中的话：

> 铁链的沉重、鞭痕的数量、劳动的艰辛，以及主人的残忍带来的其他影响，可能使奴隶一个比一个更惨。但他既是在侍奉世界上最绅士之人，也是在侍奉最邪恶之人。只要他必须服从其命令、遵从其意愿，他就是在为这样的人服务。[10]

英国共和党理论家詹姆斯·哈林顿（James Harrington）在其政治小册子《大洋国》（1656 年）中指出，只有在一个将农田在农民公民之间广泛分配的社会之中，才能建立和维持一个宪政的、负责任的"共和国"："财产平等导致权力平等，而权力平等不仅是共和国的自由，也是每个人的自由。"[11]哈林顿创造性地提出了英国自由所依赖的"自耕农（yeomanry），或中产阶级"，以此称赞亨利七世阻止地主驱逐经营土地超过 20 英亩的佃农的做法。

那些起而反抗并创造了美国的英国殖民者，深受这种农业共和主义传统的影响。1776 年，约翰·亚当斯（John Adams）写道："哈林顿已经表明，权力始终跟随财产。……因此，在平等自由和公共美德上保持权力平衡的唯一可能的办法，是使每个社会成员都能容易获得土地；使土地分成小块，使群众可以拥有地产。"[12]

1859 年，亚伯拉罕·林肯在密尔沃基的威斯康星农业协会发表演讲，为反对奴隶劳动的自由劳动辩护。他认为对大多数美国人来说，领工

资的工作暂时只是一个初级阶段,接下来是农场或小企业的所有权:

> 这个世界上贫穷而节俭的新手会为了工资而工作一段时间,储蓄每一分剩余,用这些钱来为自己购买工具或土地;然后,为自己的利益再劳动一段时间,直到可以雇佣另一个新手来帮助他。……如果任何人作为雇用劳动者继续生活,这不是制度的错,而是要么因为喜欢依赖的天性,要么因为目光短浅、愚蠢或罕见的灾祸。[13]

不过,在同一场演讲中,林肯也在展望农业的渐进式机械化。也许他还没有意识到,如果少数人种出的粮食已经超过了全社会的所需,那么技术最终将使大多数的家庭农场消失:“希望蒸汽犁最终能够成功。如果成功的话,‘彻底耕种’,从一定的土地中产出最多的作物,对它将不是难事。”[14]

一个多世纪前,在美国和类似的国家,农业的工业化产生了更大、更高产的农场,让大量的人口离开土地,靠工资生活,致使生产者共和主义出现了危机。对于信奉生产者共和主义传统的人来说,更高的价格是值得的,那保证了众多美国人去当自我雇用的“自耕农”,而后者正是美国民主实验的基础。事实上,阿历克西·德·托克维尔(Alexis de Tocqueville)警告说,制造业和有薪劳工的增长,可能会破坏美国的民主:“如果说境遇的长期不平等和贵族制将被重新引入,可以预测它们将会从这扇门进入。”[15]

在我们看来,这种民主理论(或旧术语所谓的“共和主义”)在农业时代确实有意义。但是,在先进的技术经济中,集体自治与个人经济独立之间的联系必然被切断,因为大多数公民不是自雇的小生产者。这并不意味着,为财富严重不均而且大多数公民缺乏经济独立性的民主政府担忧,是没有道理的。但是,在现代世界,这些挑战不能通过传统的共和主义解决方案来解决,即让大多数公民成为小自耕农、小工匠或小店主。

在 19 世纪工业时代出现之前的一千年里，除了遗留下来的狩猎者和采集者外，大多数人都是农民。他们往往没有自由，作为奴隶或农奴束缚于雇主或庄园。统治者从农业获得收入，不是以农作物或牲畜进贡的形式直接获取，就是以税收的形式间接获取。远距离贸易很少，以香料和丝绸等奢侈品交易为主。这些奢侈品由统治者征税，而统治者必须通过其领地或海路贸易商才能收取。技术创新非常少，以至于西塞罗的古罗马公民如果穿越到乔治·华盛顿的弗吉尼亚，恐怕除了步枪和发条钟表，没有什么东西会让他感到大惊小怪。

在农耕时代，由于贸易和创新的重要性有限，最可靠的致富方式是征服可耕地以及依附于耕地的农业工人。土地越多，你控制的农民越多，你获得的收入就越多，你养得起的士兵也越多。更多的士兵又会让你征服更多的农田，如此继续。因此，前现代帝国（通常由君主控制，但有时由城邦控制，如雅典和罗马共和国）倾向于扩张，像阿米巴原虫一样，吞并更多的面积和更多的人口，直至遇到更强大的军事力量，或遇到山脉或海洋的自然屏障。

在这样的制度下，大多数人是寄生性军阀的棋子。在农业专制主义的海洋中，有时可以找到集体自治的岛屿，通常在因为自然屏障而使外国人难以征服的地区，比如希腊、瑞士和意大利北部的山区，以及威尼斯和荷兰的沼泽。自然屏障也使得这些社区没有必要维持由职业士兵组成的常备军队。这些社区通常是毗邻或邻近农田的城邦。而在有军队的地方，士兵们有可能会决定推翻政府，并培植他们中的一人充当暴君。

在这些小的农业城邦，共和政体的思想诞生了。文艺复兴和早期现代人文主义者，将古典希腊—罗马城邦或城市共和国的理想化概念，传给了美国的创始人。共和国依靠自力更生的武装公民，即一个家庭的成年男性户主。因为他在经济上独立，其家庭收入来自他拥有的农场（可能由奴隶或农奴从事劳动)或小企业,因此,公民业主不可能受贿支持腐败的政客或未来的军事独裁者。由于他属于公民自卫队,从而取代了职业军人,可以随时准备拿起武器打败侵略者或内部的暴君。

在美国,托马斯·杰斐逊及视其为守护神的政治经济学派,受到农业共和主义思想观念的引导。对他们来说,能否在孟德斯鸠所说的"一个扩展的共和国"(而非只是在一个孤立的城邦)推行农业共和主义,美国的试验就是对这一问题的检验。虽然杰斐逊本人是一个富有的奴隶种植园主,但他希望创造一个自耕农的社会。杰斐逊宏大的农业美国计划涉及几个方面的内容:《西北法令》,它禁止今天中西部地区的奴隶制;购买路易斯安那领地,他希望这将为新的小家庭农场世世代代提供农田;废除长子继承权和限制继承权的法律,禁止英国贵族在美国的封建庄园;以及尽可能延迟美国的大规模工业化和城市化。杰斐逊的自耕农共和国仅限于白人,他希望非洲裔美国人可以"移居于殖民地"或被遣返回非洲。

美国从未实现杰斐逊的自耕农共和国的理想。从南方种植园主到新英格兰的商人,地区性的上层阶级主导了美国共和国初期的政治走向。南方种植园区由拥有大种植园的奴隶主寡头统治集团主宰,这对杰斐逊的农业共和主义不无嘲讽。公民士兵也是个神话。乔治·华盛顿依靠欧洲雇佣兵和盟友战胜了英国,而职业士兵在随后的美国战争中的表现经常好过志愿兵。

然而,19世纪末和20世纪初,类似杰斐逊的农业乌托邦在中西部和其他几个地区变成了现实。美国的生产者共和主义之所以行不通,并非由政治因素决定的,而是技术驱动的生产率增长所注定的,后者使得农业和制造业的小生产者在资本雄厚的大企业面前黯然失色。

信奉"小企业好"的反垄断传统中的众多思想家反对这一结论。在工业发展的各个阶段,包括目前,一些理想主义者都希望新技术(不是旧技术)不仅能与基于小规模生产的去中心化社会兼容，而且还能积极促使其重新出现。

1812 年，前总统杰斐逊给一位波兰熟人塔德乌什·科斯丘斯科（Tadeusz Kosciuszko）写信称，"就大多数的产品而言，我们已经对昂贵的大型机器进行简化，使得私人家庭可以拥有；现在，大大小小的每一个家庭，都可得到适合家用的小机器"[16]。但是，铁和蒸汽的时代造就了庞大的铁路公司、蒸汽动力工厂和昂贵的联合收割机。

20 世纪初，进步主义知识分子刘易斯·芒福德（Lewis Mumford），希望他所说的"新技术"时代，将见证大规模生产的逐渐逝去和高科技乡村生活的蓬勃发展。他所谓的"新技术"时代，是基于电力、无线电、电话和内燃机的第二个工业时代。在其长篇声讨文字《权力五边形》（*The Pentagon of Power*）中，他写道：

> 没有理由在手工加工和机器生产之间进行整体性的、非此即彼的选择，只需要在技术池中的某一个当代部分和所有其他过去的积累之间进行选择即可。但是，为增加人类选择和技术发明的范围，确实有理由在技术池中保持尽可能多的不同单位。[17]

相反，电动传送带加上卡车运输使得在未开发地区建造更大的工厂成为可能。由于航空旅行允许乘客每天可以从总部前往数百或数千英里外的生产经营场所，中央集权式公司的地理范围得以扩大。大型购物中心和近郊住宅区在州际高速公路的交汇处拔地而起，让芒福德和其他支持适于步行、规模宜居的小型"花园城市"的人感到恐惧。

20 世纪 60 年代末，斯图尔特·布兰德及其《全球产品目录》的追随者，也设想过类似的发展。他写道："个人的权力是个体发展的力量，以便进行自我教育，找到自己的抱负，塑造自己的环境，并与感兴趣的人分享其冒险经历。"[18]在新工具的支持下，目录的阅读者可以重新成为独立的工匠和农民。

1980年，未来学家阿尔文·托夫勒（Alvin Toffler）的《第三次浪潮》（*The Third Wave*）出版。[19]尽管芒福德的"电村舍社会"和布兰德的"共同理念社区"未获发展，但没能阻止托夫勒预测，基于信息与通信技术（ICT）的第三次工业革命，会产生"电子住宅"——技术将工人从庞大、无个性的公司中解放出来，使他们成为"创业者"。虽然远程办公略有上升，但正如我们在前几章看到的那样，全球趋势已经朝着更大的大陆性和全球性公司，以及由集装箱运输和互联网整合起来且广泛分布的供应链方向发展，财富和收入越来越集中到生活在少数几个巨大的"世界城市"中的企业家、高管和专业人士手中。

针对这些发展，反垄断传统的拥护者可能会回应称：虽然技术创新为全国性企业和跨国企业的先后成长创造了条件，但那并不是技术的必然结果；是社会显然在企业利益的驱使下，造就了这一结果。

虽然技术确实不能直接决定任何法律或政治结果，但这一观点没有考虑到技术推动的生产率的提升对社会和经济变革的影响。一个简单的思想实验即可说明这一点。

假设在20世纪，反垄断者已经达成了他们就美国经济所主张的所有立法目标。假设司法部更积极地运用反垄断法来拆分所有大中型企业。假设小企业得到的补贴和保护比它们迄今得到的还要多。

那么，大多数美国人将仍然是小农场主或小工匠吗？答案是否定的，只要胜利的反垄断者还允许使用节省劳力的技术。在我们这个由布兰代斯和芒福德的智识门徒所管理的假想的美国，技术生产力无法在规模更大、效率更高的企业中体现，因为大到一定规模的公司将不断被无所不能的司法部反托拉斯局肢解。但是，农业和制造业的机械化仍然会导致这些行业裁员，即使这些行业被人为地分割成无数小规模且效率较低的公司，而不是少数高效的大企业。拖拉机仍然会取代田地里劳动的人手，机器人仍然会取代装配线上的工人。

新杰弗逊主义者可能已经实现了他们的目标，即确保大多数或所有的公司都是小企业，但生产率将注定他们无法实现确保大多数公民是小农场主或小制造商的目标。即使是在一个法律和政治领域已经盛行反垄断传统的世界里，到了 21 世纪，也仍然只需要少数美国人来生产大部分或所有的食品和制成品。即使公司化的农业企业被取缔，相对少数高产的家庭农场也能为全体美国人口生产足够多的食物，从而致使其他大多数的家庭农场停业。

避免这种结果的唯一办法，是超越对农场和公司的规模限制，同时完全禁止使用节省劳力的现代技术。当世界其他国家继续前进时，整个美国将不得不停留在初期工业水平的技术和生活水平上。像阿米什人（Amish）和哈西典人（Hasidim）这样的小宗教亚文化本可以做到这一点的。但是，在一个冷战和世界大战的时代，对于选择抑制生产力增长的大陆民族国家来说，后果将更为严重。除此之外，美国也将失去能够击败轴心国、让民主国家在世界大战和冷战中获胜的军事力量。

要想避免生产率提高带来的供过于求的问题，一个相关的方法就是完全放弃用于销售的生产。也许大多数美国人可以成为自给自足的农民，只种植自用的食物，并在车库或谷仓中使用高科技手工机械制作自己的家具、衣服和家用器具。但是，即使一个仅维持基本生活的经济，掌握了当前最高的技术，技术停滞也将很快开始，因为自给自足的家庭大院将缺乏投资进一步技术开发的动力和资源。

如果技术驱动的生产率增长没有停滞或被放弃，那么，不再需要种植粮食、制造物品或开采能源和原材料的大多数美国人，将过上怎样的生活呢？普遍的基本收入不是一种选择。杰斐逊式的乌托邦并不是社会主义；对少数生产率高的自耕农征税，仅仅是为了让其他人过上安逸的生活，这也与小生产者共和主义的逻辑背道而驰。

也许，在高科技、低就业生产部门之外的大多数工人将成为自雇者，成为服务其同胞的提供者，比如保姆、家庭保健助理、餐饮服务者和家庭教师等。但从严格的古典共和主义观点看，这些人仍然是依靠工资收入生活的无产阶级，因此，不适合公民生活——即使他们组建成小企业，自称"企业家"，并将其在劳动力市场上出卖的技能重新归类为"人力资本"，结论也同样如此。一个工作不稳定却占多数的工薪阶层，而不是拥有生产性资产且占多数的小生产者，这是古典共和主义理论家的噩梦，而将工作不稳定的工薪阶层重新归类为"小生产者"，仅仅在语义上耍点花招，是无法逃脱这一噩梦的。

我们的结论是：在智识上、经济上和政治上，小生产者共和主义都是一个死胡同。在现代社会，大多数公民是工薪阶层不可能拥有农场或企业，他们的大部分或全部收入源自出卖自己的劳动力，没人雇佣就没有收入；而大多数士兵将是训练有素的专业人员，但他们只占人口的一小部分。

因为农业共和主义在工业或服务经济中并不适用，我们要么放弃"共和主义"一词，要么重新定义它，使其不同于托马斯·杰斐逊和给予他启发的前辈及其后继者的定义。我们必须关注如何增进工薪阶层的经济保障和独立性，而不是帮助他们退出赚取工资的劳动力市场，成为小企业主。从美国的实践看，我们在 19 世纪和 20 世纪已经完成了这两件事情，类似的社会情况也一样。我们重新定义了"共和"一词，以包括像美国这样的民族国家，其人口不仅使古代共和城邦的人口相形见绌，也使大多数前现代王国和帝国的人口相形见绌。

在西方民主国家，政治光谱上的各种派别都普遍支持增强工薪阶层生活安定的政策，这些工薪阶层一生都是工薪阶层。社会民主主义左翼支持的政策，可以帮助工人在与雇主就工资和工作条件进行谈判时讨价还价，这些政策包括：提高最低工资；普遍的社会福利而不是基于雇主的福利；便于组建和维护工会；以及鼓励充分就业的宏观经济政策。而在右翼，有人建议减轻工人的税收负担，增加家庭储蓄，以作为财政的缓冲。有人建议限制移民，以使劳动力市场处于紧张状态，从而提高工资，这些建议传统上与劳工左翼和民粹主义右翼有关。尽管他们对于采取什么手段意见不一，有时甚至强烈相左，但大多数主流保守派、中间派和进步派都赞同将收入低、工作不稳定的"朝不保夕的无产者"（precariat），转变为众多心满意足的"中产阶级"（美国用"中产阶级"一词指工薪阶层的无产阶级，他们拥有足够的收入和办法去购买住房和储蓄）。

至于如何确保现代工业民主国家占多数的工薪阶层拥有足够的收入和福利，信奉小企业好的反垄断者除了希望更多的人能创立自己的小企业外无可奉告。如本书前述，大企业比资本不足的小企业工资更高，而且福利更好。鼓励个人放弃为他人打工，转而自己创业，是大多数小企业创始人失败的原因。这也是导致小企业的工人不安和失望的原因所在，他们挣得更少，对雇主的依赖性却开始动摇。

如果我们不把零工经济中被重新归类为"独立承包商"的工薪阶层计算在内，那么，无论现在还是在可预见的将来，最多只能有十分之一的美国人是自雇者。防止占多数的工薪阶层成为工资过低和工作不稳定的"工资奴隶"十分重要。但是，这不能通过将小农场主、工匠和小店主的数量相乘来实现。在现代高科技经济中，小生产者共和主义的理论是不合时宜的，它所引致的政策也不解决问题。

市场原教旨主义传统

虽然生产者共和主义者担心大企业会把以前自力更生的共和公民变成受雇主摆布的工资奴隶，但市场原教旨主义者更担心大企业会与大政府结成不道德的联盟，在此过程中，不惜牺牲公民的自由和纳税人的钱财，成功自肥。

在美国，常有人说"那些公司"（the corporations）会控制各级政府。如果将公司在游说和竞选捐款方面的支出与其他政治支出分开考虑，而且假定说客和捐赠者通常会成功，那么，这种情况似乎是不可否认的。但这些假设是不现实的。考虑到所有影响政治的财源时，大企业显然会与富有的个人捐赠者、非营利组织和代表小企业的行业协会竞争影响力。大企业也并非总能达成所愿。事实上，从公司税改革到基础设施投资和移民改革，在很多问题上，企业在美国政坛上屡遭滑铁卢。

让我们先说一说竞选筹资和游说。1907 年，国会禁止企业向联邦政治竞选运动捐款。1947 年，国会禁止工会和企业向政党候选人提供政治资金，以间接帮助联邦政党候选人。但在 2010 年，在"公民联合会"（Citizens United）诉联邦选举委员会一案中，最高法院裁定：为了帮助候选人，工会和企业可以无限制地开支，只要他们的支出"独立于"政党和候选人即可。

公民联合会发起的竞选支出军备竞赛的最大赢家不是公司，而是富人。到 2016 年 2 月，在进入"超级政治行动委员会"（Super PACs）账户的资金中，近一半（41%）来自 50 名"超级捐赠者"（megadonor）及其亲属，这些捐赠由前对冲基金经理汤姆·斯泰尔（Tom Steyer）牵头，他为环保组织和民主党做出了贡献。[20]

超级捐赠者是精英阶层中的精英。根据 OpenSecrets.org 统计，在 2016 年的选举中，只有 0.52％的美国人的政治捐款大到足以逐笔列出，即达到 200 美元或以上。而这 0.52％的人占了个人向联邦候选人、政党和政治行动委员会捐款的 70.4％。[21]一些超级捐赠者通过企业赚钱，或是初创公司的创始人，或是首席执行官；其他一些则来自金融或房地产业；还有一些继承了巨额财富。很难证明他们大量政治支出的动机是为特定行业谋取利益，更不用说是为了特定的公司或银行了。相反，研究表明，他们中的许多人是出于意识形态和党派性，大多数时候，他们的动机是希望改善社会。

超级捐赠者个人的党派偏好，在美国人口中间并不具有典型性。美国捐款阶层的政治立场倾向于自由至上主义，即社会问题上的自由派，经济学上的自由至上。普通超级捐赠者比普通美国选民更可能反对对富人征收更高的税收，支持增加移民，支持削减中产阶级的权益，包括社会保障和医疗保险。[22]但是，作为一个阶级，富人在诸如废除遗产税、降低资本利得和个人所得税率等政策中涉及的自身利益，与特定公司和特定行业的特定目标不同，后者通常涉及具体行业的监管和与企业相关的税收减免问题。

公司和其他经济利益团体的游说（而非个人的游说）又如何呢？根据研究机构 MapLight 的数据，2008—2016 年，游说前 10 大支出者中大多数不是具体的公司，而是行业协会，美国商会位居榜首。其次是全国房地产经纪人协会、美国商会法律改革研究所和 Apparel for All。通用电气和波音两家公司分别排在第 4 位和第 9 位。但其余的是贸易或专业协会，包括美国医药研究和制造协会、美国医学会，美国医院协会，以及美国有线通信协会。[23]在前 16 家企业政治行动委员会中，有 5 家代表小企业（全国房地产经纪人协会、全国啤酒批发商协会、全国汽车经销商协会、全国保险和金融顾问协会和全国信用合作社协会）。[24]

　　某些被资金雄厚的行业协会代表的行业是由大企业主导的，因为它们属于收益递增的行业，如制药、有线电视和宽带。但支出最大者美国商会代表的却是众多小企业，游说支出的老二全国房地产经纪人协会代表一个高度分散的行业，典型的房地产经纪人办公室设在各个地方，只雇佣少数人。长期以来，美国医学会一直代表单干的或采用小型合伙企业的医生的利益，直到最近，他们大多数还是医生。

　　跟竞选捐款一样，游说支出可能夸大了大企业的影响，掩盖了小企业的实际影响。小企业的大部分影响源自地理因素。在每个国会选区和每个州都有农村专业户、特许经营权所有者、汽车经销商、房地产经纪人和其他政治家不能忽视其支持的人。相比之下，全国性和全球性大企业的总部和生产设施相对较少。美国每个州都有家庭农场主和房地产经纪人；汽车或航空航天制造商则要少得多。当地企业及其雇员和供应商为小企业游说团提供无偿的辅助人员，其影响力是通过投票箱而非竞选捐款来施加的。正如查尔斯·布朗（Charles Brown）、詹姆斯·汉密尔顿（James Hamilton）和詹姆斯·梅多夫（James Medoff）所写的那样："作为全国独立企业联合会（NFIB）的一名游说者，在评估这些政治资源的影响时说：'小企业是一种非常有效的游说力量。我们有更多的人。我们的会员亲自参与他们的业务；他们不是经理。从温和派到保守派的政治活跃人士中，我们的人占绝大多数。'"[25]

　　此外，虽然大企业有时会游说，但小企业也会做同样的事情。经济学家称游说为寻租活动，这种活动只是在分经济蛋糕，而不是将蛋糕做大。例如，全国独立企业联合会的游说议程包括三个主要的寻租问题：降低富人的税率（如降低最高边际税率和废除房地产遗产税），废除《平价医疗法案》，以及解除管制。[26]

若是认为经济只是由小型的"自耕农"式的企业组成,它们不会游说那些保护其经济利益的计划,那你就是在无视政治现实。小型汽车经销商还是会游说禁止大型汽车制造商直接向消费者销售产品。小奶农还是会就补贴和贸易保护展开游说。有机食品种植者还是会游说限制使用基于生物技术的作物来提高粮食价格。

相比之下,在大企业的政治游说中,有相当一部分是不仅它们会受益,还会为社会带来好处,比如在基础设施、教育和科学研究方面增加支出,而普通选民往往不关心或抵制这些开支,因为他们不想缴纳更多的税。在这些问题上,企业的利益与社会的利益是重叠的。"商业圆桌会议"(BRT)的游说议程就是一个很好的例子,这是美国大企业的主要商会。可以肯定的是,它要求降低税收和监管改革(使用更多的成本效益分析),但它也推动了一系列政策的出台,以重建基础设施,改善教育和培训,支持清洁能源和应对气候变化,以及加强网络安全。[27]虽然在这些政策领域采取行动将帮助商业圆桌会议的成员,但它也有助于共和国。

竞选捐款和筹资支出的有效性如何? 根据最近一项学术研究结果,花出的钱影响不大,对游说成败的影响不到 5%。[28]往往只有在总统或政党出于政治原因将改革作为一个标志性的问题时才会发生公共政策的重大变化,如《平价医疗法案》。该研究的合著者之一、政治学家弗兰克·鲍姆加特纳(Frank Baumgartner)解释说:"60%的时间什么事都没有发生。……我们没有看到变化的迹象,没有变化,没有变化。然后,一些巨大的改革来临。"[29]一般来说,特殊利益集团最有可能成功影响的是公众很少关心的、技术性的小问题,这里一项法规,那里一项税收抵免;在选民关注的重大问题上,其影响力最小。公共政策的一个又一个领域无不证明了这一规律的存在。

例如,美国企业界长期以来一直支持"全面移民改革",其中包括对已经居住在美国的大约 1 100 万非法移民实行大赦，此外还增加了合法移民的人数。虽然美国企业界同意支持这些政策，2006—2007 年和 2013—2014 年全面移民改革的尝试，却遭到了基层选民的反对。例如，一位并不知名的大学教授戴维·布拉特（David Brat），在 2014 年弗吉尼亚州第七国会选区的共和党初选中，击败了共和党众议院多数党领袖埃里克·坎托（Eric Cantor）。布拉特名不见经传，坎托却是国会中最有权力、资金最雄厚的成员之一。但布拉特以民粹主义保守派的立场获胜，这一立场与坎托的亲雇主的移民政策相反。这是自 1899 年以来，现任众议院多数党领袖首次在选举中被一位初选挑战者击败。

公司税制改革是广受企业界支持却屡不获国会支持的另一个政策领域。大多数经济学家都同意公司税效率低下，导致与精心策划的避税计划有关的"无谓损失"。因为公司税最终还是要由个人支付（股东、公司雇员或消费者），所以公司税应该减少，并通过直接增加个人税来加以弥补，如此一来，企业就不会受到激励去做出不无浪费的避税行为。尽管企业界和大多数理论经济学家支持降低或取消公司税，但迄今为止，它不仅受到反大企业情绪鼓动下的进步派和人民党的反对，也受到小企业游说团体的反对。小企业游说者把公司税改革当成人质，目的是想要削减高收入者的个人所得税。[30]

如果有证据可以表明在华盛顿特区公司不是无所不能的，那它一定是关于进出口银行的争议。大多数主要工业国家，会通过向其他国家的本国出口商品购买者提供低息贷款、贷款担保和其他形式的帮助，以支持本国制造商的出口，而帮助的对象既包括外国政府，也包括外国公司。美国的进出口银行可追溯至 20 世纪 30 年代的新政时代，长期以来一直得到国会两党的支持，每隔几年就重新授权一次。

2015 年，因为进出口银行被妖魔化为企业的一种非法的"裙带资本主义"福利，国会中的民粹主义保守派和自由至上主义者都阻止它重新获得授权。将近半年过去了，国会最终才重新授权该机构。无论人们如何看待这个特定机构（我们认为它是有效的，也是必要的），众人对于进出口银行的不同意见已经表明：企业在华盛顿特区不会自动达成目的，甚至在共和党内部也无法自动取得成功。要知道，共和党传统上被认为是亲商的政党。

我们的目的并不是说特殊利益支出不会影响公共政策。有时它的确会损害公众利益。但是，大企业只是众多特殊利益集团之一。其他特殊利益集团还包括强大的全国性的行业和专业协会（代表小生产者）、非营利性组织（如大学和单一议题倡导团体）和个人超级捐助者。如果目标是利用政治捞钱，那么，重点应该放在全面和直接的竞选资金和游说改革上，而不是拆散大企业。

本章的目的不是要掩盖大企业与民主政府之间存在的真正矛盾，而是试图将关注点引向处理这些矛盾的实际（而并非不相干的）方法。无论是特殊利益集团扭曲公共政策的弊端，还是加强普通公民经济安全的需要，反垄断、对大企业的惩罚性限制，或给予小企业补贴和其他优惠，都不是解决之道。

无论是把责任推给大企业还是小企业，将美国政治的结果归咎于特殊利益集团，都转移了人们对美国政治生活中真实存在的意识形态和阶级分歧的关注。如果下面两个命题是真的，那真是令人欣慰：普通美国人对于政府应该做什么有基本的共识；只有贪婪驱使下特殊利益集团的幕后阴谋，才能解释为什么政府没有从公共利益出发采取行动。

但是，美国人在公共利益上意见不一致，而且从未有过一致。这就是为什么要有两大政党，而不是一个毫无异议的政党一致通过而赢得每一次选举的原因所在。关于美国外交政策以及福利国家、税收和移民的规模和结构的激烈争论，将美国人按意识形态和阶级划分为不同的阵营。

公司和行业协会对这些重大争论没有特别的影响；当它们试图干预时，就像它们在公司税和移民政策等问题上所做的那样，常常被打败。最成功的经济游说往往发生在选民不太普遍关注的公共政策专业领域。这种有限度的"腐败"不是好事，但它并不是会摧毁美国共和制的无法控制的癌症。

鉴于阶级冲突正在重塑大西洋两岸的政治，并表现在英国脱欧和特朗普当选等现象中，特殊利益正在颠覆统一的人民意愿一说，似乎更加无关紧要了。在全国性企业中，受过大学教育的专业精英和商业精英与大多数工薪阶层之间的差距正在扩大。放眼全局，与通过投票箱发起的狂暴的阶级战争相比，某家公司是否获得税收抵免的问题实在微不足道。不用说，如果企业真的无所不能，这种阶级战争政治根本就不会存在，因为无所不能的、有利于企业的当权派会压制它。

过一段时间之后，今天大西洋两岸的政治动荡，也许能找到某种"解决办法"，既满足民粹主义的合法要求，又保持生产企业的高度自治。21世纪的"新政"在细节上与 20 世纪的新政并不相似。但与早先的解决办法一样，美国和类似社会内部的下一个社会契约，将旨在为工薪阶层的大多数人提供足够的收入和经济保障，而不是从根本上减少工薪阶层的数量，同时扩大自雇小生产者的数量。在未来充满活力的经济中，一些小企业将更多地发挥供应商的重要作用。但是，大多数公民是自雇小业主的民主政体，将与农业共和国一起成为历史，再不复返。

注释

1. 这则轶事来自 James McHenry 先生的笔记，他是出席制宪会议的马里兰州代表。这份笔记首次发表于 *American Historical Review*，volume 11(1906)，p.618。

2. Barry C. Lynn and Phillip Longman, "Populism with a Brain: Ten Old/New Ideas to Give Power Back to the People," *Washington Monthly*, June/July/August, 2016.

3. Quoted in Melvin I. Urofosky, *Louis D. Brandeis: A Life* (New York: Schocken Books, 2009), 309.

4. Ibid.

5. Ibid.

6. Friedrich August Hayek, *The Road to Serfdom* (New York: George Routledge & Sons, 1944), 204.

7. Urofosky, *Louis D. Brandeis*, 346.

8. Quentin Skinner, "A Third Concept of Liberty," *Proceedings of the British Academy* 117, no. 237 (2002): 262; Quentin Skinner, *Liberty before Liberalism* (Cambridge: Cambridge University Press, 1998); and Philip Pettit, *Republicanism: A Theory of Freedom and Government* (Oxford: Oxford University Press, 1999).

9. Aristotle, *The Politics and the Constitution of Athens*, 3.7.

10. Quoted in Alex Gourevitch, *From Slavery to the Cooperative Commonwealth: Labor and Republican Liberty in the Nineteenth Century* (Cambridge: Cambridge University Press, 2015), 103.

11. J. G. A. Pocock, ed., *The Political Works of James Harrington: Part One* (Cambridge: Cambridge University Press, 1977), 170.

12. Charles Francis Adams, ed., *The Works of John Adams*, 10 vols. (Boston: Little, Brown, 1854), 9:376.

13. Abraham Lincoln, "Address before the Wisconsin State Agricultural Society, Milwaukee, Wisconsin," September 30, 1859, in Roy P. Basler, ed., *The Collected Works of Abraham Lincoln*, 9 vols. (New Brunswick, NJ: Rutgers University Press, 1953), 3:478—479.

14. Ibid.

15. Alexis de Tocqueville, *Democracy in America*, trans. and ed. Harvey C. Mansfield and Delba Winthrop (Chicago: University of Chicago Press, 2000), 532, xxvii.

16. Thomas Jefferson, letter to General Thaddeus Kosciusko, in *The Works of Thomas Jefferson*, 12 vols. (New York: Cosimo Classics, 2009), 11:260.

17. "Lewis Mumford Quotes," Goodreads.com, https://www.goodreads.com/author/quotes/51834.Lewis_Mumford?page=2.

18. "Whole Earth Systems," *Whole Earth Catalog*, http://www.wholeearth.com/is-sue/1010/article/196/the.purpose.of.the.whole.earth.catalog.

19. Alvin Toffler, *The Third Wave* (New York: Morrow, 1980).

20. Matea Gold and Anu Narayanswamy, "The New Gilded Age: Close to Half of All Super-PAC Money Comes from 50 Donors," *Washington Post*, April 10, 2016, https://www.washingtonpost.com/politics/the-new-gilded-age-close-to-half-of-all-su-per-pac-money-comes-from-50-donors/2016/04/15/63dc363c-01b4-11e6-9d36-33d 198ea26c5_story.html?utm_term=.9d4ba5dc549a.

21. Open Secrets, Center for Responsive Politics, https://www.opensecrets.org.

22. Martin Gilens and Benjamin I. Page, "Testing Theories of American Politics: Elites, Interest Groups, and Average Citizens," *Perspectives on Politics* 12, no.3 (September 2014): 564—581.

23. "Lobbying: Top Spenders," Maplight.org, http://maplight.org/us-congress/lob-bying.

24. Open Secrets, Center for Responsive Politics, "Top Pacs," https://www.opense-crets.org/pacs/toppacs.php.

25. Charles Brown, James T. Hamilton, and James Medoff, *Employers Large and Small* (Cambridge, MA: Harvard University Press, 1990), 4, cited in Carol Matlack, "Mobilizing a Multitude," *National Journal*, October 17, 2596.

26. "Government Regulation and Regulatory Reform," National Federation of Inde-pendent Businesses, http://www.nfib.com/advocacy/government-and-regulatory-reform.

27. "Issues and Committees," Business Roundtable, http://businessroundtable.org/issues.

28. Frank R. Baumgartner, Jeffrey M. Berry, Marie Hojnacki, David C. Kimball, and Beth L. Leech, *Lobbying and Policy Change: Who Wins, Who Loses, and Why* (Chicago: University of Chicago Press, 2009).

29. Ibid.

30. Joe Kennedy, "Tax Reform Not Unfair to Small Business," *Triangle Business Journal*, November 11, 2016, http://www.bizjournals.com/triangle/news/2016/11/11/guest-opiniontax-reform-not-unfair-to-small.html.

美国早期反垄断史:一段奇特经历

这个时代的经济变化是深刻的,而人们内心不愿接受改变。正是强烈的地方主义传统阻遏了企业巨头的新权力。支持小生产者保护主义政策的多为农业州,而不是工业和城市州。这些边缘地区对"东部"大企业的崛起不满,因为后者效率更高,抢走了被边缘化的小资产阶级的市场。但他们也自知不是对手,于是就把自己放进了大卫挑战歌利亚的剧本里。

有人说历史是由胜利者书写的。但是，美国公众自以为了解的美国商业史并非如此。用通俗的话讲，美国的反垄断史被当成了一部正义大卫对决邪恶歌利亚的情节剧。故事是这样讲的，托拉斯是阴险的"强盗大亨"的工具，19世纪末，因为托拉斯（大企业）的崛起，美国资本主义和民主受到威胁。1890年的《谢尔曼反托拉斯法案》和西奥多·罗斯福总统等"托拉斯的破坏者"拯救了民主。这些反托拉斯者代表小企业和普通美国人的利益，挺身而出，抗击大企业。然而如今，流行的说法是，垄断企业对美国经济的控制成为一个日益严重的危险，必须通过阻止企业合并、分拆大企业和操纵市场使之有利于小企业，才能消灾避祸。

不信任大企业和喜欢小企业的倾向有其悠久的传统，并反映在美国政治体制的许多方面。其中一个就是竞争政策，在美国它被定义为反对妨碍竞争的东西：反垄断。历史学家理查德·霍夫施塔特（Richard Hofstadter）指出："反垄断必须被理解为一个国家的政治判断，该国的领导人要始终对政治的经济基础表现出敏锐的意识。"[1]"反垄断"（antitrust，或译"反托拉斯"）一词之所以特殊，是因为它提到一种特殊的企业组织形式"托拉斯"，在1890年《谢尔曼反托拉斯法案》实施前后托拉斯就已被废弃。

其他国家使用"竞争政策"一词。但是,它与美国的反垄断传统并非完全同义。美国一直有两个多少相互矛盾的目标,反映了美国的生产者共和主义者和市场原教旨主义者中的两派反垄断观点之间的分裂:对于生产者共和主义者来说,反垄断政策的目的,应该是最大限度地增加小生产者的数量,必要时以牺牲效率和消费者福利为代价。然而,对于市场原教旨主义者来说,反垄断的目的应该是通过最大化竞争以达到短期效率和消费者福祉的最大化。

这些反垄断政策概念始终处于对立状态。从 1890 年的《谢尔曼反托拉斯法案》到 20 世纪 30 年代,反垄断政策的拥护者主要是生产者共和主义者。他们的社会基础是受大企业竞争威胁的小商人、小银行家和其他小企业主。工业化程度较低的美国南部和部分中西部地区是 20 世纪生产者共和主义的基地。他们支持限制那些威胁到小企业的竞争,而方法包括联邦反垄断法、单一制银行法、反连锁商店法和维持转售价格法。这些政策的目的是人为地操纵市场,以利于小企业和小银行,惩罚大企业和大银行。尽管它引用了杰斐逊式生产者共和主义的花言巧语,但 20 世纪的生产者共和主义运动绝不是民粹主义者。它符合南部和中西部零售商和银行家精英的利益,同时减少了当地工人和农民获得廉价商品和廉价信贷的机会。设想弗兰克·卡普拉(Frank Capra)执导的《生活多美好》中的小镇财阀波特先生,如果他要对付的,不是影片主人公的贝利兄弟建房贷款公司,而是大通曼哈顿银行,结果又该如何呢?

从 20 世纪 30 年代开始,美国反垄断政策的重点,不再是保护小生产者免受规模更大、效率更高公司的竞争,而是转向了让经济摆脱"企业的瓶颈",这个词是富兰克林·罗斯福执政时期司法部反托拉斯局负责人瑟曼·阿诺德(Thurman Arnold)提出来的。[2] 与此同时,二战后,小企业的拥护者寻求低息贷款、税收减免和其他补贴,如 1953 年成立的小企业管理局提供的补贴，而不是小生产者保护主义议程的旧事重提，例如反连锁商店法。随着小企业游说团体关注补贴和监管豁免，反垄断政策的重点，从保护生产者转向了保护消费者。

抱歉，科默·范恩·伍德沃德（C. Vann Woodward），本章章名借用了你说的"奇特经历"* 这个词。那么，美国反垄断的奇特经历就是本章和下一章的主题。本章讨论生产者共和主义反垄断流派的兴衰。下一章则讨论从 20 世纪中叶至今的反托拉斯政策的演变。

小生产者保护主义

不能孤立地看待 1890 年《谢尔曼反托拉斯法案》建立的反垄断制度。反垄断是对大企业滥用权力的一种理性反应，这种为人熟知的说法也经不起仔细推敲。实际上，美国的反垄断政策只不过是 19 世纪和 20 世纪制定的一系列小生产者保护主义政策之一，通过给予小企业以特别待遇，惩罚大企业，从而保护效率低下的小企业免遭效率更高的大企业的伤害，但在此过程中，惩罚的却是美国的消费者和工人，因为他们被迫支付更高的价格或利率。美国小生产者保护主义的预期受益者包括小银行、小农场主、小制造商和小零售商。

小制造商。 在南北战争和第一次世界大战期间，通过废除许多歧视外州或"外国"公司的各州法律，联邦法院防止了美国经济的割

---

* 伍德沃德有一本书叫 *The Strange Career of Jim Crow*，或译为"种族隔离的奇特经历"。Jim Crow 泛指 1876 年至 1965 年间美国南部各州以及边境各州歧视有色人种（主要是非裔美国人），实行种族隔离的法律和政策。——译者注

据分裂。但是,在美国国会偶尔的协助下,州议会使用其他方法试图抵消大企业的规模优势。联邦政府和许多州政府都阻止铁路公司向大批量托运人提供折扣,或对长途运输收取比短途运输更低的运费。司法部和联邦贸易委员会执行的反垄断法是小生产者保护主义的另一个版本。

小零售商。地方百货商店和药品杂货店的所有者和(或)经营者成功说服了州政府和联邦政府,利用政府的力量对较大的区域性和全国性连锁店进行征税和监管。所谓的公平贸易法也试图保护小零售商免受与规模更大、效率更高的公司的竞争,从而损害了消费者的利益,如 1936 年的《罗宾逊—帕特曼法案》和 1937 年的《米勒—泰丁斯法案》。通过禁止汽车制造商直接向大众销售汽车,地方汽车经销商因小生产者保护主义而获益。随着禁酒令的解除,通过禁止生产商直接向零售商销售,联邦法律保护了小型酒类批发商的利益,直至目前,这一规定大多仍旧存在。

小银行。在加拿大、英国和其他英语国家,银行分行制在 19 世纪创建了一个由少数全国性银行主导的金融体系。然而,在美国,大多数州的法律禁止分支银行机构跨州经营,甚至在同一个州的不同城市也不允许。其结果是,地方上的绅士阶层会拥有数千家资本不足的小型"单一制"银行(unit bank),这是美国独有的模式。其脆弱性导致人们对银行产生恐慌,在加拿大和其他地方引入银行分行制之后很久,这种恐慌仍在持续。在金融领域,小生产者保护主义采取了存款保险的形式,先是州,然后是整个联邦,以此作为银行分行制的替代方案。直至 20 世纪末,美国陈旧而低效的单一制银行体系才得以改革,但与其他国家相比,美国仍然因有太多的小银行而深受其害。[3]

在大众记忆中,这些政策很多与美国政治中的进步自由派传统有关。很少在哪个问题上,公众对美国历史的看法与现实的出入是如此之大。事实上,在20世纪的大部分时间里,从隶属工会的工人和大多数进步派左翼到亲商的右翼,各个政治派别都认为大型现代工商企业的兴起是必然的和可取的。西奥多·罗斯福("老罗斯福")是出了名的反托拉斯派,但与此名声相反的是,他只是希望为了公众的利益而对现代企业资本主义加以管制,而不是退回到小生产者和店主的前现代社会。在这一点上,他跟其远房堂侄富兰克林·D.罗斯福("小罗斯福")如出一辙。正是作为大规模生产和现代消费主义奇迹的代言人,罗纳德·里根开始了其公共政策问题的评论生涯,而他代表的却是美国最大企业之一的通用电气。

如果大规模的工业资本主义如此无争议,那么,反对者从何而来呢?答案部分源于人们从内心里不愿意接受改变。因为这个时代的经济变化是深刻的。正如商业史学家罗兰·马钱德(Roland Marchand)所写:"正是强烈的地方主义传统阻遏了企业巨头的新权力。所谓地方主义,就是小城镇基于地理意义的社区意识。"[4]

而地理也给出了部分答案,那就是当时美国的边缘地区,即南部、西部和中西部。当今美国的"小企业好"派在20世纪的守护使者大多在南部出生和长大,如肯塔基的路易斯·布兰代斯,弗吉尼亚的伍德罗·威尔逊(Woodrow Wilson),得克萨斯的赖特·帕特曼(Wright Patman),或在西部出生和长大,如怀俄明的瑟曼·阿诺德。支持小生产者保护主义政策的多为农业州,而不是工业和城市州。这些边缘地区对"东部"大企业的崛起感到不满,因为它们的效率更高,抢占了被边缘化的小资产阶级的市场份额。但是,他们也知道自己的情况不完全是两群旗鼓相当的资本家之间的对决,于是就把自己放进了大卫挑战歌利亚的剧本里。而这也正是我们今天在全球经济中看到的:许多欠发达国家抱怨"北方"大企业背信弃义，它们试图从当地小资产阶级生产商手里抢夺市场份额。这些国家有印度、印度尼西亚和非洲各国。

20世纪，关于大企业合法性的主要分歧不是左和右，而是东北部和大湖区的工业中心与南部和西部的农业和商品出口边缘州之间的分歧。从南北战争到第二次世界大战后，美国实际上有两种经济，一个位于东北部—中西部核心地带的现代工业经济，另一个是边缘州的传统农业、自然资源经济。前者向后者输出工业产品，以换取食品、纤维和矿物。随着铁路和电报的到来，来自东北部—中西部核心地带的全国性公司和市场的扩张威胁到了地方上的精英，他们的收入和地位来自他们是百货商店、小城镇银行、中型农场或其他当地企业的所有者。正是这些一定会受损的地方精英，而不是一定会受益的南方和西部边缘州的工人或农场工人，构成了保护地方小企业、抗击全国性大企业的社会基础。二战后，随着南部和西部的城市化和工业化模式赶上了老工业州的城市化和工业化模式，这些地区的公众和政治家对曾经有影响的小生产者保护主义的议程失去了兴趣，这并非巧合。在新工业化"阳光地带"的时代，反托拉斯、单一制银行和公平贸易法的运动是不合时宜的，那是属于已经消失的农业民粹主义时代的遗物。当时，小企业将重点转向小企业补贴，如小企业管理局提供的补贴；而反垄断政策的使命则转向保护消费者，而不是小生产者。

这些保护当地有影响的商业精英的斗争，使许多行业的小生产者团结起来。1890年，在众议院就《谢尔曼反托拉斯法案》进行辩论时，伊利诺伊州众议员威廉·梅森（William Mason）声称大企业（托拉斯）可能会降低了价格，"但即使油价降至每桶1美分，那也不能纠正'托拉斯'对这个国家的人民所做的错事，因为托拉斯破坏了合法的竞争，将诚实的人逐出了合法的企业"。[5]

和小企业主一样，旅行推销员是前工业化经济中另一个常见现象，随着铁路的伸展，全国性零售公司和销售自己产品的制造商迅速崛起，旅行推销员的生计和地位受到威胁。旅行推销员协会的代表 P.E.道维（P. E. Dowe）感叹，自己创业，不为别人打工，已经不再是很多人的选项了："在这个国家的历史中，不无穷孩子变成伟人的例子，他们都是从制作围栏、鞣制兽皮、在运河上驾马等开始的……然而，托拉斯成为这一代人的诅咒，也是单个企业发展的障碍。我们的孩子前景如何？只有全能的上帝才知道。"[6]

"这个独立小商人，这个独立生产商或者独立分销商，到底是谁？"1938年，马里兰州参议员米勒德·E.泰丁斯（Millard E. Tydings）反问道：

> 哎，他是美国人生活中不可或缺的一员。跟教堂或校舍一样，他是每个社区生活的一部分。他知道邻居何时生病，何时举行婚礼，何时死亡或出生。……他是一个有良心的当地商人，不过往往对自己的利益过于上心。……我认为他是非常有人情味和有价值的一员，是民主政府的保障——这就是独立小商人。[7]

在 1949 年的一个反垄断案件中，最高法院法官威廉·O.道格拉斯（William O. Douglas）在异议声明中写道：

> 当独立企业被托拉斯吞并，企业家成为那些并不在当地生活的企业主的雇员时，就会对社区产生影响。然后是公民权的丧失。地方上的领导人被削弱了。作为村里的领袖，他的行为和政策都要依赖外人。……对遥远的地方上级负责的职员，代替了住在当地的企业主。他们对任何人都不屑一顾。[8]

道格拉斯所指的村子里有公民意识的领导人是谁？独立加油站的所有者。

对梅森来说，小的石油生产者是"诚实的人"，他们被规模更大、效率更高和腐败的竞争对手"逐出了合法的企业"。对道维来说，独立旅行推销员，而不是公司代表，才是共和主义美德的象征。对道格拉斯来说，共和国的健康要求加油站经营者是所有者，而不是公司雇员或特许经营者。对于他们所有人来说，反垄断政策的目标是保护效率低下的小生产者的生存，必要时还要牺牲技术推动的生产率和消费者的福利。

改革者和托拉斯

在美国政治中，这种生产者共和主义在 19 世纪末、20 世纪初达到顶峰。1890 年，国会通过了《谢尔曼反托拉斯法案》，意在禁止"以托拉斯或其他的联合或共谋形式，限制各州之间或与外国之间商贸往来的任何合约"。

1892 年，"人民党"（People's Party 或 Populist Party）在内布拉斯加州的奥马哈成立。在南方农业州和大平原各州的最有力支持下，人民党单独或与其他党派联手发起了改革运动，这些改革包括政府对铁路和电报的所有权、废除国有银行和主要针对大工业资本家的收入所得税。他们的《奥马哈纲领》宣称："我们相聚于一个在道德、政治和物质上濒临毁灭的国家。腐败控制了投票箱、立法机构、国会，甚至法庭。"[9]

1896 年，人民党支持民主党总统候选人、魅力十足的演说家威廉·詹宁斯·布赖恩，因为他支持增加白银作为美元的基础，旨在制造通货膨胀，从而减少农民的债务，而债权人大多生活在东部。1896 年，作为民主党的提名候选人，布赖恩共参加了三次总统选举，第一次被共和党的威廉·麦金利（William McKinley）击败。在 20 世纪 60 年代的民权革命之前，美国南方各州是民主党的天下，一党通吃，在民粹主义激进派的恐吓下，其保守派精英利用人头税和识字测试等手段将几乎所有非洲裔和众多贫穷的白人从投票名单上清除了出去。1914 年，年轻的进步主义思想家沃尔特·李普曼（Walter Lippmann）将威廉·詹宁斯·布赖恩描述为"我们政治中真正的堂吉诃德"，他与"扰乱了大草原旧生活、对民主提出了新要求、引入了专业化和科学、摧毁了村庄的忠诚、挫败了私人的野心，并创造了现代世界非个人关系的那些经济条件"格格不入。[10]

李普曼对布赖恩和布赖恩主义的蔑视，得到当时都市进步人士的广泛认同。正如尼古拉斯·莱曼（Nicholas Lemann）观察到的那样：

> 在过去的一个世纪里，自由主义的主线一直是他们所青睐的传统，其基础是相信小经济单位的时代已经结束，驯服公司强大力量的途径是另外拥有同样强大的力量。这些对抗性的力量可以采取多种形式，如集中组织的大规模劳工运动，或新型的联邦监管，甚至中央经济规划，但其共同的思路在于拥有一个强大而自由的权力中心。[11]

19 世纪末和 20 世纪初，大企业的优势获得美国主流经济学家的广泛认可。约翰·贝茨·克拉克（John Bates Clark）认为，大型工业公司是"一个演化的结果，而竞争带来的可喜结果如此反常，以至于它的持续意味着广泛的毁灭。通过法律制止它们发生，只会让我们回归到遭遗弃的工业体系，而社会通过经济发展已经摆脱的弊端也将重新出现"。[12]经济学家和进步运动领袖理查德·T.埃利（Richard T. Ely）认为："由于发现和发明，特别是蒸汽在工业和交通中的应用，有必要组建规模巨大的企业。"[13]

如果工业资本主义不受欢迎的话，工业效率总是受欢迎的。大多数美国社会主义者、劳工活动家和进步主义者都接受大企业的必然性，并认为产业联合是前往优越社会秩序所必需的一种进步。跟马克思一样，信奉马克思主义传统的社会主义者欢迎大工业的出现。他们认为，从长远来看，这些大企业将会社会化。在短期内，以前的小生产者（如工匠、小农场主和店主）将被迫加入工薪阶层，从而增大无产阶级的队伍。1900 年的社会主义运动手册写道：

> 猪挨了挤就会尖叫，这再自然不过了。从破产法庭走出来的店主和制造商会努力博取公众的同情，但进步的车轮不可阻挡，因为优胜劣汰。各行各业出现了越来越多的合并。经济机会一个接一个地向中产阶级关闭了大门。劳动阶级的行列则是开放的，会给每一个新人安排一个位置。[14]

非马克思主义的社会主义者也认为托拉斯的兴起是一种积极的进步。对于美国"社会党"（Socialist Party）五届总统候选人尤金·V.德布斯（Eugene V. Debs）来说，大企业的崛起使得产业国有化更加容易："垄断是必然的，也是确定无疑的。问题只不过是：那是为了种族利益而集体所有的垄断，还是为了摩根家族、洛克菲勒家族、古根海姆家族和卡内基家族的权力、快乐和荣耀而私人所有的垄断？"[15]

威廉·迪安·豪厄尔斯（William Dean Howells）的乌托邦小说《从利他国来的旅客》（A Traveler from Altruria）和爱德华·贝拉米（Edward Bellamy）的《回顾》（Looking Backward）都设想过从大企业资本主义到大政府社会主义的逐步而和平的转型。受贝拉米小说的启发，有人建立了一个"民族主义俱乐部"，其出版物宣称："人们抱怨的联合、托拉斯和辛迪加证明了我们结社的基本原则的可行性。我们只是寻求进一步推动这一原则，让所有行业都为国家的利益而运作。"[16]民主社会主义者杰克·伦敦(Jack London)赞扬了大制造商推动的机械化，表示："让我们不要摧毁这些高效又廉价生产的极好的机器。让我们控制它们。让我们利用其效率和廉价获利。让我们自己管理它们。先生们，这就是社会主义。"[17]激进的经济学家托尔斯坦·凡勃伦(Thorstein Veblen)偏爱大规模的工业，但希望金融家被"一群务实的技术人员组成的苏维埃"驱逐。[18]1933年，社会主义者斯图尔特·蔡斯(Stuart Chase)出版了《技术治理论》(*Technocracy: An Interpretation*)。[19]1921年，蔡斯和凡勃伦加入了"技术联盟"(Technical Alliance)，后更名为"技术治理公司"(Technocracy Inc.)，在大萧条时期短暂推动了技术治理运动。技术治理运动提出了一个由大企业和大规模的公共工程项目主导的北美一体化的生产体系，提前60年预言了北美自由贸易协定(NAFTA)的出现。

出于不同的原因，美国劳工运动也支持产业合并。工会与集中管理的大企业讨价还价，要比跟众多小企业谈判容易得多，而技术型大企业将创造更多的利润，工会成员也可以分享这些利润。工业州的工会成员经常站在工业资本家一边反对南部和西部的农业民粹主义者，因为这些人提出了对农民友好的政策，如低关税等，直接威胁到工会成员所从事的工业。

美国劳工联合会主席塞缪尔·冈珀斯(Samuel Gompers)告诉他的同事们，加入工会的劳工应该更关心穷人和无地农场工人的福祉，而不是家庭农场主的福祉。[20]1907年在一场以"劳工及其对托拉斯的态度"为题的演讲中，冈珀斯宣称这种托拉斯是"当前经济时代合乎逻辑的发展。随着良好的人造光源、机械和电力的发明并应用于工业，出现了现代化工厂。随着它们的到来和发展，单干工匠和个体雇主的日子过去了，永不复返。"

冈珀斯继续说道："如今，加入工会的工人与大企业打交道要比跟许多个体雇主或小企业更容易。"他批评公司滥用职权，批评法院支持雇主反对工会。但是,他并不把反垄断视为灵丹妙药:"发现自己的经济利益受到影响就大喊'打倒托拉斯'的消费者,比起因为某些行业在调整期、机械正取代手工劳动、自己的谋生手段受到威胁就叫喊'砸烂机器'的工薪阶层,前者未见得就比后者更讲道理。"[21]

20世纪初的进步主义运动在企业规模问题上存在分歧。其中一翼的代表人是西奥多·罗斯福,1910年,罗斯福在堪萨斯州的奥萨沃托米(Osawatomie)发表演讲,呼吁"新民族主义"。在保护消费者利益方面,自20世纪初以来,许多美国进步人士喜欢的方法一直是加强公司监管,而不是通过反托拉斯法令彻底摧毁公司。

1909年,《新共和》周刊创始编辑赫伯特·克罗利(Herbert Croly)出版了《美国生活的希望》一书,其中写道:"美国产业的新组织创造了一种经济机制,它能神奇地为美国人提供无限的服务"[22]。对克罗利而言,监管的目的不是通过惩罚大企业来帮助小企业得以"公平竞争"。相反,克罗利不无赞许地写道:只要这些优势依赖于"充裕的资本","永久获取必要的原材料供应","经济产业管理的可能性",以及其他小企业无法企及的优势,"对大企业的监管就相当于其现有优势的永存"。[23]

时至今日,人们常把西奥多·罗斯福只是当作一位反托拉斯者。这是对历史的曲解,因为他区分了"好的"和"坏的"托拉斯,并倾向于联邦许可和公司监管,而不是采用反垄断诉讼的对抗性方法。在1905年致国会的国情年度咨文中,罗斯福声称:

> 我无意敌视公司。这是一个合并的时代,任何防止合并的努力不仅毫无用处,而且最终是有害的,因为有法不依不可避免地会产生对法律的蔑视。此外,我们应由衷地充分认识到,我们这样的国家中的企业创造的巨大利益,以及它们的执行官和董事为企业的服务和

通常的公众服务投入的大量智力、精力和忠诚。就像工会已成定局一样，公司也已成定局。每个人都能做而且已经作了很多的贡献。只要有贡献，每家企业都应该受到优待。但是，每家企业都应受到严格的检查，看看有没有违反法律和有失正义的地方。[24]

罗斯福坚持认为，除非我们废除蒸汽动力、电力和大城市，而且，简而言之，不仅消除所有现代商业和现代工业的条件，还要消除我们全部现代文明的条件，否则，企业是"不可能按照 60 年前的理论和实践成功地加以管理的"。[25] 历史学家马丁·J.斯克拉(Martin J. Sklar)指出："罗斯福的立场不是'托拉斯的破坏者'，而是'托拉斯的组建者'，他会利用托拉斯的组建为国家利益服务。"[26] 正如法律学者丹尼尔·A.克兰(Daniel A. Crane)所言："直到 1912 年，罗斯福的立场都是完全支持托拉斯的。对其'托拉斯的破坏者'的绰号，罗斯福很不以为然，其主张恰恰相反，即承认大型资本的合并合法，但须普遍接受政府的监管。"[27]

尽管罗斯福那一届政府对标准石油公司提起了反垄断诉讼，但在私下里，他对最高法院在 1911 年决定拆分该公司表示遗憾：

> 我看不出将标准石油公司拆解成 40 家独立的公司有什么好处，它们其实仍然处于统一管理之下。我们应该做的是对这些大企业实行更严格的政府监督，但伴随着这种监督，应该承认一个事实，即大合并时代已经到来，就像我们要求它们极其公正地行事一样，我们必须极其公正地对待它们。[28]

罗斯福试图将制定竞争政策的权力从法院转移到一个扩大的联邦企业管理局，该局的决定将不受司法审查，而理由是："提起一连串的诉讼毫无希望制定永久令人满意的解决方案"。[29]

1912 年的进步党(Progressive Party)纲领反映了其总统候选人罗斯福的观点。该纲领指出:

> 公司是现代商业的主要构成。在一定程度上,现代企业的集中对于提高全国和国际商业的效率是不可避免的,也是必需的。但是,目前巨额财富集中于公司制下,不受国家监督和控制。影响公民日常生活的巨大、秘密、不负责任的权力,已经落入少数人手中,一定会被滥用,这是一个自由政府难以忍受的。[30]

解决办法不是反垄断,而是监管,"反垄断"这个词不会出现在进步党的纲领中:"因此,我们要求国家对跨州企业严加监管。"对《谢尔曼法案》的讨论,将竞争政策只视为管制公司行为,而不是控制其规模:"我们比较赞成通过禁止以下做法来加强《谢尔曼法案》:划分地域或限制产出;拒绝向购买竞争对手产品的消费者销售产品;在某些地区维持高价的同时,在其他地方却以低于成本的价格出售;利用运输能力让特殊商业问题获益或受损;以及其他不公平的贸易做法。"[31]

此外,进步党呼吁联邦政府帮助大企业提高竞争力,包括通过后来由美国进出口银行(EXIM)和海外私人投资公司(OPIC)开展的那种鼓励出口的做法:"联邦政府应该与制造商和生产商合作,扩大我们的对外贸易。……我们的联邦政府应尽一切可能在这一重要问题上进行合作。"进步党还呼吁"建立工业研究实验室,把科学的方法和发现用于为美国生产者服务。"具有讽刺意味的是,如今,这类机构经常被 21 世纪的民粹主义者和进步主义者斥为腐败的"裙带资本主义"的范例,而这些人错误地声称自己继承了"反托拉斯者"西奥多·罗斯福的衣钵,竟然还把自己当成是一个世纪前的进步党的继承人。[32]

但是，尽管社会主义者、工会主义者和民族主义者，如赫伯特·克罗利和西奥多·罗斯福，在一定条件下欢迎大型工业公司，20世纪初的进步主义运动也包括一个受反垄断传统影响的群体。在政治方面，他们的代表人物是威廉·詹宁斯·布莱恩、伍德罗·威尔逊，以及后来的赖特·帕特曼。在知识分子中，他们的主要支持者是路易斯·布兰代斯。

布兰代斯成长于肯塔基州路易斯维尔一个富裕的犹太移民家庭。虽然布兰代斯在东北部开创了自己的事业，但他的世界观属于南部的商人贵族阶层成员。布兰代斯于19世纪90年代开始执业律师，为小企业辩护，抗击大企业，并形成了对大企业明显的敌意。[33]对他来说，公司追求大规模的唯一原因就是想利用垄断力量，而它们变大的唯一方式就是欺骗。正如经济史学家托马斯·K.麦克劳（Thomas K. McCraw）所写的那样："在职业生涯早期，布兰代斯就坚决认为大企业只有通过非法手段才能成为大企业。他经常提及'大企业的诅咒'，意思是说'大'本身就是该隐的记号*，是犯罪的标志。"[34]此外，布兰代斯煞费苦心地试图将小企业描绘成像大企业一样高效。例如，1911年，他在美国参议院作证时宣称："一个公司可能太大，以至于无法成为最有效率的生产和分销的工具。"[35]

有时，伍德罗·威尔逊听起来像是西奥多·罗斯福在承认大企业的好处时说的话："无疑，现代企业最好大规模经营，而单个企业的资源显然不足。"威尔逊谴责"复古改革者"，因为他们想要"拆解我们一直以来在现代工业企业组织中尽心费力拼凑起来的东西"。[36]但是，跟布兰代斯一样，威尔逊是南方绅士精英阶层的产物，他同样怀疑老罗斯福有利于公司的、主张集中管理的新民族主义。布兰代斯影响了威尔逊提出的替代方

---

* 根据《圣经》记载，该隐是亚当和夏娃的第一个儿子，由于嫉妒杀害了弟弟亚伯，上帝驱赶他离开父母的土地，并给他做了一个记号，防止见到他的人杀死他。——译者注

案——"新自由"政策,它更加强调各州权利和权力下放。1912年,布兰代斯为威尔逊在总统竞选期间提供咨询,他驳斥了罗斯福对大企业监管的信念,他写道:"我们认为,从来没有也无法设计出任何方法,来消除私人垄断和商业力量过度膨胀的固有威胁。"[37]

丹尼尔·克兰指出:"关于1912年大选,一个引人注目却经常被人误解的事实是,尽管全部四个主要候选人都认为需要就托拉斯企业有所作为,但只有保守的塔夫脱和进步的威尔逊两个人认为,任何类似反垄断法的东西就是解决方案,就跟我们目前的认识一样。另外两位候选人,罗斯福和德布斯,要么支持用监管来取代反垄断,要么支持工业的完全国有化。"[38]

从一战到新政:结社主义的胜利

1914年,威尔逊总统签署了《克莱顿反托拉斯法案》,依据该法案成立了联邦贸易委员会,并寻求强化1890年《谢尔曼法案》建立的反垄断管理体系。但是,在第一次世界大战期间,威尔逊领导下的联邦政府动员调动整个美国经济,在国家层面上实施了严格的控制,远超西奥多·罗斯福提出的任何方案。战后,反垄断传统陷入低潮。20世纪20年代,清一色的共和党人出任总统,其中赫伯特·胡佛(Herbert Hoover)既担任过总统,也担任过商务部长,他们都赞成以"结社主义"(associationalism)的名义进行企业间的高度合作,以提高效率。这个时代的大多数领导人都明白,是大企业让美国作为一个领先经济体和大国出现在全球舞台上的。在两次世界大战之间,美国政府容忍美国公司参与境外的跨国卡特尔。[39]

在这个时代,反垄断执行者和法院都普遍愿意接受大企业,部分原因是他们认为公司需要达到一定的规模才能提高效率。正如创新政策学者戴维·哈特(David Hart)指出的那样，从《谢尔曼法案》到新政的形成时期，反垄断以确立司法至上和自由放任思想为特征。[40]他写道："或许该法案最好理解成为在司法部和联邦法院的监视（或许还有铁拳）下，努力重建自治市场的规范，而不是预先对在这些市场中发展演化的具体组织形式作出判断，或担心它们产生的后果。"[41]同样，威廉·H.佩奇（William H. Page)认为，在此期间，"政府干预的目标是恢复竞争市场，而不是达成公平的结果"。[42]而法院关注的是，以获得或保持市场份额为目的的滥用权力的行为，而不是可观的市场份额本身。最高法院在1945年美铝案中写道："因为是被迫竞争，获胜之时，成功的竞争者是不会受到打击的。"[43]根据法院的适用情况，20世纪初反垄断法的实施经常沉重地打在小企业身上，这些小企业被控共谋和被工会起诉（根据1914年的《克莱顿法案》，工会享有反垄断法的有限豁免权）。

虽然富兰克林·罗斯福是民主党人，但在公共哲学上，他与远房堂叔老罗斯福的关系比威尔逊更近，威尔逊曾任海军部长助理。1933年至1945年，作为总统，富兰克林·罗斯福要不断与对大型私营企业的合法性持不同观点的人寻求联合。

在1932年竞选总统期间，他在旧金山的英联邦俱乐部发表过一次演讲，演讲稿是在阿道夫·伯利的帮助下撰写的，而伯利与加德纳·米恩斯（Gardiner Means)一起提出了将现代上市公司的所有权与控制权分离的想法。富兰克林·罗斯福对反垄断政策表示怀疑："回想起来，我们现在可以看到，时代潮流的逆转，是随着世纪之交到来的。……就在那时，我们的反托拉斯法诞生了。反对大企业的声音响起。……政府巴不得有这样一个政策，能够让时钟倒转，摧毁大规模的企业联合，回到每个人拥有自己的小主意的时候。"富兰克林·罗斯福告诉他的听众："这是不可能的。"跟他亲戚一样，富兰克林·罗斯福更喜欢监管大企业，而不是将其分拆：

我们不能因为国民政府（national government）在 18 世纪成了一个威胁，就应该放弃国民政府的原则。今天，我们也不应仅仅因为其权力容易被滥用，就放弃"公司"这样强大的经济单位。在其他时候，我们通过将中央政府逐步转变为宪政民主政府，来处理中央政府过于雄心勃勃的问题。因此，今天我们正在改造和控制我们的经济单位。[44]

在历史学家所称的"第一次新政"中，布兰代斯进步派和布赖恩民粹主义者被边缘化了。阿道夫·伯利是富兰克林·罗斯福智囊团中一位有影响力的成员。加入工会的工人和伯利等进步的民族主义者支持《农业调整法案》和《全国工业复兴法案》。《全国工业复兴法案》以第一次世界大战期间政府斡旋劳资关系的做法为模式，寻求通过允许产业卡特尔化，来提高大萧条期间的大众购买力，而条件是它们要以工资和福利的形式与他们的工人分享更多的利润。

1934 年，阿道夫·伯利警告罗斯福总统，时任最高法院大法官的布兰代斯及其盟友反对新政，他们认为新政给予大企业的优惠过多：

他认为，我们正在稳步创造大企业组织，而大企业的权力在增长，消灭了中产阶级，消除了小企业，处在一个取代政府控制国家命运的位置。他补充说，到目前为止，他一直赞同［新政］立法，但是，除非他能看到大企业趋势的某种逆转，否则，他愿意从现在起视政府控制立法为违宪。

伯利告诉富兰克林·罗斯福："他的观点如果表达出来，将赢得广泛的民众支持。但是，只要人们想要福特汽车，他们就会让福特工厂和金融机构一起把车生产出来。"[45]

伯利警告富兰克林·罗斯福提防布兰代斯的话没错。1935 年,布兰代斯所属的最高法院认为《全国工业复兴法案》违宪,一致否决了;1936年,它又废除了《农业调整法案》。1938 年,《农业调整法案》稍作修改,又重新恢复。不过,《全国工业复兴法案》却没有恢复。紧跟在生产者共和主义的浪潮之后,《谢尔曼反托拉斯法案》和《克莱顿法案》相继产生,成为涌向华盛顿特区的第二波浪潮。

赖特·帕特曼与连锁店大战

随着铁路、大批量生产工厂和更高级的会计制度的发展,到 19 世纪、20 世纪之交,在组织上呈现为全国连锁店的大型零售店应运而生。到 20世纪 20 年代,全国连锁行业涌现出一批名字为人熟悉的企业,包括A&P、Woolworth、Kroger 和 J. C. Penney 等。对许多小农场主来说,全国性零售公司的崛起是一个受到欢迎的发展,使他们得以摆脱当地乡村商人的专横跋扈。继美国邮政局设立农村免费送货服务(1896 年)和包裹邮政服务(1913 年)之后,南部和中西部的农民找到了以邮购来替代当地商人的办法。Sears 公司*最有影响,简直就是当时的亚马逊网站。农民们会兴奋地等待最新版的 Sears 商品目录,因为这让他们有了更多的选择。这些新的全国零售商削弱了当地上层富绅家族剥削性的垄断,这些家族控制着百货商店、单一制银行和大部分农田。通过经营冷藏肉

---

* Sears 公司最初成立时叫 Sears, Roebuck and Company,即西尔斯—罗巴克公司。该公司是由理查德·沃伦·西尔斯(Richard Warren Sears)和阿尔瓦·柯蒂斯·罗巴克(Alvah Curtis Roebuck)于 1893 年创立的一家面向农民邮售商品的零售公司。——译者注

类、乳制品和保鲜食品,连锁店改善和丰富了美国人的饮食。他们减少了购物的时间,对妇女尤其有好处。市区的 A&P 杂货店为非裔美国人提供了另一种选择,因为独立商店向他们收取的价格更高。

但是,连锁店威胁到了地方上百货商店和药品店的垄断,这些商店由当地的精英拥有,农村地区尤其如此。A&P 是美国最大的零售连锁店,在 20 世纪 20 年代和 30 年代,它被民粹主义者妖魔化,这跟沃尔玛和其他大卖场商店在 20 世纪 90 年代和 21 世纪初因挤走了小镇商业街的商店而遭到民粹主义者诋毁如出一辙。在大萧条时期,当地方商店迅速失去市场份额后,对连锁店的政治攻击逐步升级。

围绕着转售价格协议*的斗争最早出现在 1911 年最高法院的迈尔斯大夫医药公司诉约翰·D.帕克父子公司案(Dr. Miles Medical Company v. John D. and Sons Company)。迈尔斯大夫医药公司是药品商,只通过合同销售,这些合同可以阻止药商对产品打折销售。这种方式颇受当地小企业的青睐,它们担心自己会被折扣定价的连锁店削弱。而大型批发商帕克父子公司想要打折销售,质疑合同销售的做法违反了《谢尔曼法案》。法院裁定禁止此类转售价格协议。结果,小型医药生产商先是找到了州议会,然后到国会寻求保护。布兰代斯对判决表示不满,在出庭之前,他写道:"禁止维持零售价格对小型独立生产商很是不利。"[46]

1931 年,加利福尼亚通过了"公平贸易"法,到 1935 年,纽约和伊利诺伊等九个州复制了它的做法。差不多与此同时,其他 15 个州颁布了转售价格操纵立法,阻止连锁店提供折扣。[47]1931 年的杰克逊(Jackson)案,

---

* 转售价格协议(resale price agreements)是生产商和销售商达成的协议,根据该协议,若是销售生产商的产品,价格由生产商决定,销售商不许降价或打折。也称"转售价格维持"(resale price maintenance),或"零售价格维持"(retail price maintenance)。它对生产商尤其是小生产商特别有利。——译者注

最高法院支持印第安纳州立法机构通过的反连锁店法，该法对连锁店征收更高的税，后来又支持了佐治亚州的类似法律。1931—1940 年间，有22 个州正式通过了反连锁店税法，这些法律经受住了法庭的考验。[48]但并非所有的法律都生效了。1933 年的利格特（Liggett）案，最高法院推翻了佛罗里达州针对连锁店的法律，在这项裁决中，布兰代斯写了一份充满激情的异议。路易斯安那州前州长休伊·朗（Huey Long）当时是美国参议员，但仍是路易斯安那州的主要政治家，他宣称："我宁愿有小偷和黑帮，也不愿在路易斯安那州有连锁店。"[49]

赖特·帕特曼是另一位南部的民粹主义者，20 世纪 30 年代，他成为反连锁店运动的全国领袖。1893 年，帕特曼出生于得克萨斯州东部的一个小木屋。1928 年当选为众议院议员。竞选时，他谴责"东部的大亨"，并宣称他反对"垄断、托拉斯、分行制银行，以及过多和歧视性的运费"。[50]帕特曼是威廉·詹宁斯·布赖恩传统的农业民粹主义者，1934 年，他写了一本小册子《自私的银行家》（*Bankerteering，Bonuseering，Melloneering*），并自费出版。

在国会，帕特曼是代表小分销商的游说阵营。1936 年的《鲁宾逊—帕特曼法案》禁止各种有利于大型连锁店的折扣，而该法案是由美国批发杂货商协会的总法律顾问 H. B.蒂加登（H. B. Teegarden）起草，并得到该游说团体和国家零售药商协会的支持。[51]第二年，帕特曼进行全国巡回演讲，部分费用由药品批发公司 McKesson & Robbins 支付，它为反连锁店运动提供资金，以争取对独立药店的支持，同时却秘密组建自己的零售连锁药店。帕特曼的这位赞助人就是 McKesson 公司的总裁，为了掩盖他早年的生活，他改名戴维·F.科斯特（David F. Coster），他是一名被判有罪的军火走私贩和私酒商，1938 年，其罪行被揭露，导致他自杀。[52]

1937 年，随着《米勒—泰丁斯法案》的通过，夫妻杂货店又赢得一次胜利,该法修订了《谢尔曼反托拉斯法案》,允许合同规定州际贸易中所售产品的最低转售价格,目的是为了防止连锁店的总量折扣,实质上这使迈尔斯大夫公司变得可有可无了。但是,《罗宾逊—帕特曼法案》和《米勒—泰丁斯法案》的通过,标志着反连锁店运动的影响达到了顶峰。消费者团体和工会加入连锁企业的阵营,进行反击。罗斯福政府和国会中包括众议院议长萨姆·雷伯恩(Sam Rayburn)在内的主要民主党人与帕特曼保持距离。1938 年,得克萨斯州的民粹主义者引入了一项旨在对连锁店征收联邦税的法案,宣称:"与连锁店非自然的、固有的经济和金融优势相竞争,充满机会的民主与个人首创精神的自由都将无法生存。"[53]尽管帕特曼的言辞越来越具有煽动性,比如"让我们把希特勒管理政府和企业的方法留在欧洲吧",该法案在 1940 年还是没有通过委员会的审议。

此外,在小零售商的催促下,各州和各地都推动其他立法来保护它们,包括:星期日歇业法(限制与夫妻杂货店的竞争,夫妻杂活店周日打烊);向花店发放许可证,防止大型连锁店卖花;以及限制为价格做广告的法律。正如斯坦利·C.霍兰德(Stanley C. Hollander)在 1980 年所写的那样,"这些法律的禁止清单全部加起来几乎是无限的"。[54]

二战后,众所周知,在郊区中产阶级新生活方式中,零售连锁店和超市成为人们熟悉的一种特征,以至于逐渐淡忘了曾经充满激情的反抗连锁店的运动。1951 年,最高法院借由施韦格曼兄弟诉卡尔弗特酿酒厂一案(Schwegman Bros. v. Calvert Distillers),等于是从根本上否定了《米勒—泰丁斯法案》。1976 年,该法被正式废止。《鲁宾逊—帕特曼法案》仍然保留,但很少得到执行。帕特曼一直留在国会,直到 1976 年去世,但在 1975 年,他被解除美国众议院银行和货币委员会主席的职务,因为年轻的民主党改革者推翻了旧的论资排辈的制度,使当时还是一党独大的南方各州的反对派成员受益。

布兰代斯、帕特曼和其他生产者共和主义者的目标，是将小型独立业主的数量最大化，必要时不惜通过操纵价格的"公平贸易法"和人为抬高消费品价格的惩罚性反垄断法。布兰代斯—帕特曼方法没有被不准确地说成是"民粹主义"，因为它是为美国小城镇相对富裕、政治上强大的少数地方资产阶级的利益服务，而不是为工薪阶层、农场工人和小家庭农场主的利益服务。后者的生活由于大型制造企业和全国零售连锁店提供的低价而得到极大的改善，正如现在被大型高效的零售商改善生活一样。

反垄断和南方派别

对于反垄断传统来说，颇具讽刺之处在于，将小企业主当作民主支柱的言论，居然是在 20 世纪美国最不自由、等级制度最严重的南方地区大行其道。

在南方，反垄断传统的言论被用于保护乡村"家具商"的小规模地方垄断。在美国重建时期和 20 世纪 30 年代的新政期间，旧的奴隶种植园制度被作物留置权制度（crop-lien system）取代。很多农民是佃农，在作物留置权制度下，他们要签字放弃未来向当地商人出售作物的权利，以作为种子和工具贷款的抵押品。在这个时代，南方的地方恶霸、乡村商人和大地主之间出现了联盟甚至是合并。商人经常利用其剥削当地农民而得的利润投资当地的土地，从而成为大地主。在其他情况下，地主为佃农和邻近的人开设了百货商店。

据一位当代观察家说，乡村店主"是他所在社区的一切。……他的商店是当地社会的中心，是市场、银行和赊欠来源、娱乐中心、公共论坛和新闻交流处。1870 年之后，南方不受乡村商店影响的农村生活少之又少。"[55]用某项研究的话说,"南方产棉区的乡村商人是一个垄断者,在当地拥有地域性的信贷垄断权。作为垄断者,他通过收取过高的价格剥削其消费者。"商人向农民提供贷款的条件具有很强的剥削性。若农民用现金支付,"现金价格"通常比"赊欠价格"低得多,中间的差价有时相当于40%—60%的赊欠利率。[56]

在剥削当地农民和劳工的同时,南方的农村商人破坏了南方的经济。商人会向债务人施加压力,要求他们种植更多的棉花和更少的其他种类作物,从而减少了南方农业经济的多样性。南方记者亨利·格雷迪(Henry Grady)在1899年评论道:"虽然[农民]看到自己拥有种植玉米、制作熏肉和放牧的聪明才智,却被告知减少棉花种植面积就会减少他的信贷额度。"[57]这种对棉花的过度依赖,加重了20世纪初棉铃虫害对区域经济的影响,并强化了很多农民的依附关系。[58]

20世纪初,在美国那些精英土地所有者拥有不成比例的巨额土地的县,银行数量更少,信贷成本更高。某研究的作者总结道:"有证据表明,为了限制获得资金的机会,地方精英阶层可能会限制金融业的发展。即使在政治制度高度发达的国家,他们也能这样做。"[59]

通过宣布在各州之间甚至有时在同一个州内的城市之间开设银行分行为非法,单一制银行法使得地方小银行免于竞争。正如我们所看到的,小城镇的单一制银行家和家具商人有时是同一个人。1927年,当《麦克法登法案》要求各州赋予全国性银行设立分行的同等权力时,国会的反对主要来自土地集中于地方精英、银行信贷成本高昂的县。[60]

反垄断传统绝不是在捍卫普通美国人的自由和民主,以对抗财阀当政,而是服务于美国乡村和小城镇的"地方要人"或小寡头的自私自利和社会威望,特别是在南部、西南部和中西部地区。最支持反连锁商店和单一制银行的法律,以便为地方寡头保住地方垄断的地区,往往也是美国对非裔美国人、劳工组织、妇女权利、反审查改革，以及性与生殖权利的保护最有敌意的地区。这些改革都扩大了个人自由，但威胁到了地方精英对社会秩序的统治。谈及自由，布兰代斯—帕特曼派的反垄断者所说的，并不是美国有色人种的政治和公民自由，也非消费者以最低价格从数量最多的生产者或分销商那里购买商品的经济自由，或借款人以尽可能低的利率获得信贷的自由。都不是。当 20 世纪上半叶布兰代斯派反垄断者谈到自由，他们指的是免于竞争的自由，而这种竞争会损害小镇商人和小镇银行家的收入和社会地位。

托马斯·K.麦克劳对布兰代斯的描述，也适用于帕特曼和其他生产者共和主义传统的拥护者：

> 归根到底，布兰代斯强调大企业是问题的根本所在，说明他的诊断和处方都很肤浅。……最终，这意味着在很大程度上他必定是零售药商、小制鞋商和其他小资产阶级成员的代言人，而不是"人民的律师"。跟美国历史上的很多其他团体一样，这些团体正在寻求借政府之力矫正或扭转那些可能使其淘汰的经济力量。他们发现布兰代斯是非常适合为他们谋取利益的人。[61]

注释

1. Richard Hofstadter, *The Paranoid Style in American Politics* (New York：Vintage, 2008[1965]), 205.

2. Thurman W. Arnold, *The Bottlenecks of Business* (New York：Reynal & Hitchcock, 1940).

3. Charles W. Calomiris and Stephen H. Haber, *Fragile by Design：The Political*

Origins of Banking Crises and Scarce Credit (Princeton, NJ: Princeton University Press, 2014).

4. Roland Marchand, *Creating the Corporate Soul: The Rise of Public Relations and Corporate Imagery in American Big Business* (Berkeley: University of California Press, 1998), 4.

5. *Congressional Record*, 51st Cong., 1st Sess., House, 20 June (1890) 4100, quoted in Thomas J. DiLorenzo, "The Origins of Antitrust: An Interest-Group Perspective," *International Review of Law and Economics* (1985), 5, 80—81.

6. Quoted in Glenn Porter, *The Rise of Big Business, 1860—1920*, 3rd ed. (Wheeling, IL: Harlan Davidson, 2006[1973]), 98.

7. Millard E. Tydings, US Senator, 1938, quoted in Jonathan J. Bean, *Beyond the Broker State: Federal Policies toward Small Businesses 1936—1961* (Chapel Hill: University of North Carolina Press, 1996), 1.

8. Dissent of Justice William O. Douglas in *Standard Oil of California and Standard Stations, Inc. v. United States* (June 13, 1949).

9. "The Omaha Platform: Launching the Populist Party," *History Matters*, historymatters.gmu.edu.

10. Lippmann quoted in Nicholas Lemann, "Notorious Big: Why the Specter of Size Has Always Haunted American Politics," *New Yorker*, March 28, 2106.

11. Ibid.

12. John Bates Clark, "The Limits of Competition," in John Bates Clark and Franklin H. Giddings, *The Modern Distributive Process* (New York: D. Appleton, 1889), 74, quoted in William L. Letwin, "Congress and the Sherman Antitrust Law: 1887—1890," *University of Chicago Law Review* 23, no.2 (Winter 1956): 238.

13. Richard T. Ely, "The Nature and Significance of Corporations," *Harper's Magazine* 75 (June/November 1887), quoted in Letwin, "Congress and the Sherman Antitrust Law: 1887—1890," 238.

14. *Socialist Campaign Book of 1900* (Chicago, 1900), 31, cited in Jack Blicksilver, *Defenders and Defense of Big Business in the United States, 1880—1900* (New York: Garland, 1985), 66.

15. Eugene Debs, "A Study of Competition," *Appeal to Reason* (socialist newspaper), May 28, 1910, at 2, cited in Daniel A. Crane, "All I Really Need to Know about Antitrust I Learned in 1912," *Iowa Law Review* 100, no. 5 (2015): 2030.

16. *The Nationalist*, quoted in Lilliam Symes and Travers Clement, *Rebel America*: *The Story of Social Revolt in the United States* (New York: Harper & Brothers, 1934), 186—187, cited in Blicksilver, *Defenders and Defense of Big Business in the United States*, *1880—1900*, 73.

17. Quoted in David Noble, *Progress without People*: *New Technology, Unemployment, and the Message of Resistance* (Toronto: Between the Lines, 1995).

18. Thorstein Veblen, *The Engineers and the Price System* (New York: B. W. Huebsch, 1921).

19. Stuart Chase, *Technocracy*: *An Interpretation* (New York: John Day, 1933).

20. "President Gompers' Report," in American Federation of Labor, *Proceedings* (1889), cited in Blicksilver, *Defenders and Defense of Big Business in the United States*, *1880—1900*, 355.

21. Samuel Gompers, "Labor and Its Attitude toward Trusts," *American Federationist*, 1907, 1—7.

22. Herbert Croly, *The Promise of American Life* (New York: Macmillan, 1914), 115.

23. Ibid., 357—359.

24. Theodore Roosevelt, "Fifth Annual Message" (December 5, 1905), *The American Presidency*, http://www.presidency.ucsb.edu/ws/? pid=29546.

25. Quoted Daniel A. Crane, "All I Really Need to Know about Antitrust I Learned in 1912," *Iowa Law Review* 100, no.5(2015): 2029.

26. Martin J. Sklar, *The Corporate Reconstruction of American Capitalism* (Cambridge: Cambridge University Press, 1988), 346.

27. Crane, "All I Really Need to Know about Antitrust," 2029.

28. Letter from President Theodore Roosevelt to Arthur B. Farquhar (Aug. 11, 1911), in *Theodore Roosevelt*: *Letters and Speeches*, ed. Louis Auchincloss (New York: Library of America, 2004), 652, cited in Crane, "All I Really Need to Know about Antitrust," 2029—2030.

29. Theodore Roosevelt, "Editorial: The Trusts, the People, and the Square Deal," Nov.18, 1911, reprinted in *The Making of Competition Policy*: *Legal and Economic Sources*, ed. Daniel A. Crane and Herbert Hovenkamp (New York: Oxford University Press, 2013), 110—111, cited in Crane, "All I Really Need to Know about Antitrust," 2029.

30. "The Progressive Party Platform of 1912: November 5, 1912," in *Political*

Party Platforms: *Parties Receiving Electoral Votes*: *1840—2012*, The American Presidency Project, http://www. presidency. ucsb. edu/ws/index. php? pid=29617.

31. Ibid.

32. Ibid.

33. Melvin I. Urofsky, *Louis D. Brandeis*: *A Life* (New York: Schocken, 2012).

34. Thomas K. McCraw, *Prophets of Regulation*: *Charles Francis Adams*, *Louis D. Brandeis*, *James M. Landis*, *Alfred E. Kahn* (New York: Belknap Press, 1984), 108.

35. *Hearing Before the Committee on Interstate Commerce*, US Senate, 62d Cong. (statement of Louis D. Brandeis, Esq., Attorney at Law, of Boston, Mass., Thursday, December 14, 1911) (Washington, DC: GPO, 1912), 1, 1174.

36. Quoted in Sklar, *The Corporate Reconstruction of American Capitalism*, 416—418.

37. Quoted in Urofsky, *Louis D. Brandeis*, 346.

38. Crane, "All I Really Need to Know about Antitrust," 2028.

39. Tony A. Freyer, *Antitrust and Global Capitalism*, *1930—2004* (New York: Cambridge University Press, 2006).

40. David M. Hart, "Antitrust and Technological Innovation in the US: Ideas, Institutions, Decisions, and Impacts, 1890—2000," *Research Policy* 30, no.6 (2001): 923—936.

41. Ibid., 926.

42. William H. Page, "Ideological Conflict and the Origins of Antitrust Policy," *Tulane Law Review* 66, no.1 (1991).

43. *United States v. Aluminum Co. of Am.* (*Alcoa*), 148 F.2d 416, 430 (2d Cir. 1945).

44. Franklin Delano Roosevelt, Commonwealth Club Address, San Francisco, September 23, 1932, in *The New Deal*: *Franklin D. Roosevelt Speeches* (Pepperdine University, School of Public Policy), https://publicpolicy. pepperdine. edu/academics/research/faculty-research/new-deal/roosevelt-speeches/fr092332.htm.

45. Quoted in Jordan A. Schwarz, *Liberal*: *Adolf A. Berle and the Vision of an American Era* (New York: Free Press, 1987), 106.

46. Quoted in Lawrence M. Friedman, "Law and Small Business," in *Small Business in American Life*, ed. Stuart W. Bruchey (New York: Columbia University

Press, 1980), 309.

47. Morton Keller, "The Pluralist State: American Economic Regulation in Compara-
tive Perspective, 1900—1930," in *Regulation in Perspective: Historical Essays*,
ed. Thomas K. McCraw(Cambridge, MA: Harvard University Press, 1981), 93.

48. Stanley C. Hollander, "The Effects of Industrialization," in Bruchey, ed., *Small
Business in American Life*, 212—236.

49. Quoted in Marc Levinson, *The Great A&P and the Struggle for Small Business
in America*(New York: Hill & Wang, 2011), 146.

50. Quoted in ibid., 152.

51. Ibid., 155, 161.

52. Ibid., 171—172.

53. Ibid., 183.

54. Hollander, "The Effects of Industrialization, 230.

55. Thomas D. Clark, *Pills, Petticoats, and Plows: The Southern Country Store*
(Indianapolis: Bobbs-Merrill, 1944), vii—viii, quoted in Roger L. Sansom and
Richard Sutch, *One Kind of Freedom: The Economic Consequences of Emanci-
pation*, 2nd ed. (Cambridge: Cambridge University Press, 2001), 126.

56. Sansom and Sutch, *One Kind of Freedom*, 187.

57. Quoted in Charles H. Otken, *The Ills of the South*(New York: G. P. Putnam's
Sons, 1894), 57, emphasis in the original, quoting the *New York Ledger*(1889),
quoted in Sansom and Sutch, *One Kind of Freedom*, 149.

58. Sansom and Sutch, *One Kind of Freedom*, 169—70.

59. Raghuram G. Rajan and Rodney Ramcharan, "Land and Credit: A Study of the
Political Economy of Banking in the United States in the Early 20th Century,"
NBER Working Paper 15083(Cambridge, MA: National Bureau of Economic Re-
search, June 2009).

60. Raghuram G. Rajan and Rodney Ramcharan, "Constituencies and Legislation:
The Fight over the McFadden Act of 1927," Finance and Economics Discussion
Series(Washington, DC: Federal Reserve Board, Divisions of Research & Statis-
tics and Monetary Affairs 2012).

61. Thomas K. McCraw, "Rethinking the Trust Question," in *Regulation in Per-
spective: Historical Essays*, ed. Thomas K. McCraw(Cambridge, MA: Harvard
University Press, 1981), 54.

10

布兰代斯回归：反垄断传统的兴衰

司法部要求 RCA 向外国竞争对手免费提供其价值连城的技术专利。这项技术花费了 RCA 数十亿美元，历经多年研发。凭借该技术，再加上日本政府保护，使得日本电视机很快占领了美国市场，在美国本土摧毁了这个由美国人发明的行业。日本政府深知，RCA 给日本电视制造商的这份礼物价值非凡。RCA 的 CEO 在访问日本时，因其对日本电子工业的贡献，而被授予了旭日勋章。

　　20 世纪中叶,美国反托拉斯政策的重点,从保护小生产者转向了保护消费者。正如前一章所述,20 世纪上半叶,反托拉斯只是对小生产者人为进行政治保护的众多方法之一,这些小生产者多位于南部和中西部的乡村,受到东北部全国性竞争对手的威胁。除了反垄断,小生产者保护主义的武器还包括单一制银行法、反连锁店法和维持转售价格法:单一制银行法为地方银行提供了特权;反连锁店法使得所有者自营的百货商店免受全国性连锁店的竞争;而维持转售价格法限制了大型零售商打折销售的能力。单一制银行法一直持续到 20 世纪末,但直到二战的这段时期,生产者共和主义者的其他议题都不再活跃。赖特・帕特曼和路易斯・布兰代斯等拥护者,在 1945 年后日益工业化的和城市化的时代,仿佛是从早期农业民粹主义时代的美国穿越来的老古董。早在 20 世纪 30 年代末,罗伯特・杰克逊(Robert Jackson)和瑟曼・阿诺德领导下的司法部托拉斯局,将联邦反垄断政策的重点,从小生产者保护主义,转到保护消费者和竞争企业免受市场势力过大和市场过度集中据说会带来的危害。阿诺德声称反垄断政策的唯一检验标准应该是:它是否提高了生产或流通的效率,并因而降低价格,让消费者受益?[1]

　　反垄断传统中的这一新倾向,取代了老旧的生产者共和主义。在二战后的一代人看来,美国的反垄断政策由哈佛反托拉斯学派主导,又称"结构—行为—绩效"(S-C-P)学派。它无视许多行业的规模效益,不加区别地将大企业和高市场份额看成是坏事。对于他们来说,如果一家公司或几家公司控制的生产超过了一定比例,这样的市场自然就会受到怀疑,与其说是因为小企业受到伤害,不如说是因为有人指责这些市场导致资源配置效率低下,消费者受到伤害(如涨价),以及不平等的加剧。因此,正如戴维·哈特写的那样,他们的目标是要"确立能够达成理想业绩的市场结构"。[2]

20世纪的最后30年,哈佛学派的天真受到两个对立派的攻击。其一是芝加哥学派经济学,及其更主流的变体,二者对于市场的宗教信仰甚至比哈佛学派更为极端。然而,对战后反垄断政策最准确、最令人印象深刻的批评,不是来自芝加哥学派,而是来自被称为"演化经济学"或"创新经济学"的制度经济学分支。熊彼特、加尔布雷思、鲍莫尔属于这一传统的经济学家。他们认为,在制造业等部门,大型寡头垄断企业之间的不完全竞争,是推动技术进步的积极的利好,而不是对纯粹自由市场的一种危险的偏离。全球性寡头基于某些特定的国家,并经常得到母国政府的帮助。在一个由这样的寡头主导的世界经济中,若一个国家不经意地摧毁了自己领先的企业,有可能导致其国内市场和外国市场被竞争国家的龙头企业占领。正如接下来我们要看到的那样,因推行过于激进的反垄断政策,这一幕在美国上演了。

20世纪中叶,这些对反垄断政策的双重批评说服了两党的政府(从20世纪80年代的里根政府开始),对一直延续至今天的反垄断政策采取更加细致和平衡的态度,少关注市场结构,多关注企业行为,不把视野局限在对价格和利润的短期影响,更要着眼于对效率甚至创新的长期影响。但是,如下一章所述,人数不多但敢于发声的新布兰代斯派,现正设法让美国的竞争政策退回到过去。

瑟曼·阿诺德与反垄断政策

　　随着富兰克林·罗斯福政府第一届任期的结束,以及来自国会和最高法院的阻碍,政府内部的大企业批评者开始坚持自己的立场。反垄断派在罗斯福政府内部发现了一位斗士,此人就是罗伯特·杰克逊,很快他就担任了司法部反托拉斯局的负责人,从 1938 年一直干到 1939 年。杰克逊出生在宾夕法尼亚州的一家农场,该州以农业为主。后来,他不无怀乡之情地称那里为"无阶级社会"和"我们大多数人所知的离天堂最近的地方"。[3]

　　他的继任者瑟曼·阿诺德出生于怀俄明州乡下,有时他的言论听起来也像来自农业边缘州的生产者共和主义者。1961 年,70 多岁的他告诉记者:"在第一次世界大战和大萧条时期,这种(合并)过程反复出现,一个行业接一个行业,地方产业形成了一种所有者不在场(absentee ownership)的制度,在西部和南部组建起产业殖民地,从而阻止了当地资本的积累,并将消费者的金钱汲取到纽约和芝加哥等几个工业中心。"[4]但是,在 1937 年出版的《资本主义的民间传说》一书中,阿诺德嘲笑反托拉斯运动"完全徒劳,却极有画面感"。[5]阿诺德认为,问题不在于大企业的规模,而是它们的行为:"以为没有大企业,机械化时代也照样能玩得转,没有什么比这种想法更荒谬的了。"[6]

　　部分是对路易斯安那州州长和参议员休伊·朗等民粹主义者威胁的回应,在 1935 年至 1936 年第二次新政期间,罗斯福政府转而偏向了反垄断者。联邦政府拆分了公用事业控股公司,1936 年通过了未分配利润税,而它的灵感产生自一个错误的理论:大企业会囤积现金,而不是以工资的形式将现金发给工人,或以股利的形式分给股东,从而延长了大萧条的时间。

1937 年,美国经历了一场严重的经济衰退。大多数经济学家认为"罗斯福衰退"是一个可以避免的错误,它是联邦政策的一个意想不到的结果,因为联邦政策具有紧缩效应:上调银行存款准备金率,导致银行减少放贷;首次征收社保工资税,导致实得薪水的减少;停发一战老兵补贴,这些措施将联邦赤字减少了 2.5%,但导致经济下滑,完全复苏无望。[7]

遗憾的是,罗斯福拒绝了对 1937 年经济衰退的这种凯恩斯主义的准确解释。罗伯特·杰克逊在其回忆录中写道,罗斯福"知道压制竞争有害,也知道竞争本身也有害,而对于更大的害处在哪里,他从未完全想明白"。[8]在第一届任期内,罗斯福站在大企业和公私合营的支持者一边,而现在他拒绝承担经济衰退的一部分责任,忽视了一小群真正理解总需求动态变化的凯恩斯主义者。相反,他听从了杰克逊、本杰明·科恩(Benjamin Cohen)、阿诺德和其他"反托拉斯者"的意见——而在第一个新政时期,这些人都反对政府—行业—劳工的伙伴关系。这个团体赞成一种错误的理论:大萧条不是由金融危机引发的总需求萎缩造成的,而是由垄断企业和寡头垄断企业囤积现金和制造人为"瓶颈"造成的。阿诺德赞同这一观点,他嘲笑认为总需求不足的凯恩斯理论:"自由市场被破坏在前,所以为了刺激经济活力,才需要投入资金,同时也正是因为自由市场被破坏,所以这种支出才从未如预期的那样刺激经济活力。"阿诺德认为,问题不在于需求不足,而是在于企业之间不充分的价格竞争,后者相当于对经济收取了"过桥费"。[9]这种理论认为,更多的竞争将促使企业降低价格,刺激需求,进而刺激就业。

20 世纪 30 年代末,反垄断派取得短暂的优势,赢得了一些象征性的胜利。比如，1938 年 4 月 29 日，罗斯福就遏制垄断向国会提出的咨文，仍然是基于一种错误的理论："控制工业价格意味着更少的就业。在水泥和钢铁等行业，面对需求的下降，价格依然坚挺，近几个月来，这两个行业工资缩水了 40％和 50％，这并非偶然。"罗斯福不愿承认问题出在总需求不足，而不是大企业的背信弃义，因此，他要求国会向反托拉斯局提供更多资源，并资助一项关于行业集中对经济影响的研究。[10]

不无讽刺的是，在少数几个读过 1941 年国会因此而通过的《经济权力集中报告》的人中，就有信奉自由市场的自由至上右翼的偶像，弗里德里希·冯·哈耶克。在其 1944 年的宣言《通往奴役之路》中，哈耶克引用了这份报告，该报告称："大型机构的高效尚未证实。"和当今反大企业的自由至上主义者一样，哈耶克否认在收益递增的行业中有任何寡头垄断的倾向，并把认为这种倾向存在的观点，归咎为"德国社会主义理论家产生的影响"。[11]

在阿诺德的领导下，司法部侧重于保护小竞争者，防止其受到供应商的"胁迫"和大企业的竞争。特别强调的一个领域是分配限制。在大型连锁店不断涌现的时代，阿诺德认为大型零售商在破坏独立经销商的行动自由。国会中的大多数人也持这一观点，1936 年《鲁宾逊—帕特曼法案》的通过便是证明，该法案试图保护小企业免受其供应商按成本定价的影响。大型零售商的降价，并不是想要推动经济发展的新政拥护者想要的。

阿诺德认为，他的使命是拆解大企业，或用和解协议来约束它们，因为他信奉的理论认为，这才是经济走出大萧条所需要的休克疗法。在他的领导下，反托拉斯局规模扩大了 27 倍，从 18 名律师增至 500 名。参议员伊丽莎白·沃伦不无赞赏地指出："在阿诺德管理该局的 5 年中，这些律师的案子几乎与前 35 年一样多。反垄断法是动真格的，美国的公司知道这一点。"[12]

然而,随着第二次世界大战的临近,由于联邦政府需要动员大型工业公司成为富兰克林·罗斯福所谓的"民主的兵工厂",反垄断的事就不再有人热衷。罗斯福解除了瑟曼·阿诺德在反托拉斯局的职务,任命他为哥伦比亚特区联邦上诉法院法官。仅仅两年之后,他就辞职,成为一名律师和游说者。

1945 年后的反垄断和经济学家

第二次世界大战后,很多行业出现了大型跨国公司,而且往往占有相当大的市场份额。布兰代斯派传统的追随者们越来越担心某些行业的公司变得过于强大和过于集中。这些大企业被视为准入和创新的障碍,而不是增长的推动力……反垄断政策的重点,从保护小企业转向了监管寡头企业。

随着 1953 年小企业管理局(SBA)的成立,补贴取代了公平贸易法和反连锁商店法等保护主义措施,成为美国政治家给予小企业优惠的首选方法。

除了给予小企业多种补贴和税收减免外,国会还对 1945 年后 20 年间市场集中度的提高表示担忧。在 1932 年出版的《现代公司与私有财产》(*The Modern Corporation and Private Property*)一书中,阿道夫·伯利和加德纳·米恩斯预测:根据 20 世纪前 30 年大企业的增长,到 1970年,最大的 200 家公司将持有所有企业的财富。事实上,正如伊莱恩·谭(Elaine Tan)所写:"前 200 强和 500 强企业,在 1946 年分别持有 38.85%和 50.08%的总企业资产,并一直持续到 1968 年达到份额顶峰,之后 200强企业的资产份额将稳步下降,到 1997 年,其资产份额减少了三分之一

以上。相比之下,最大的 500 强企业的资产份额只是略有下降,从 1968
年的 54.64％下降到 1997 年的 50.14％。"[13]

　　为了遏制大企业令人恐惧的增长,1950 年的《塞勒—基福弗法案》试
图加强 1914 年的《克莱顿反托拉斯法案》,而《克莱顿反托拉斯法案》是对
1890 年《谢尔曼反托拉斯法案》的修正。除了以往反垄断法的打击重点
横向合并,《塞勒—基福弗法案》还授权联邦政府阻止限制竞争的纵向合
并。关于产业集中,最高水平的政治关切当属 1968 年的《尼尔报告》,它
是林登·约翰逊(Lyndon Johnson)总统委托起草的一份专责小组报
告。[14]该报告建议通过"集中产业法令"和"合并法令",规定任何"寡头垄
断行业"都要分拆,并限制企业集团的合并。

　　这种政策行动的很多灵感来自战后盛行的反垄断政策学派。在这一
时期,高度数学化的新古典经济学,取代了经济学界其他更实用、更实证的
方法。20 世纪 30 年代和 40 年代爱德华·S.梅森(Edward S. Mason)在哈
佛大学设计的"结构—行为—绩效"分析法成为反垄断政策的主要范式,并
由其学生小乔·S.贝恩(Joe S. Bain Jr.)和其他人进一步发展。在哈佛商
学院高度决定论的理论中,在完全不同的行业,市场结构都可以用相同的
方法和相同的变量来建模。这种观点认为市场势力本身是有害的,因此
应该是非法的,最能体现这种观点的是卡尔·凯森(Carl Kaysen)和唐纳
德·F.特纳(Donald F. Turner)[15],其分析的重点是市场结构,而不是作
为经济负面表现来源的企业行为。因为他们认为包括技术创新在内的市
场势力,不足以挑战一家主导性企业根深蒂固的影响,结构—行为—绩效
学派强调结构性的解决方案,如积极的合并执法和分拆大企业。对此,就
连后来放弃这一学派的乔治·施蒂格勒(George Stigler)也对该方法表
示过称许,他写道:"一个没有竞争结构的行业就不会有竞争行为。"[16]

　　结构—行为—绩效分析法为布兰代斯派对大企业的偏见裹上了经济

学科学主义的外衣。类似于布兰代斯"大企业的诅咒"的观点,脱离了包括单一制银行法和反连锁商店法在内的早期小生产者保护主义,在 20 世纪 30 年代至 70 年代,即使不是主流,至少也颇具影响。在 1948 年美国诉哥伦比亚钢铁公司一案(United States v. Columbia Steel Co.)中,道格拉斯(Douglas)大法官写道:"美国的私营企业从未仅仅通过效率实现垄断。在制造或分销过程中,没有哪家企业能够如此优于竞争对手,仅凭其优势即可控制市场。"

哈佛学派影响了这个时代的联邦判例法。1966 年,最高法院在美国诉冯氏杂货公司一案(United States v. Von's Grocery Co.)中驳回了一项合并案,虽然该合并只会产生一家占有 7.5% 相关市场份额的公司,却存在"可怕的集中趋势"。几年前,也就是 1962 年,在布朗鞋业公司诉美国案(Brown Shoe Co. Inc. v. United States)中,法院宣布国会打算利用《克莱顿法案》,"通过保护能独立发展的地方小企业,来促进竞争"。[17] 1963年,老牌新政拥护者、布兰代斯和阿诺德的竞争对手阿道夫·伯利,对此结果提出了批评:

> 法院认定:包括 Brown 在内的四家最大制鞋商生产了全国 23% 的鞋;Brown 是第三大制鞋商,也存在"集中的趋势"。Brown 和 Kinney 共同控制了 7% 的零售鞋店,以及 2.3% 的各类零售鞋专卖店。因此,垄断程度极微。[18]

从瑟曼·阿诺德的时代到 20 世纪 70 年代,美国反垄断执法者完全遵循的是布兰代斯派的经济观点,他们起诉了众多公司,认为这些公司拥有所谓的市场势力。但在很多时候,这种咄咄逼人的反垄断执法,却对正在重塑市场环境的重要技术创新或日益激烈的国际竞争视而不见。事实上，美国反垄断执法者热衷于限制市场势力，对一些重要公司和行业造成了真正的损害，造成了美国经济的严重倒退，其影响延续至今。历史学家约翰·斯蒂尔·戈登（John Steele Gordon）写道：

> 那些手握反垄断重槌的人带来的伤害，至少跟带来的好处一样多。通常，他们的时机选择几近离奇。就在荷兰皇家壳牌公司开始真正展开竞争时，标准石油公司被分拆。1948年，电视业刚刚在这个国家真正起步，随着米尔顿·伯利（Milton Berle）的《德士古明星剧场》首秀，好莱坞的工作室被迫改变了一些做法，目的是减少他们在流行视觉娱乐方面的束缚。结果好莱坞的权力，从塞缪尔·戈德温（Samuel Goldwyn）一家，转移到了芭芭拉·史翠珊（Barbra Streisand）一家。我不确定这是不是进步。[19]

几十年来，激进的反垄断执法显著减弱，有时，还帮助扼杀了一批美国顶尖的科技公司。林恩和朗曼不无赞许地写道："反垄断执法者并不只是满足于阻止大企业侵占市场。在1945年至1981年间的几十起案件中，反垄断官员迫使AT&T、RCA、IBM、通用电气和施乐等大企业免费提供它们自行开发的或通过收购收集的技术。"[20]他们称赞这种向其他公司开放专利的行动："这项政策实施37年来，美国企业家获得了包括半导体核心技术在内的数以万计的创意，有些有专利，有些没有专利。"[21]林恩另外指出："1961年的一项研究仅统计了1941—1959年间的107项判决，结果是强制许可的专利达4万至5万件。"[22]

有时，也强制分享商业秘密，这无疑有助于刺激创新，至少在短期内是这样，但应该指出，商业秘密多半是通过辛勤工作和投资开发出来的。这样做忽略了两个严重的问题。首先是荒谬：一个国家的工业政策，不是

由商务部或其他负责促进国家生产率长期增长和出口成功的政府机构来
实施，而是由司法部在一种具有对抗性的环境中执行，而这种环境是由律
师和理论经济学家主导的，并且建立在政府诉讼或以政府起诉为威胁的
基础上。

有些人赞扬司法部通过强制分享知识产权而成为创新的推动者，这
些人也忽视了此项政策对美国领先的科技公司造成了严重损害，也让那
些为美国经济发展、创新和创造就业贡献力量的外国公司付出了巨大的
成本。

AT&T 就是再好不过的案例。在贝尔实验室发明晶体管后，它便面
临反垄断监管机构要求许可其他公司使用该技术的压力。因此，1952
年，AT&T 授权 35 家公司使用该技术，只收取很少的费用。在某种程度
上，它刺激了创新，因为多家新兴公司借势而起，如德州仪器和英特尔的
前身仙童公司。但迫于政府的压力，AT&T 也将这项技术授权包括索尼
在内的外国公司，这正是推动索尼走向全球领导地位所需的核心优势，在
此过程中，索尼抢夺了美国领先的消费电子产品公司的市场份额。当时，
美国政府中没人想到索尼这样的公司会对美国公司构成竞争威胁。

RCA 是反垄断政策造成意外损害的另一个案例。正如戈登所写：
"也许最能反映反垄断对我们的经济造成伤害的例子就是 RCA。"[23] RCA
在新兴彩电行业中明显占据优势，但这一成绩的取得是依靠其内部研发
取得的，司法部却要求它免费与其他美国公司共享其专利，并称"通过该
刑事起诉书，我们寻求重新恢复这一重要行业的竞争，使 RCA 的所有竞
争对手都能从研究实验室到最终产品销售等各个层面与它竞争。"[24] 正如
《时代》杂志的一篇文章指出的那样："在司法部认为，'稍稍施展一下产业
政治家的智慧'，彩电专利共享的协议就签好了。"[25]

司法部要求 RCA 向美国竞争对手免费提供其有价值的专利组合。

但是，RCA 获准在许可外国公司使用其专利时，是可以依照惯例收取专利使用费的。由于 RCA 长期以来一直依赖此项收入，现在基本上是被迫将其技术授权给外国公司，在这个案例中主要是日本公司。日本公司此前一直试图打入彩电市场，但鲜有成功。正如技术史学家詹姆斯·阿贝格伦（James Abegglen）所写的那样："向日本人出售他们所需的任何技术许可证，不经意间，RCA 实际上帮了日本人的忙。这种技术的使用利润丰厚。……显然……甚至到了彩电阶段，日本采用的技术几乎都源自外国。……RCA 的专利许可使得日本成功开发出彩电。"[26] 但是，若不是美国司法部的刑事起诉，RCA 很可能不会将其"皇冠上的宝石"授权给外国公司，而且作为全球领先的电视机制造商，它很有可能一直生存到今天。

这项价值连城的技术花费了 RCA 数十亿美元，历经多年的研发和工程设计才研制出来的。凭借该技术，再加上日本政府保护，使得日本电视制造商免受外国竞争，日本电视机很快占领了美国市场，在美国本土摧毁了这个由美国人发明的行业。日本政府深知，在美国政府的压力下，RCA 给日本电视制造商的这份礼物价值非凡。事实上，1960 年，RCA 首席执行官戴维·萨尔诺夫（David Sarnoff）访问日本，他因对日本电子工业的贡献而被授予"旭日勋章"。

这种 RCA 的"垄断"让消费者付出的真实代价是什么？某研究发现，它只提高了 2.26% 的电视机价格。[27] 尽管事实上电视机行业的大部分产品和工艺创新都出自 RCA，但那是因为它拥有投资于创新所需的规模和视野。正如当时对无线电生产商（包括 RCA）的一项研究发现："规模较大且具有无线电制造优势的公司，比其他公司的创新更多，并追求更具挑战性的创新，包括更多机械化方面的创新，从而确立了创新激励的成本分摊模式。"[28] 事实上，RCA 和 Philco 这两家领先的无线电生产商，比业内任何其他公司都产生了更多的工艺创新（如与如何生产电视机相关的创新)。正如玛格丽特·格雷厄姆(Margaret Graham)在其描写 RCA 历史一书中指出的,"如果 RCA 不再有权要求专利许可收入,以维持与无线电有关的研究,那么,对于该公司来说,显而易见的问题是它应该继续支持什么样的研究,以及何种级别的研究?"[29]答案是研究经费将减少,研究的风险也将低得多。总之,如戈登所写:"为了不让美国的一个行业受一家公司的支配,反垄断反而扼杀了整个行业。这有点像是用断头台来治疗头痛。"[30]

由于没有意识到其行动可能最终导致美国的技术领先者被迫停业,政府对其他领先者也展开了"追捕",包括 AT&T、施乐、柯达和 IBM。事实上,到 1960 年,美国近百家最具创新性的公司被迫放弃它们的专利,共计 5 万多项。[31]1954 年,法院发出一份和解协议,警告柯达公司:其保护胶卷加工技术的企图将受到严加限制。联邦贸易委员会干预的影响之一是,允许日本富士胶卷进入美国市场,并且基本上不存在竞争的阻力。

十年后的 1969 年,反垄断部门起诉了 IBM。戈登写道:"当时,IBM 占有 65% 的市场份额,在计算机行业是一只 800 磅重的大猩猩。但是,当 1982 年,该案最终以无法取胜为由而被放弃时,下一个计算机领域的超大型类人猿微软,已经推出了自己的软件,而 IBM 则步入了最糟糕的 10 年。"[32]几年后,联邦贸易委员会起诉施乐,指控施乐垄断了办公复印机业务,联邦贸易委员会竞争局的负责人声称,"如果几年内施乐的市场份额没有显著减少",他会"很不满意"。[33]

事实上,施乐很快失去了一半的市场份额,接管这部分市场的主要是日本公司,这在很大程度上是因为施乐被迫向日本竞争对手提供"书面的技术资料,包括现有和后续机器的图纸、规格和蓝图。该公司向竞争对手提供了大约 1 700 项专利。"[34]正如波士顿咨询集团前咨询师马克·布拉西尔(Mark Blaxill)和拉尔夫·埃卡德特(Ralph Eckardt)所写的那样:

"实话实说，他们强迫施乐公司向世界授权他们的专利。该公司同意免费授予其任意三项专利的许可，接下来的三项专利最高使用费为 1.5%，然后，其余专利分文不取。"[35] 然而，联邦贸易委员会强制许可的意外后果是将施乐的技术捐赠给日本人，日本人得以将美国花费数十年的投资和创新免费用于自己的产品。此外，由于施乐害怕美国反垄断机构的挑战而不敢扩大市场份额，因此没有通过降价应对日本新兴的竞争。在达成"同意判决"（consent decree）之后的短短几年内，施乐的市场领导地位逐渐消逝，日本竞争对手占据了美国市场的巨大份额，如佳能、东芝、夏普、松下、柯尼卡和美能达。[36]

　　这种咄咄逼人的竞争政策的实施，很轻易地就忽视了全球竞争对美国经济和贸易企业就业的威胁，因此，它还存在另外一种有害的影响。由于通过合并以获得规模和国内市场份额的活动受到限制，企业转而在完全无关的行业进行横向合并。正如反托拉斯局前司法部长副助理威廉·科拉斯基（William Kolasky）指出的："20 世纪 60 年代，美国经历了一波企业集团合并浪潮，部分原因在于政府对横向和纵向合并的反垄断政策过于严格。"[37] 在管理咨询行业史《策略之王》中，沃尔特·基歇尔（Walter Kiechel）写道："反垄断法排除了在你自己的行业进行收购的可能性。……因此，为了将收益重新投入公司，并不断增值，你似乎只剩下了一个选择：在与你所在领域无关的行业收购一些企业。"[38] 这类合并的问题在于，通过规模经济或协同效应产生的附加值很小，二十年后基本上也就消失殆尽了。但损害已经造成：企业无法获得与日益兴盛的国际竞争对手有效竞争所需的规模，这些竞争对手往往得到政府补贴和贸易保护的支持，而美国的企业反而花费了宝贵的管理时间和努力进行基本上毫无价值的合并。

　　遗憾的是，这种打着反托拉斯旗号的逆行倒施的国家产业政策，还在美国继续。2016 年，作为以 118 亿美元收购美国飞思卡尔半导体（Freescale)公司的条件,联邦贸易委员会要求半导体制造商恩智浦(NXP)剥离其射频电源业务。虽然这样做是着眼于消费者,但它开启了中国的建广资产管理公司的收购业务,技术能力也因此流出了美国本土。这种对外国技术对手的奉送绝对不利于竞争,反映了对科技行业全球竞争的最新状况缺乏了解。[39]

20 世纪最后 30 年,敌视任何市场势力的结构—行为—绩效学派,受到两个不同学派的攻击。部分由于认识到该学派对美国经济造成了损害,再加上经济形势的变化,特别是全球竞争的加剧,芝加哥学派赢得了追随者,特别是在里根政府时期。芝加哥学派的拥护者认为,市场比布兰代斯和阿诺德在战后的智识传人所认为的要更具竞争性,也更能约束企业的行为,政府试图干预反垄断立法弊大于利。

此外,芝加哥学派比民粹主义者更重视效率,而民粹主义者更关注分配问题。例如,芝加哥学派认为,如果合并能增强市场势力和提高价格(这降低了分配效率),但如果生产率提升带来的收益大于分配效率下降造成的损失,它仍有可能增加整体的社会福利。正如芝加哥学派创始人罗伯特·博克(Robert Bork)所描述的那样:"芝加哥学派的总体目标是提高分配效率,同时不过多地削弱生产效率,以免不带来消费者福利的增加,或导致净损失。"[40]

对哈佛学派结构主义正统观念的另一个攻击,来自以增长为导向的制度经济学,也称"演化经济学"或"创新经济学"。[41]创新理论的拥护者认为:反垄断政策,特别是合并政策,需要对其长期动态的影响加以分析。约瑟夫·熊彼特将动态效率解释为"来自新商品、新技术、新供应来源、新组织类型的竞争……即是抢占绝对成本或质量优势的竞争,它不会侵蚀现有公司的边际利润和边际产出,而是攻击其基础和生命。"[42]从这个角度看,如果增加的利润被投资于研究和新产品开发,即使合并增强了市场势力,合并也是合理的。

　　跟熊彼特一样,约翰·肯尼思·加尔布雷思也认为大企业对于现代技术进步至关重要:"迄今为止,因我们的忧虑而依然爱着我们的仁慈的上帝,已经使几家大企业的现代工业成为引发技术变革的一种极好的手段。"加尔布雷思认为,在竞争有限的市场中,大企业享有的市场势力确保它们能够在竞争对手采用创新之前收回开发创新的成本。"所有这一切的最终结果是:如果一个行业要想取得进步,就必须存在某种垄断因素。"[43]

　　为了用反例证明自己的观点,加尔布雷思指出,美国农业以家庭农场主为主,在竞争激烈的市场中,他们赚取的利润不足以从事研发:"若不是政府支持的研究,辅之以企业的研发工作(并设计和销售产品给农民),农业中很少会有技术开发,农业也不会有多大的进步。农业企业通常位于寡头垄断行业。单个农场主雇不起化学家来开发一种动物蛋白因子,使不同的蛋白质作为饲料相互交换。"[44]加尔布雷思指出,只要大企业稀少,就会有人"依据《谢尔曼反托拉斯法案》要求起诉违法垄断,以期将其分拆,或者,如果后者不切实际,如公用事业公司一样,他可以主张公共管制或公有制。"[45]但是,在大型产业公司主导的经济中,这是不可能的:"起诉几位为非作歹者是可能的。但起诉整个经济显然不那么实际。"他如此嘲笑哈佛学派的反托拉斯做法:"如果假设,无论主宰市场的是三四十家公司,还是只有五六家公司,都有充分的理由提起反垄断起诉,那就等于是假设美国资本主义本身的构造是非法的。"[46]

　　无论过去还是现在,创新学派对美国经济政策的总体影响,只是居于次要地位。类似地,在挑战哈佛学派的教条方面,创新学派对美国反托拉斯政策的影响,也远不如芝加哥经济学派。哈佛学派和芝加哥学派都在新古典主义经济学非现实的数学模型世界中开展研究。但是,包括法律学者和联邦法官罗伯特·博克在内,芝加哥学派的拥护者支持对市场集中采取更加放手的做法,而原因可分为几个方面,包括任何暂时的垄断将很快通过新竞争者的加入而得到纠正的观念、惩罚成功公司的不合逻辑,以及对政府权力和智慧的普遍怀疑。从里根政府开始,受芝加哥学派的影响,共和党政府对合并和集中管理得较为宽松。

以今天的眼光回顾反垄断的历史,最引人注目的一点是:它在实现生产者共和主义和市场原教旨主义的两个多少相互矛盾的目标时是多么无效。一个多世纪以来的联邦反垄断政策未能维护一个小生产者社会;美国自雇者的数量不到10%,与其他先进工业经济体大致相同。在许多行业,防止一家或几家大企业控制巨大市场份额的市场原教旨主义的目标也未能达成,但在创新学派看来,很多情况下幸亏如此。历史学家菲利普·卡利斯(Philip Cullis)指出:"反垄断可能阻止了美国的产业被垄断企业控制,但它却无力阻止寡头的兴起。"[47]

美国反垄断政策未能消除报酬递增行业的大多数寡头企业(它确实消除了一些寡头,包括整个美国电视制造业),对此我们应该庆幸,而不是哀叹。鲍莫尔警告说:由于创新寡头企业对经济进步的贡献,它们不应该:

> 仅仅因为价格具有歧视性,或不接近边际成本,就成了反垄断起诉的靶子。不应仅仅因为其定价模式表明它们具有垄断势力,就认为它们应该受到起诉。这种做法很容易成为私营行业创新支出稳步增长的一个主要障碍。而无可争辩的是,私营企业是美国经济空前增长的中流砥柱。[48]

阿道夫·伯利1963年说的话,在今天仍有意义:

> 大企业是实际存在的,萎缩的不多。鉴于现代的环境和条件,最

大的公司往往在竞争市场占上风。……同时，小企业会向政治国家大声要求救助或保护，或两者兼而有之。其结果可能不是19世纪的竞争，而是20世纪的寡头垄断。作为一种补救措施，分拆是无效的。我怀疑我们能否恢复18世纪末或19世纪的英国，或者若是回归了，我们能否容忍它。[49]

创新学说明确指出，反垄断思想应把重点放在产品价值和价格的长期变动轨迹上，而不仅仅是以短期价格来衡量当前消费者的福利。正如哈佛大学的迈克尔·波特（Michael Porter）所言："既然竞争的作用是通过提高生产率来提高一个国家的生活水平和增进消费者的长期福利，反垄断的新标准应该是生产率的增长，而不是利润率或盈利能力。"[50]

布兰代斯回来了

然而，正如我们所看到的，新布兰代斯派回来了。如前所见，第二次世界大战后，布兰代斯的主要继承人放弃支持反连锁店法等让小生产者免受竞争的措施，但仍坚持"大企业和市场集中是社会和经济弊端"的信念。这一观点影响了哈佛学派的反垄断政策，其政策侧重于产业结构，对市场份额的观点很是僵化。

然而，新布兰代斯派的做法从20世纪70年代开始就过时了，主要原因是保守的芝加哥学派反垄断政策的出现，该学派比哈佛学派更注重效率问题。无论是保守派的芝加哥版本，还是自由派的新古典经济学版本，这种观点一直主导着美国的反垄断思维，直至最近。（相比之下，我们所青睐的熊彼特学派对反垄断政策的影响很小。）

但是现在,人数不多但聪明、能言善辩的新布兰代斯派,开始留恋过去,即使回不到反连锁店法和单一银行制法的时代,至少要回到 20 世纪 50 年代和 60 年代民粹主义的结构—行为—绩效时代的鼎盛时期,那时,市场哪怕轻微的集中也被视为非法和危险的。今天的新布兰代斯派在 21 世纪的民主党那里找到了安身立命之处,民主党试图要求解散大企业来表明自己对工人阶级和消费者的支持。

在许多新布兰代斯派眼里,芝加哥学派击败哈佛学派,是企业及其学术和政治傀儡阴谋得逞的结果,让反垄断法遭到重创。更糟糕的是,很多人认为,松懈的反垄断执法已经造成或促成了目前众多的经济和社会弊病,从不平等的加剧到工资增长放缓,甚至是 2008—2009 年的全球金融危机。

耶鲁大学法学院学生莉娜·汗在进步的《民主期刊》上撰文说:"很大程度上,美国如今的垄断问题,是 20 世纪 70 年代末和 80 年代初一场成功改变反垄断法框架的运动造成的。"[51]德里克·汤普森(Derek Thompson)写道:"历经 20 世纪,反垄断法从主要保护竞争转向主要保护消费者。"[52]今天,布兰代斯派回来了,"许多改革者呼吁回到过去。"[53]汗写道:"今天的一些政策制定者和政治家开始意识到美国再次面临垄断问题。"[54]汗和桑迪普·瓦希森(Sandeep Vaheesen)称:"政策制定者和公众应该认识到反垄断是实现更先进的收入分配和缩小我们今天看到的巨大经济差距的另一个工具。"[55]巴里·林恩和菲利普·朗曼写道:"真正的民粹主义者今天会怎么做? 立即恢复美国传统的反垄断理念。"[56]内尔·阿伯内西(Nell Abernathy)及其罗斯福研究所的同事,希望通过恢复"开放市场的议程,以应对 21 世纪",来"驯服企业部门"。[57]

在新布兰代斯派看来,产业集中度已经发展到危机的程度,而拆解大企业不只是能为反托拉斯政策提振活力,也能为美国一般性的经济政策带来活力。简而言之，当你的手上只有一把锤子，你看什么都像是钉子。几乎没有哪个经济问题不能归因于大企业和想象的规模和集中度的增加，并且被反垄断的万能药治愈。

新布兰代斯派将收入不平等归咎于市场集中，并声称拆解大企业是提高普通美国人收入的关键。自由派智库"美国进步中心"（Center for American Progress）写道："收入不平等正在加剧，中产阶级收入停滞不前，目前经济政策辩论的焦点多集中在寻找对抗这些趋势的方法上。重新关注反垄断执法，可以为实现这一目标做出重大贡献。"[58]罗伯特·赖克写道：市场集中度的提高"使公司利润增加，股东回报更高，企业高管和华尔街银行家薪酬更高，而大多数其他美国人的薪酬反而下降，物价也更高。相当于他们向富人进行了大额的预分配。"[59]

莉娜·汗将垄断归咎于"自 1979 年以来，绝大多数美国工人的小时工资已经持平或下降"这一"事实"。[60]然而，正如第 4 章讨论的那样，最近的证据表明，"收入最高的那 1%的人"的增长，多数不是公司经理和首席执行官，而是专业工作者，如牙医、医生、律师、融资人等等，他们大多为小企业工作或是自雇者。此外，根据美国劳工统计局的数据，不仅 500 人以上的企业比不足 50 人的企业支付的工资多 77%，而且，从 2004 年至 2016 年，以经通胀调整后支付给工人的实际薪酬计，500 人以上企业的工人小时工资也增长了近 4 美元（3.88 美元），而不足 50 人的企业只增长了1.45 美元。[61]

新布兰代斯派还认为，劳动力收入份额的小幅下降是从行业集中中寻租的证据。但是，正如前奥巴马政府官员贾森·弗曼和彼得·欧尔萨格指出的："劳动力收入份额的下降并非由于用于生产性资本的收入份额的增加，生产性资本基本上保持稳定，而是由于房地产资本的收入份额增加了。"[62]换句话说，更多的社会产出流向了土地所有者和建筑业主。这是一个经济区划问题，而不是反垄断问题。针对地主的战争应该寻求单一纳税人亨利·乔治（Henry George）*幽灵的指导，而非路易斯·布兰代斯的幽灵。

如果我们的目标是提高税后工资，那么，只有两种方法能做到这一点：提高生产率或改变收入分配，后者是通过政府的再分配政策或提高工人与雇主工资谈判的议价能力。新布兰代斯派对前者（提高生产率）持明显矛盾态度，因为有时它会导致失业。正如莉娜·汗所写："合并的一个结果是工作岗位减少，因为公司在合并后通常会裁员数千人。"[63]巴里·林恩抱怨说，市场集中度的提高会导致"工作岗位越来越少"。[64]但是，公司在合并后裁员，几乎总是因为合并后的公司需要更少的工人来做这项工作。通过禁止合并来保住工人的饭碗会降低生产率和人均收入，因为工人现在做的工作在合并后可以做得更高效。即使不是全部，大多数下岗工人可以找到新的工作，从而增加整个社会的产出。

有些新布兰代斯派承认大企业生产率更高，因此产品价格较低，工人实际收入更高，却无视其中的价值。罗斯福研究所的学者萨贝尔·拉赫曼（Sabeel Rahman）写道："如果我们唯一关心的是消费品的价格，那么，很难看出亚马逊、Comcast 和优步等公司需要监管。"[65]然而，其他人追随布兰代斯，而布兰代斯煞费苦心地试图将小企业描绘成跟大企业同样有效率，或比大企业更有效率，他写道："一家公司可能大到无法成为最有效的生产和流通工具。"[66]巴里·林恩对此表示赞同，认为有关大企业效率卓越的说法和数据都是"空谈"。[67]罗斯福研究所的阿伯内西及其同事写道：公司规模是"不同政治和政策选择的产物"。[68]如果承认，在大多数情

---

* 19 世纪末，美国经济学者亨利·乔治（Henry George）提出土地价值税（land value tax），主张只征收单一地租税（single land tax），而且应由土地所有者负担，不能转嫁给其他消费者。因此，被称为"单一纳税人"。——译者注

况下，大企业会从技术带动的规模经济中获益，那就会迫使新布兰代斯派放弃其反托拉斯的经济立场，并将其主张建立在生产者共和主义的理由之上。

也许由规模小、产量低、价格高的公司组成的世界还不赖，因为我们买得起贵一点的精酿啤酒、有机芝麻菜、散养鸡和比星巴克更精致的咖啡。[69]如汤普森所写："企业的庞大是联邦政策的结果。过去30年里，联邦政策有意使大企业更容易主宰市场，前提是它们能够压低价格。"[70]难道如此低的价格不是目标吗？很少有美国人更愿意住在印度，因为在印度，夫妻杂货店受政府保护，免受效率更高的大型零售商的侵害，因此，其生产率约为美国零售商的6％。

如果不强调生产率的增长，那只剩下第二种选择，即再分配。而获得再分配资金的方法只有两种：来自个人和公司。对美国富人增税，并利用这些税收降低对中低收入工人的税收（或扩大他们使用的公共服务，如医疗保健），可以增加后者的税后收入。但是，对富人大幅增税将遭到几乎所有共和党人和一些中间派民主党人的反对。从小企业好信奉者的角度看，从富人那里的再分配是不可取的，因为这对税前的收入和财富集中度没有丝毫改变。

通过提高公司税，而不是对个人征税，来支付更高的再分配金额怎么样？如果企业利润率与20世纪50年代至60年代的辉煌时期相同，那么普通美国人的受益情况会如何？若是回到那个时代的利润率，至少在短期内，实际上会让美国工人的处境更糟，因为当时企业利润占GDP的比例更高。从1947年至1968年，企业利润占GDP的10.3％，而从1994年至2015年只占8.2％。说句公道话，原因之一是更多的公司组建成为合伙企业和美国税法意义上的S型公司，而不是C型公司，以避免支付企业所得税。但是，即使出现这种趋势，过去20年，"所有者"（如，非C型公司的企业主)的收入从占 GDP 的 10.4％下降至 7.2％。企业利润也是如此。根据美国经济分析局的数据，1965 年至 1966 年，企业平均利润率为 13.6％，略高于 2015 年至 2016 年第 3 季度的平均利润(13.3％)。[71]然而，在 20 世纪 60 年代，即使这种利润水平，工资的平均增幅也明显较高。

假设新布兰代斯派可以随心所欲，把大多数大企业分拆成中型企业，这在某种程度上会使企业利润减少 25％，达到 6％。此外，假设利润下降导致的企业投资下降对增长没有影响，并假设利润的所有下降都会导致价格下降。再进一步假设价格下降不会让收入前 10％的人受益(我们假设他们支付之前的高价格)，但所有的利润损失会伤害到收入前 10％的人(我们假设中等收入的美国人不投资股票，而股票的价值会随利润的下降而下降)。那么，中位数的收入会增加多少呢？做好心理准备，是硕大的 3.1％。[72]它不只是一个微不足道的数额，而且是一次性的效果。收入底层 90％的人，会在余生享受比基准情形高出 3.1％的收入。

原因之一是没有那么多钱。正如金融学教授克雷格·皮龙(Craig Pirrong)所写："2015 年，企业税后收入仅占美国国民收入的 10％左右。市场势力租金只占这些企业利润的一小部分。市场势力租金可能受到更严格的反垄断法实施的影响，但是它仅占企业利润总额的一部分，而且可能只占一小部分。"[73]

但是，再分配的负面影响，将迅速吞没这种小额的静态收益。企业规模较小，因此，生产率往往较低。如果假设布兰代斯派成功地缩小了大企业的规模，从而美国的企业规模结构跟加拿大的相同，那么，美国的人均 GDP 将减少 3.4％，因为平均而言，小企业的生产率低于较大的企业。但这也是一次性的效果。其负面的动态效应可能更大。利润的下降会导致研发和机械设备投资的减少。某研究显示，利润减少 1 美元将导致投资减少 32—62 美分。[74]这种下降反过来又会导致生产率的降低和工资的增长。因此，很明显，减小大企业规模的运动将导致大多数美国人的生活水平下降。

作为再分配的替代方案，提高工资无论如何都会受到小企业的抨击，无论提高工资的原因是提高了最低工资、组建更多的工会，还是劳动力市场紧缩，因为小企业无法跟大企业一样，通过投资于节省劳动力的技术，来应对这些变化。

在 21 世纪初，还有考古学家试图去挖掘埋藏已久的反垄断传统，这真是惊人地讽刺。今天，进步主义的反垄断者声称，他们希望回到二战后几十年高工资的黄金时代。但是，20 世纪中叶最重要的自由派经济学家，约翰·肯尼思·加尔布雷思认为，小企业崇拜不合时宜。新政时代的工会，更愿意与三大汽车制造商那样的充满活力的工业寡头谈判。加入工会的工人面临小企业主无休止的敌意，此类小企业主被今天信奉小企业好的绅士自由派理想化了。

布兰代斯派的复兴绝非对新政自由主义的回归，其思想基础是两个老旧的反垄断学派：生产者共和主义和市场原教旨主义。在 20 世纪 40 年代至 70 年代之间，主流的新政民主党人已经果断地将两者边缘化。事实上，在新政自由主义的鼎盛时期，小企业和"开放市场"的拥护者，更有可能出现在反新政的右翼，而不是自由派的左翼。

信奉小企业好的反托拉斯者，对中间偏左派的影响，在 20 世纪 30 年代末和 21 世纪 10 年代都出现了上升之势——这种遥相呼应在经济史学家看来，也同样引人瞩目。跟巴拉克·奥巴马的两届任期一样，在富兰克林·罗斯福的第二届任期内，从灾难性的全球经济崩溃中复苏的速度仍然非常缓慢。在此两种情况下，两届民主党政府过早地试图平衡预算，从而使宏观经济形势恶化。这让反垄断传统的成员，在罗斯福和奥巴马两届政府期间，有机会赞成同样的错误诊断：经济增长缓慢的问题在于经济力量过度集中；而解决之道在于加大反垄断的力度。在 20 世纪 30 年代末和 21 世纪 10 年代，这样的分析都忽视了总需求不足这一实际问题：两次经济困境都是由金融恐慌造成的，而不是过度集中（企业并没有在 1929 年或 2008 年之前突然变大）。

在罗斯福当政的年代，战时动员解决了总需求低的问题。战后时代的繁荣，很大程度上是由于以机电技术为基础的、新一代熊彼特式创新浪潮的强势涌现，以及工人分享工业垄断寡头高利润的能力，因为工会化和劳动力市场紧张刺激了工资的增长。将大萧条解释成工业过于集中的结果，这种说法已经受到了质疑，降格为历史学家的脚注。如果我们是正确的，当下一个熊彼特式创新浪潮开始启动，增长达到更高水平时，新布兰代斯派将在下一代的某个时候得到同样的命运。

注释

1. Thurman W. Arnold, *The Bottlenecks of Business* (New York: Reynal & Hitchcock, 1940), 125.

2. David Hart, "Antitrust and Technological Innovation in the U.S.," *Issues in Science and Technology* 15, no.2 (Winter 1999).

3. Quoted in Alan Brinkley, *The End of Reform: New Deal Liberalism in Recession and War* (New York: Alfred A. Knopf, 1996), 60, and cited in Ganesh Sitaraman, *The Crisis of the Middle-Class Constitution* (New York: Alfred A. Knopf, 2017), 198.

4. Thurman W. Arnold, letter to Fred Friendly, August 9, 1961, quoted in Eugene Gressley, ed., *Voltaire and the Cowboy: The Correspondence of Thurman Arnold* (Boulder: University Press of Colorado, 1977), 439, and quoted in Spencer Weber Waller, "The Antitrust Legacy of Thurman Arnold," *St. John's Law Review* 78(2004):611—612.

5. Thurman Arnold, *The Folklore of Capitalism* (New Haven, CT: Yale University Press, 1937), 217, quoted in Waller, "The Antitrust Legacy of Thurman Arnold," 575.

6. Quoted in Brinkley, *The End of Reform*, 114.

7. "The Lessons of 1937," *Economist*, June 18, 2009.

8. Robert H. Jackson, *That Man: An Insider's Portrait of Franklin D. Roosevelt*, ed. John Q. Barrett (New York: Oxford University Press, 2003), 124, quoted in Waller, "The Antitrust Legacy of Thurman Arnold," 570.

9. Jefferson B. Fordham, "Review of *The Bottlenecks of Business* by Thurman W. Arnold," *Louisiana Law Review* 3, no.4 (May 1941): 842.

10. Franklin D. Roosevelt, "Message to Congress on Curbing Monopolies, April 29, 1938," *The American Presidency Project*, University of California at Santa Barbara, http://www.presidency.ucsb.edu/ws/?pid = 15637. See also William Kolasky, "Robert H. Jackson: How a 'Country Lawyer' Converted Franklin Roosevelt into a Trustbuster," *Antitrust* 27, no.2 (Spring 2013).

11. Friedrich August Hayek, *The Road to Serfdom* (London: Routledge, 2004 [1944]), 47—49.

12. Senator Elizabeth Warren, "Senator Elizabeth Warren Delivers Remarks on Reigniting Competition in the American Economy," news release, June 29, 2016, https://www.warren.senate.gov/?p=press_release&id=1169.

13. Elaine S. Tan, "Champernowne Model Estimates of Aggregate Concentration in the United States, 1931—2000," research paper, October 15, 2008 (last revised October 20, 2008), https://ssrn.com/abstract=1285070.

14. *Report of the White House Task Force on Antitrust Policy* (Washington, DC: US Government Printing Office, July 5, 1968), reprinted in *Congressional Record*, May 27, 1969, p.13890 (although submitted in 1968, the report did not become public until 1969).

15. Carl Kaysen and Donald F. Turner, *Antitrust Policy: An Economic and Legal Analysis* (Cambridge, MA: Harvard University Press, 1959).

16. George J. Stigler, "The Case against Big Business," *Fortune*, May 1952.

17. *Brown Shoe Co., Inc. v. United States*, 370 US 294 (1962).

18. Adolf A. Berle, *The American Economic Republic* (New York: Harcourt, Brace & World, 1963), 153.

19. John Steele Gordon, "The Antitrust Monster," *American Heritage* 4, no.3 (May/June

1998），http://www.americanheritage.com/content/antitrust-monster.

20. Barry C. Lynn and Phillip Longman，"Who Broke America's Jobs Machine?，" *Washington Monthly*，March/April 2012，http://washingtonmonthly.com/magazine/marchapril-2010/who-broke-americas-jobs-machine-3.

21. Ibid.

22. Barry C. Lynn，"Estates of Mind，" *Washington Monthly*，July/August 2013，http://washingtonmonthly.com/magazine/julyaugust-2013/estates-of-mind.

23. Rob Glidden，"RCA under Fire，" *Time*，March 3，1958，79.

24. Ibid.

25. Ibid.

26. Abegglen quoted in Robert Sobel，*RCA*（New York：Stein and Day，1986），212.

27. Richard N. Langlois，"Organizing the Electronic Century"（working paper，Department of Economics，University of Connecticut，March 2007），21，http://digitalcommons.uconn.edu/cgi/viewcontent.cgi?article = 1099&context = econ_wpapers.

28. Kenneth L. Simons，"Engine of Dominance：Competence-Enhancing Process Innovation，" paper presented at the Industry Studies Conference，Minneapolis，May 24—26，2016.

29. Margaret B. W. Graham，*RCA and the VideoDisc*（New York：Cambridge University Press，1986），81.

30. Gordon，"The Antitrust Monster."

31. Marcus A. Hollabaugh and Robert Wright，85th Cong. 2d Sess.（1958）. *Compulsory Licensing under Antitrust Judgments*，staff report of the Subcommittee on Patents，Trademarks and Copyrights，Senate Committee on the Judiciary（Washington，DC，1960），2—5.

32. Gordon，"The Antitrust Monster."

33. Gary Jacobson and John Hillkirk，*Xerox：American Samurai*（New York：Macmil-lan，1986），72.

34. Ibid.，72.

35. Mark Blaxill and Ralph Eckardt，"The Innovation Imperative：Building America's Invisible Edge for the 21st Century，" PatentHawk.com，Winter 2009 blog，5，http://www.patenthawk.com/blog_docs/The%20Innovation%20Imperative.pdf.

36. Ibid.

37. William J. Kolasky，"Conglomerate Mergers and Range Effects：It's a Long Way

from Chicago to Brussels," address before the George Mason University Symposium, Washington, DC, November 9, 20001, https://www.justice.gov/atr/speech/conglomerate-mergers-and-range-effects-its-long-way-chicago-brussels.

38. Walter Kiechel, *Lords of Strategy*, eBook ed. (Cambridge, MA: Harvard Business School, 2010).

39. "FTC Requires NXP Semiconductors N.V. to Divest RF Power Amplifier Assets as a Condition of Acquiring Freescale Semiconductor Ltd.," news release, Federal Trade Commission, November 25, 2015, https://www.ftc.gov/news-events/press-releases/2015/11/ftc-requires-nxp-semiconductors-nv-divest-rf-power-amplifier.

40. Robert H. Bork, *The Antitrust Paradox: A Policy at War with Itself* (New York: Basic Books, 1993).

41. Robert D. Atkinson and David Audretsch, "Economic Doctrines and Policy Differences: Has the Washington Policy Debate Been Asking the Wrong Questions?" (Washington, DC: Information Technology and Innovation Foundation, September 2008), https://itif.org/publications/2008/09/12/economic-doctrines-and-policy-differences-has-washington-policy-debate-been.

42. Joseph A. Schumpeter, *Capitalism, Socialism, and Democracy*, 3rd ed. (New York: Harper & Brothers, 1950[1942]), 84.

43. John Kenneth Galbraith, "American Capitalism: The Concept of Countervailing Power," in *Galbraith: The Affluent Society and Other Writings, 1952—1967* (New York: Library of America, 2010), 78—81.

44. Ibid., 82.

45. Ibid., 49—54.

46. Schumpeter, *Capitalism, Socialism, and Democracy*.

47. Philip Cullis, "The Limits of Progressivism: Louis Brandeis, Democracy and the Corporation," *Journal of American Studies* 30, no. 3, pt. 3 (December 1996): 381—404.

48. William J. Baumol, *The Free-Market Innovation Machine* (Princeton, NJ: Princeton University Press, 2002), 182.

49. Adolf A. Berle, *The American Economic Republic* (New York: Harcourt, Brace & World, 1963), 4.

50. Michael E. Porter, "Competition and Antitrust: Toward a Productivity-Based Approach to Evaluating Mergers and Joint Ventures," *Antitrust Bulletin* 46(2001): 919—958.

51. Lina Khan, "New Tools to Promote Competition," *Democracy Journal* 42 (Fal 2016).

52. Thompson, "America's Monopoly Problem."

53. Ibid.

54. Khan, "New Tools to Promote Competition."

55. Lina Khan and Sandeep Vaheesan, "Market Power and Inequality: The Antitrust Counterrevolution and Its Discontents," *Harvard Law and Policy Review* 11, no. 1 (February 2017), http://harvardlpr. com/wp-content/uploads/2017/02/ HLP110.pdf.

56. Barry C. Lynn and Phillip Longman, "Populism with a Brain," *Washington Monthly*, June/July/August 2016, http://washingtonmonthly. com/magazine/ junejulyaug-2016/populism-with-a-brain.

57. Nell Abernathy, Mike Konczal, and Kathryn Milani, "Untamed: How to Check Corporate, Financial, and Monopoly Power" (New York: Roosevelt Institute, June 2016), http://rooseveltinstitute. org/untamed-how-check-corporate-financial-and-monopoly-power.

58. Marc Jarsulic, Ethan Gurwitz, Kate Bahn, and Andy Green, "Reviving Antitrust: Why Our Economy Needs a Progressive Competition Policy" (Washington, DC: Center for American Progress, June 2016), https://www.americanprogress.org/issues/economy/reports/2016/06/29/140613/reviving-antitrust.

59. Robert Reich, "Why We Must End Upward Presdistribution to the Rich," blog post, Robert Reich. org, September 25, 2015, http://robertreich. org/post/1299967 80230.

60. Khan, "New Tools to Promote Competition."

61. US Bureau of Labor Statistics, Series ID (CMU2010000000111D, CMU20100 00000112D, CMU2010000000121D, CMU2010000000122D, CUUR0000SA0), https://data.bls.gov/cgi-bin/srgate (accessed May 9, 2017).

62. Jason Furman and Peter Orszag, "A Firm-Level Perspective on the Role of Rents in the Rise in Inequality," paper presented at "A Just Society," Centennial Event in Honor of Joseph Stiglitz, Columbia University, New York, October 16, 2015.

63. Khan, "New Tools to Promote Competition."

64. Barry C. Lynn, "Antitrust: A Missing Key to Prosperity, Opportunity, and Democracy," Demos. org, n. d., 13, http://www. demos. org/sites/default/files/ publications/Lynn.pdf.

65. K. Sabeel Rahman, "Curbing the New Corporate Power," *Boston Review*, May 4, 2015, http://bostonreview.net/forum/k-sabeel-rahman-curbing-new-corporate-power.

66. Louis Brandeis, quoted in "Progressive Reform and the Trusts," *Digital History*, University of Houston, http://www.digitalhistory.uh.edu/disp_textbook.cfm?smtID=11&psid=3823.

67. Lynn, "Antitrust," 11.

68. Abernathy, Konczal, and Milani, "Untamed," 18.

69. Tim Wu, "Small Is Beautiful," *New Yorker*, January 24, 2015, http://www.newyorker.com/business/currency/small-bountiful-small-business-craft-beer.

70. Thompson, "America's Monopoly Problem."

71. US Department of Commerce, Bureau of Labor Statistics, National Data (Table 6.1. National Income; Table 6.16. Corporate Profits by Industry).

72. This assumes a 6 percent share of profits of GDP from 2011 to 2016 instead of the 8.2 percent actual rate.

73. Craig Pirrong, "Antitrust to Attack Inequality? Fuggedaboutit: It's Not Where the Money Is," StreetwiseProfessor.com, January 5, 2006, http://streetwiseprofessor.com/?p=10020.

74. Jonathan Lewellen and Katharina Lewellen, "Investment and Cash Flow: New Evidence," *Journal of Financial and Quantitative Analysis* 51, no. 4 (August 2016): 1135—1164.

大企业已经太大了吗?

亚马逊是一个关键枢纽,几乎任何书商或购物者都必须通过它完成交易。因此,亚马逊可以利用其地位,要挟出版商。亚马逊正是这样对待 Hachette 出版集团的:因为后者试图争取电子书的定价权,亚马逊就拒绝预购该出版商的书。亚马逊施压的诉求是希望降低价格。在这里,反垄断的呼声似乎就成了:"请支持我们,我们会确保商家不会降价!"

正如我们看到的那样，受哈佛结构—行为—绩效学派的影响，充满激情而又能言善辩的新布兰代斯派试图让时光倒流，即使回不到反连锁店法和单一制银行法的时代，也要回到 20 世纪 50 年代和 60 年代反托拉斯政策的全盛时期。要知道，哈佛学派甚至认为哪怕是程度轻微的市场集中都是非法的和危险的。如果听信今天的新布兰代斯主义者的话，那美国的行业集中已经泛滥成灾，企业利润更是高得离谱。参议员伊丽莎白·沃伦描绘了一幅近乎末世的场景："如今的美国，竞争日趋衰微。一个又一个行业经历愈演愈烈的整合与集中。"[1] 巴里·林恩和菲利普·朗曼写道："今日美国许多行业的集中度与美国镀金时代（Gilded Age）* 的晚期惊人地相似。……相较于一代人之前，现在几乎每个行业都是少得多的公司控制大得多的市场份额。"[2] 罗斯福研究所的内尔·阿伯内西及其同事写道："600 多个行业的市场集中度都提高了。"[3] 奥巴马政府的白宫经济顾问委员会主任贾森·弗曼称："1997 年至 2012 年，在可获得数据的 13 个主要行业中，市场集中度没有提高的只有 1 个，对航空旅行、电信、银行和食品加工等行业的一系列微观层面的研究，都得到了行业集中

* 镀金时代（Gilded Age）指美国的 19 世纪 70 年代。当时，美国盛行公然的政治腐败和粗鄙的实利主义，因马克·吐温与查尔斯·沃纳合著的小说《镀金时代》而得名。——译者注

度提高的证据。"[4]但正如我们将要看到的那样,这些说法大都不真实,要么毫不相关。

集中化的历史趋势

让我们从历史趋势开始谈起。在对 1931—2000 年间美国大企业所占经济份额的研究中,伊莱恩·谭发现:"如果规定大企业为最大的 200 家或 500 家非金融类公司,那么,其资产份额从未达到过二战时的程度,而且在 20 世纪 60 年代末的并购浪潮后,该份额趋于下降或保持稳定。"[5]同样,从 1952 年到 2007 年,最大的 4 家企业占去行业总运量的一半以上的那些制造行业,在全部制造业中的份额,只是从 35% 增长到了 39%,难以构成垄断泛滥的证据。[6]美国 200 家最大公司的收入在企业总收入中的占比确实有增长,但也只是从 1954 年的 24% 增长至 2008 年的 29%。[7]这些数字包括海外销售收入,因为大企业更可能向海外销售,且最近 50 年间,海外销售增长超过了国内销售,所以上述增加未必反映国内市场份额。[8]再者,按照《哈特—斯科特—罗迪诺反托拉斯改进法案》的报告标准统计的合并宗数,21 世纪第一个 10 年低于之前的两个 10 年,前者为每年 1 524 宗,后者分别为每年 2 881 宗和 2 246 宗。[9]

采用正确的衡量指标也很重要。奥巴马政府的白宫经济顾问委员会提醒说:"1997 年到 2012 年,绝大多数行业最大的 50 家公司收入份额都有增长。"[10]但从反托拉斯的角度看,C50 比率(最大的 50 家公司在任意特定市场的占比,余可类推)基本无意义。如果一个行业内的 50 家公司都拥有同等的市场份额,则每家只占 2%。也有可能,C50 增长是因为市场份额相对较小的公司(排名 41—50)抢夺了排名 51—100 的公司的市场份额。此外，经济顾问委员考查的是分类代码为两位数的行业（例如各个行业中分布最广泛的企业，如批发贸易、金融与保险等），这些行业太过宽泛，代表不了市场势力能发挥作用的真实市场。加州大学伯克利分校的经济学家卡尔·夏皮罗（Carl Shapiro）是前奥巴马政府白宫经济顾问委员会的成员，他表示："我不知道有哪位产业组织的经济学家，认为它提供了非常有用的有关市场势力的信息。从某种广义上讲，公司越大，其经济活动也较多，我认为这是对的，但这并不能直接告诉我们市场势力可发挥作用的市场的竞争度或集中度。"[11]

若要真正理解市场势力和竞争，重要的是考察代码为两位数甚至三位数以上的行业以及 C50 甚至 C20 比率以外的指标。更为相关的一个指标是代码为六位数行业的 C4 和 C8 比率的变化。从 2002 年到 2012 年，792 个六位数行业（如磨面）中，有 59％的行业 C4 比率增加，63％的行业 C8 比率增加，三分之二的行业 C20 和 C50 比率增加。[12]这似乎支持新布兰代斯派的说法。但细看之下，事情也并不是那么清楚。

首先，在行业代码为三位数的层级上，很多行业没有变化，甚至出现下降，比如住宿和餐饮服务（0％），艺术、娱乐和休闲（0％），房地产及租赁（-6％），批发贸易（-25％）。在 21 个代码为三位数的制造业中，几乎有一半既没有增加，也没有减少。例如，尽管发生了一些备受瞩目的合并，但饮料和烟草制造业的 C4 比率下降了 14％。[13]

其次，不仅要关注变化的方向，关注集中度的绝对水平也很重要。如果 C4 和 C8 比率较低的行业稍微集中一些，并不是问题。例如，2002 年至 2012 年间，行政管理支持以及废物管理和污染整治行业的 C4 比率增加了 32％。但最大的 4 家公司的份额，只是从 6％增至 8％，这几乎无法证明垄断势力的存在。同样，零售业的 C4 比率增长了 23％，却是从 11％增加至 14％。事实上，C4 比率增长的大部分是相对不集中的行业。2002

年,在 C4 比率上升的行业中,只有 16％的行业 C4 比率高于 40％,只有 19％的行业 C8 比率超过 50％。

此外,集中度的提高通常会使消费者受益。例如,50 家最大的零售企业的总市场份额增加了 11.2％。但这意味着更多的美国人在高效而低价的零售企业购物。正如瑞安·德克及其合著者所写的那样:

> 该行业劳动生产率的增长,大部分可以归因于进入市场的企业多于退出市场的企业。很多情况下,现有公司主要通过增加更富成效的新零售场所,而不是扩大现有企业的规模,来提高零售生产率的。此外,美国经济中低生产率的零售企业的退出,主要还是单一机构的小夫妻店的退出。[14]

我们看到其他行业的情况与此类似。从 2002 年到 2012 年,大约一半的制造业更加集中,另一半集中度减少。但是,即使是那些关注集中的人也高估了这个问题的严重程度,因为问题在于集中达到了什么程度。2002 年至 2012 年,在 86 家行业分类代码为四位数的制造行业中(如通信设备制造业),33 个行业的 C4 比率有所下降,而平均 C4 比率仅增长了 8％,达到 30％。[15]此外,61 个行业在 2012 年的 C4 比率为 30％或更低,或者从 2002 年至 2012 年的变化为负数。38 个行业的 C8 比率出现下降,平均 C8 比率仅上升了 6％。但是,集中度的适度提高可能有利于增长,因为有研究发现,被同一制造行业的其他公司收购的工厂,在被收购之后,生产率的提升高于平均水平。[16]罗伯特·麦古金(Robert McGuckin)和桑·阮(Sang Nguyen)发现被收购工厂的生产率提高了,他们写道:"研究期间的收购表明协同效应是收购的主要动机。"[17]

新布兰代斯派的论据部分在于,集中导致更高的利润。学术文献通常认为这是正确的。某研究发现,尽管有一些研究发现市场份额较高的公司利润反而较低,但大多数研究发现它们的利润更高。[18]该文估计,以销售利润率计,市场份额每增加 1％则利润平均增长 0.14％。但关键问题是,这些利润要么来自寡头企业的寻租,要么来自超高的生产率和出色的绩效。如果是后者,那么企业就是因为业绩优异而获得更高的销售收入,而这是有利于经济的。

重要的是,这份研究评论发现,行业集中度提高不会导致定价权的增强。作者写道:"统合分析(meta-analysis)也无法支持市场势力理论。价格和行业集中(可以作为市场势力的代理变量)不会缓和市场份额对利润的影响。"[19]换句话说,市场份额较大的公司享有更高的利润,但这似乎不是市场势力造成的结果。例如,如果拥有 3％市场份额的公司占有了 6％的市场份额,那么,其利润应会更高,但即使达到了 6％,该公司通常仍旧没有市场势力。作者认为,规模扩大导致利润增加的一个原因是,规模使得企业更容易提高产品质量。此外,多项研究发现,合并提高了新组合公司的生产率。例如,美国劳工统计局的一份报告指出:"发现合并对全要素生产率(TFP)的增长有积极的影响,可以解释普查年全要素生产率增长的 0.36 个百分点。"[20]

经济学家扬·德·勒克(Jan De Loecker)和扬·埃克豪特(Jan Eeckhout)最近进行的一项研究备受关注,他们尝试衡量企业高于每种产品或服务边际生产成本的定价。[21]他们发现 37 年来,价格加成的比率,从 17％上涨到了 67％,并理所当然地认为这种增长在很大程度上应归因于市场势力的增强。但仔细观察后发现,是其他因素在发挥作用,而不是市场势力。首先,他们将价格加成与美国公司市值的总体增长加以比较,并假设这反映了利润的总净现值。然而,利润总额并非恰当的衡量标准,利润率才是。正如我们所注意到的,今天的企业利润率与 20 世纪 60 年代基本相同,而当时的价格加成幅度要小得多。如果在此期间价格加成增加近 4 倍,企业利润肯定会上升几个百分点以上。

其次,他们发现小企业的涨价往往更多,而根据定义,小企业的市场势力较小。[22]第三,他们在集中度明显不同的行业中也看到了类似的涨价模式。农业、房地产、艺术、娱乐和休闲等行业的都大幅涨价,但这些行业的集中度极低(房地产的 C4 比率仅为 6.1%,艺术和娱乐行业为 5.4%,农业 C4 比率更低)。如果市场势力真的推动了这种变化,那么,在这些并不集中的行业,涨价应该不会很多。最后,他们单独发布了几家公司的数据。引人注目的是,全球最赚钱的公司苹果 2014 年的价格加成幅度低于 1980 年,而不是更高;全球最大零售商沃尔玛的价格加成幅度基本持平;虽然通用电气的价格加成幅度从 1990 年的 1.45 提高到 2014 年的 1.71,其营运利润率却从 22.3% 降至 14.1%。[23]抛开方法错误的可能性,对价格加成的发现,更合乎逻辑的解释是,大多数行业的固定成本与边际成本之比已经上升,尤其是随着无形资本(如营销、软件或研发)投资的显著增加而增加。

如果新布兰代斯派是对的,行业集中度在提高,使得更多企业借助市场势力在增加利润,那么,大企业的利润率应该比小企业增长得更快才是,因为平均而言,大企业拥有更大的市场份额和潜在的市场势力。事实上,从 1994 年到 2013 年,收入低于 500 万美元的企业的利润率(定义为净收入占总收入的份额)比收入超过 500 万美元的企业多增长了 5%,比收入超过 5 000 万美元的大企业多增长了 10%。[24]2013 年,收入低于 50 万美元的企业的净收入占总收入的 7.1%,而收入在 2.5 亿美元或以上的最大的企业,其净收入仅占 6.8%。当我们把销售收入超过 2.5 亿美元的最大的企业单独拿出来与其他所有企业相比,这些大企业的利润率仅为 6.8%,略高于其他企业的 5.6%。[25]

但问题也许是,只涉及了一小部分大企业。阿伯内西及其同事声称:"2014 年,前 10％的企业的回报率是中位数企业的 5 倍;1990 年,这一比率是 2：1。从理论上讲,创新或生产率的提高可能是原因,但获取更大利润的公司往往是一些老企业,这表明罪魁祸首可能是垄断优势。"[26]事实上,这种差异可能更多地与生产率增长的差异有关,而不是与市场势力的增长有关。经合组织发现,自 2000 年以来,各行各业大多数领先企业的生产率保持强劲的增长,而其余 90％的企业则生产率增长缓慢。[27]经合组织的报告指出:"一个引人注目的事实是,全球生产率最高的企业,生产率在 21 世纪依然强劲增长,但这些高生产率企业与其他企业之间的差距已然扩大。"[28]在麦肯锡全球研究院主持下进行的一项研究也报告了类似的现象。[29]这些领先企业的较高的生产率自然转化成了更高的利润率。鉴于生产率表现的巨大差异,真正的问题是:为什么当生产率较低的企业将市场份额输给全球领导者时,行业的集中度没有提高得更多? 显然,往往这是一个积极的结果,因为它意味着更高的全球生产力。

涉及特定行业时,布兰代斯派"更高的集中度导致更高的价格"的说法就站不住脚了。例如,在价格涨幅最大之一的卫生保健和援助行业,在1997 至 2012 年的 15 年间,行业集中度下降,最大 50 家公司所占份额下降了 1.6 个百分点。[30]相反,零售药店的集中度提高,利润反而下降。然而,这并没有阻止布兰代斯派将零售药店业作为集中之消极影响的一个例子。地方自立学会称赞北达科他州一项实质上禁止大型药品连锁店的法律,声称这会让消费者更受益。[31]但是,如果结果真的更好,为什么需要出台一部法律禁止大型药店呢? 难道消费者不会自然而然地选择较小的药店吗? 此外,如果集中推高了利润,为什么零售药店业的利润率(即行业平均资产收益率)自 1980 年初以来下降了 50％?[32]此外,2000 年至2009 年制药业生产率超过美国生产率增长的程度,大于 1987 年至 2000

年超过美国生产率增长的程度,而 2000 年至 2009 年间,该行业年并购价值是 1987 年至 2000 年间的 6 倍,随着规模更大、效率更高的连锁企业从效率较低的小企业那里获得市场份额,该行业进入一个生产率强劲增长的时期。[33]

林恩和朗曼抱怨说美国啤酒行业面临双寡头垄断,他们写道:"美国啤酒 80％以上由百威英博(Anheuser-Busch Inbev)和 MillerCoors 两家公司控制。"[34]如果去销售酒类产品的商店就能清楚地看到,美国人的啤酒选择从未像现在这样丰富,甚至比全国性酿酒商出现前的 19 世纪后半叶还要多。2016 年,独立的小微啤酒厂爆炸式发展,达到 1 500 多家,这就揭穿了消费者缺乏选择的谎言。

罗伯特·赖克断言:"对于市场势力巨大的公司,如大型食品公司、很少或根本没有宽带竞争的有线电视公司、大型航空公司和最大的华尔街银行,反垄断法已经放宽了限制。因此,美国人为宽带互联网、食品、机票和银行服务支付的价格,比其他发达国家的公民都多。"[35]

很多赖克的读者可能会相信他的说法。但是粗略地检查一下证据便可表明他错了。美国的宽带价格高于某些经合组织国家,但低于至少 8 个经合组织国家,包括荷兰和法国[36];这绝非易事,因为美国是人口密度第二低的国家,使得宽带线路的铺设比韩国和日本等人口稠密的国家要广阔得多。[37]美国甚至没有被列入食品成本最高的前 10 个国家的名单。[38]部分由于法国对大型农场的限制,法国消费者每月平均支付 336 美元购买食品,而美国为 267 美元。在 75 个国家中,美国的航空旅行价格列最便宜的第 7 位,排在前面的大多是劳动力成本较低的发展中国家,比如印度和阿尔及利亚。[39]在银行业方面,凯捷咨询公司(CapGemini)发现美国核心银行服务的平均价格低于全球平均水平;而另一项研究发现,在 11 个主要发达国家中,美国银行为消费者服务的成本是第二低的。[40]

巴里·林恩也认为大企业和合并会导致更高的价格,可能还会带来更高的利润。[41] 他批评了一系列合并,包括赫兹租车公司[兼并道乐(Dollar)和 Thrifty]、Safeway(与 Albertsons 超市合并)、卡夫食品[Kraft Foods,收购纳贝斯克(Nabisco)],以及宝洁(收购吉列)。如果他是对的,这些合并赋予这些企业以市场势力,那么,它们的利润率一定高得离谱才合乎逻辑。但事实上,2015 年,它们的净利润率低于道琼斯工业平均指数。道指的平均利润率为 9.6%,但赫兹、Safeway、卡夫和宝洁全都较低,分别是 6.6%、1.6%、5.7%和 9.2%。

行业理应集中的理由

新布兰代斯派的争辩已经变成了谬论,甚至连《经济学人》都这样写道:"增长放缓鼓励企业收购竞争对手,压缩成本。"[42]但是,通过压低成本提高利润率通常需要提高生产率,而这正是实现更大繁荣的关键。事实上,有充分的理由加强集中,至少在某些行业应该如此,因为资本密集、高工资、有大量研发投入的行业,都存在较大的企业。[43]然而,新布兰代斯派忽视了影响竞争的重要的结构性差异,包括规模经济、网络效应、创新和全球市场竞争。

规模行业

在有些行业,企业规模由于规模经济而变得很大。然而,新布兰代斯派特别卖力地否认规模经济的存在,因为他们知道,这一现实最能削弱拆分大企业对经济有利的说法。马特·斯托勒(Matt Stoller)发推文反映了这一观点:"我越来越确信商业史上最大的骗局是'规模经济'这个概念。"[44]

斯托勒暗示，没有数千也有数百名经济学家、运营管理学者和经济史学家，在寻找生产规模经济时，不仅无能，而且故意欺诈。然而，有确凿的证据证明斯托勒错了。在最早就此问题开展的一项研究报告《经验的视角》中，波士顿咨询集团（Boston Consulting Group）发现"每当产品体验翻倍时，成本似乎会随着价值的增加而下降约 20％—30％。"[45] 这意味着"生产在多个竞争对手之间的分散化，会让消费者付出极高的代价"。[46] 不久前，奥巴马经济顾问委员会的一份议题摘要，《竞争的好处和市场势力的指标》，承认规模效率可能是集中度提高的原因之一。[47] 如果企业规模越大，边际成本越低，那么，企业规模增长，效率就会越高。

美国政府早就认识到规模经济的存在及其重要性。1980 年，美国联邦贸易委员会关于电灯行业的报告总结道：

> （生产技术）会使得小规模经营难以为继。根据电灯具体类型的不同，一家处于最低有效规模且大批量生产的工厂，就能占去总产量的 7％至 60％以上。因此，人们不得不指望，至少对那些使用最广泛的产品而言，最大的四家生产企业的集中度能达到 28％—100％。[48]

报告接着指出："工厂规模经济的存在，排除了将该行业拆分为碎片化竞争市场的可能。若以最低成本生产，只有少数公司可以经营。"[49] 换句话说，如果效率最高的电灯厂每年至少生产 1 000 万只灯泡，那么，在一个由众多企业组成的竞争市场中，每家企业每年就只需要生产 50 万只灯泡，这将导致更高的成本和价格。最近的研究还发现很多行业拥有规模效率。有项研究发现大多数工厂和公司收购都提高了生产率，结论是"企业资产市场有助于将资产从利用能力较低的公司重新配置到利用能力较高的公司。"[50]

银行业是典型的受益于规模经济的行业。然而,新布兰代斯派不这样认为。巴里·林恩警告说:"尽管人口大幅增加,但自 1981 年以来,美国银行的总数已经下降了约 60％。"[51]事实上,尽管所谓的"大到不能倒"的银行在增加,但商业银行的 C4 和 C8 集中度实际上在 2002 年至 2012 年间有所下降,分别从 29.5％降至 25.6％,以及从 41.0％降至 35.8％。[52]此外,如果从零开始创建一个美国银行体系,它可能就不像目前的银行系统有 5 000 多家银行(尽管这个数字相比 1980 年的 12 000 多家减少了)。[53]正如第 2 章的讨论,这么庞大的数量反映了地方对银行的保护,地方保护主义致使各州祭起单一制银行法的大旗,禁止银行跨州开设分行。随着各州在 20 世纪 80 年代放宽了对这些已经过时法律的执行,国会在 1994 年通过立法,取消了大部分此类限制,联邦储备银行指出,规模较小的银行被规模更大、效率更高的银行收购,以便利用规模经济。[54]

但是,由于大多数其他国家从未制定过美国式的单一制银行法,因此,它们的人均银行数量一直少得多。1998 年,日本只有 170 家银行,平均每 74.7 万人有 1 家银行。加拿大被广泛认为拥有世界上最安全的银行体系,却是平均每 116 万人有 1 家银行。美国则是平均每 5.8 万人有 1 家银行。1999 年,美国五家最大的银行的存款和资产份额仅为 27％,而加拿大为 77％,法国为 70％,瑞士为 57.8％。[55]

不过,即使银行数量在过去几十年里下降了一半以上,但银行的规模经济仍然余波未尽,美国仍然在承受太多银行之苦。正如美联储发现的那样,从成本方面看,即使是规模最大的银行也是规模收益递增,这意味着随着它们越来越大,其每位客户的服务和储蓄成本都会下降。[56]美联储还发现:"我们的研究结果显示,限制银行规模会引致机会成本,因为这意味着银行将失去之前国税局给予的成本优势(规模收益递增)。"[57]其他研究也得出了类似的结果。[58]

即使新布兰代斯派承认银行越少生产率越高,他们也认为这将意味着更加严格的贷款政策,导致大银行更不可能向本地的小企业放贷。但是,一项对银行规模和贷款的研究发现,"如果有什么不同的话,小银行重要性的下降趋势使得银行的总体贷款增加,而不是减少。"[59]同样,另一项研究发现,"(在多个市场经营的大型银行)占有更大的市场份额,与小企业贷款竞争的加剧有关"。[60]

零售业也会因规模经济而受益。某研究发现"小型零售商之所以面临不断加剧的竞争压力,很大程度上是因为越来越多的连锁店面临边际成本的下降。"[61]换句话说,当一家大型商店变大时,其成本就会因规模经济而下降。难怪小零售商正在失去市场份额:它们效率低,库存商品少。因其规模,亚马逊公司得以配置高度自动化的配送中心,并不断强化机器人的应用程度。沃尔玛用得起世界上最复杂的库存管理软件系统之一,消费者因而受益。

此外,信息技术的进步正在扩大受益于规模经济的行业数量。10 年前,大多数人会认为,由于大多数出租车公司规模较小,而且是本地的,该行业只具有一定程度的规模经济。但是,得益于软件和具备全球定位功能的智能手机,优步和 Lyft 等公司出现,这至少使出租车行业的叫车和支付等功能,可以因规模经济而获益。

创新型行业

在依赖创新的行业,集中度也会促进消费者福利的增加,因为创新,新产品、服务或商业模式会定期投放市场。由于边际成本明显低于创新行业的平均成本,很多公司会趋于变大,而很多行业会趋于集中。例如,在软件行业,生产出第一份软件需要投入数亿美元,但再复制就没有什么成本了。

生产创新型实体产品的公司，其边际成本也可能下降。例如，花了近8年的开发时间和超过150亿美元的支出，波音公司才售出第一架碳纤维喷气式飞机——787梦想飞机。[62]这150亿美元必须计入每架787客机的销售费用之中。如果欧洲的空客和中国商用飞机公司（Comac）可以获得政府补贴，787客机的市场被削减，那么，波音将无力投资下一架创新型喷气式飞机。经济学家称这是规模收益递增。虽然几乎所有的高科技行业都存在这种现象，但技术含量低的行业大多没有。一项对1 000多家欧洲公司的研究发现，高科技公司存在规模收益递增，但超过一定规模，低技术含量的企业会出现规模收益递减。[63]这意味着，在创新行业中，企业规模和行业集中度的增大，意味着整个行业成本的降低。让10家或坦率地说哪怕3家航空公司，各自投资150亿美元开发一架类似787的喷气式客机，实在是浪费社会资源；而10家企业去开发个人电脑操作系统也是一种浪费，因为所有公司都必须投入相当多的资金用于编程，但相比只有一家公司，每家公司平均只有十分之一的销售额。

企业规模和行业集中度的提高也让利润增加成为可能，部分原因是销售收入会高于行业中有很多竞争对手时的固定成本。但是，这些更高的回报不是消费者的利空，而是消费者的利好，因为大多数创新公司如果能够生存下去，就不得不将这些利润再投资于下一轮高风险的创新之中[64]，或许是下一个787客机，或许是下一个版本的操作系统。因此，创新经济学的知名学者威廉·鲍莫尔写道："在进入难度并不太大的市场中，从长期看，集中度的提高可能并不是因为企业试图获得垄断势力，而是由于创新和创新而致的技术变革，从而使规模大于以往的公司能够高效地产出。"[65]

新布兰代斯派经常将一些技术型公司的巨大市场份额和高额利润视为垄断剥削的证据。但是，正如鲍莫尔指出的，"价格高于边际成本和价格歧视成为常态,而不是例外,因为……如果没有这种对完全竞争模型中的行为的偏离,创新支出和其他不可避免的重复沉没支出就无法收回。"[66]事实上,很多关于创新行业的研究发现,销售收入增加意味着研发投入会更多。[67]对欧洲公司的某项研究发现,对于高科技公司来说,"它们随着时间的推移提高技术知识水平的能力取决于其规模:研发投入的规模越大,取得技术进步的速度就越快。"[68]

我们在制药行业也能看到同样的动态。正如曾经的国会技术办公室总结的:"药物研发是一项高风险的投资;因此,为了吸引企业投资研究新药,必须获得高额回报。"[69]同样,哈佛经济学家弗雷德里克·迈克尔·谢勒写道:"如果药物研发投资的回报不是很有吸引力的话,制药商就很难比它们的同行更快地增加研发的投入。"[70]因此,经合组织写道:"药品销售收入和研发支出之间高度相关。"[71]

更高的利润是持续创新的源泉,至少对于有幸成功的创新公司来说是这样的(不幸的公司是负利润),尽管如此,新布兰代斯派还是担心创新垄断。但处于创新行业的企业更有可能借助创新进行竞争,从而使得对市场领导地位的竞争非常激烈。换句话说,企业追求创新不仅是为了获得一小部分稳定的市场,还要从根本上破坏市场:创造性破坏的过程。如约瑟夫·法雷尔(Joseph Farrell)和迈克尔·卡茨(Michael Katz)所写:"在受制于技术进步的网络市场中,竞争可能呈现为一连串'暂时垄断者'的形式,他们通过创新彼此取代。通常称这种竞争为熊彼特式竞争。"[72]熊彼特写道:

　　　　一旦质量竞争和促销活动被纳入理论的圣地,价格变量就不再起主导作用了。……但与教科书的描述不同,在资本主义的现实中,重要的不是那种竞争,而是来自新商品、新技术的竞争……即抢占绝对的成本或质量优势的竞争，它不会侵蚀现有公司的边际利润和产出，却会攻击其性命攸关的基础。这种竞争远比其他竞争更有效，两者之间的差异堪比炮轰与踹门。[73]

想必熊彼特还记得 1932 年最高法院的新州冰制品公司诉利布曼案（New State Ice Co. v. Liebmann）。此案的核心事实是俄克拉荷马州通过了一项法规，要求制冰商必须获得公用事业许可。法院适时地推翻了该项法规。但布兰代斯要为它辩护，他认为冰是一种社会必需品，并写道："为了报酬而向他人提供任何物品或服务的商业行为都有可能成为公众关心的事情。"但是，内置冷冻室的冰箱的开发和普及，很快让这个问题变得毫无意义，因为冰箱从 1932 年美国家庭拥有率不到 15％增至 20 世纪 50 年代初的 80％以上。[74]

因此，创新行业的竞争通常更多的是关乎创新而不是价格。鲍莫尔认为：

> 高科技大型企业之间的寡头竞争以创新为主要竞争武器，确保了创新活动的持续进行，相应地，创新也会持续增长。在这种市场形式中，少数大企业主宰了一个市场。在一些重要行业，创新取代价格，成了竞争的重中之重。计算机行业只是一个最明显的例子，改进的新机型不断出现，每个制造商都在力争领先于竞争对手。[75]

网络行业

第三类高集中度往往能增进福利的行业，是基于网络的行业。这些行业固定成本较高，但投资价值也会随着网络规模的扩大而增加。比如航空旅行、铁路等运输业，电力、天然气和自来水等公用事业，以及宽带和互联网应用等信息行业。

尽管网络行业存在规模效益，新布兰代斯派仍谴责网络行业中的企业规模在扩大。正如阿伯内西及其同事所写的那样："也许最令人震惊的是科技行业，在这个行业的网络效应、过时的法律和宽松监管的综合作用下，少数几家公司获得了对关键互联网服务的巨大控制力。"[76]

但是，网络行业的日益集中，通常向着创新和增进消费者福利的方向发展。例如住宅宽带，大多数美国消费者至少有两家有线竞争对手（有线电视公司和电话公司）可以选择。另外还有一家卫星终端提供商和多家无线网络提供商，虽然采用的至少是最新的技术，但要么价格较高，要么质量较差。新布兰代斯派谴责这种双寡头垄断，主张更多的竞争，包括让政府投资和运营第三个有线网络的建设。但是，利用政府政策来增加更多的竞争对手会让消费者的福利减少，整个经济也会变得更糟。这是因为随着三个独立网络的建成和投入运营，每个网络所有者现在平均最多只能捕获三分之一的客户，而不是一半，总成本会增加。结果是成本上升，收入下降，几乎可以肯定的是，即使利润（已经到了美国企业平均水平上下）下降，价格也会上涨。遗憾的是，部分由于联邦的"普遍服务"政策补贴了低效的小型电信和宽带提供商，致使很多公司规模较小，无法充分发挥规模经济的潜力。2012 年，美国有 3 520 家有线电信运营商，平均就业人数仅有 215 人。[77]

另一个受新布兰代斯派批评的网络行业是航空公司。巴里·林恩和菲利普·朗曼写道："20 世纪 70 年代末，卡特政府以'放松管制'的名义废除了这项法律，允许航空公司合并。自那以后的几年里，合并甚至达到了铁路大亨都闻所未闻的程度。如今，四家超级航空公司控制着 80% 的客流量，完全垄断了多条航线。"[78]但这里忽略了一个事实：这种更加集中的产业结构提供的是更多的直航和更方便的转机，为消费者创造了真正的价值。事实上,四大国内航空公司的航班网络相互协调,实现了最佳的转机管理。此外,从 1995 年至 2015 年,航空公司价格的涨幅仅为通货膨胀率的一半左右,即飞机票涨幅为 29％,通货膨胀率则为 55％。[79]另外,航空公司的合并对航空公司的生产率产生了重大的积极影响。1997 年至 2014 年间,私人非农业行业的多要素生产率*提高了 19％。但是,在合并的年代,航空公司的生产率却惊人地增长了 74％。[80]

跟很多其他案例一样,在这种情况下,布兰代斯派的主要反对意见涉及公平而不是效率。正如林恩和朗曼所写的那样,现在的航空公司“区别对待居住在不同城市的人,削减服务,提高飞往圣路易斯、孟菲斯和明尼阿波利斯等地的票价,使吸引生意和维持经营变得更加困难。”[81]但事实上,这三个城市的机票价格涨幅都等同于或低于全美平均水平。(公平地说,自 1995 年以来,某些航线的机票平均价格增长得比其他航线快。)尽管通货膨胀率增加了 55％,往返夏威夷和阿拉斯加等地的票价增加了 1 倍多,而往返丹佛、密尔沃基和弗吉尼亚州里士满等地的票价增幅不到 10％。根据市场需求设定价格和线路,大型航空公司也不是一定就会成功,不过多数是赢家。[82]

铁路是另一个具有网络效应的行业。为同一条路线修建两条铁路线,将严重浪费社会资源。当政府想方设法迫使该行业组建为一种特定的结构,同时监管其价格时,美国铁路行业几乎破产。直到 1980 年《斯塔格斯铁路法案》出台,国会解除对该行业的管制时,它才恢复健康。例如,在该法通过后差不多 10 年里,相比该法生效前,铁路行业的多要素生产率增至 3 倍多。[83]克雷格·皮龙写道:“在铁路市场的某些路段可能看到了市场势力的增强,但在大多数路段都受到来自非铁路运输的竞争(如卡

*　多要素生产率(multifactor productivity)是将产出与劳动力、资本和能源等不同类型的投入关联在一起的综合衡量指标。它通常被用作创新的替代指标。——译者注

车运输、海运,甚至让天然气可以与煤竞争的管道)。"[84]

我们也观察了在用户端具有网络效应的行业:如果更多的人使用其产品或服务,它所带来的收益就会被放大。正如奥巴马政府经济顾问委员会的一份报告指出的,"一些较新的技术市场也具有网络效应,很多消费者使用同一种产品会产生巨大的正溢出效应。网络效应重大的市场可能会由一家公司主导,如社交媒体网站。"[85]

换一种方式思考这个问题会更好。如果政府把 Facebook 这样的公司分拆成"Facebook"和"Headbook"两家企业,人们是否真的会喜欢? 一半好友在 Facebook 上,另一半在 Headbook 上。结果,每次想发布自己孩子生日聚会的照片时,你将不得不发布两次。换句话说,这就是只有一个主要的社交网络(Facebook),只有一个微博网站(Twitter),只有一个主要的职业社交网站(领英)的原因:用户因能有效率地与很多人交流而收益更多。此外,我们不用真的担心网络行业目前的集中度水平。这些行业免费提供服务,因为从竞争的角度看,相关市场不是社交网络或微博网络,而是广告市场。这些公司全都在争抢广告费用,尽管规模庞大,但他们在广告市场几乎不存在市场势力。

我们在软件业看到了相同的动态。1998 年,美国司法部起诉微软,声称将操作系统业务与办公软件市场分离开,有竞争力的操作系统就会出现,之后,新布兰代斯派希望联邦政府分拆微软。但是,对消费者来说,分拆微软带来的却是负价值。谁会想要两个不同的操作系统呢? 若如此,用户就很难在使用不同系统的人员或组织之间共享文件。事实上,微软之所以没有被分拆,那是因为操作系统和应用程序(如字处理软件)的网络效应带来的好处是显而易见的。这并不是说竞争主管机构不应处理垄断行为。例如,作为与美国政府达成和解的条件,微软必须让相关产品(如浏览器)的竞争对手更好地与 Windows 操作系统交互。但这与新布兰代斯派打破数字垄断者和寡头垄断的解决方案大相径庭。

全球竞争中的行业

规模带来经济福利增加的第四类行业，是面临全球竞争的行业。自1980年以来，几十个行业出现了全球寡头垄断，它们的总部通常在欧洲、日本和美国。但是，正如第2章指出的那样，这实际上是全球第二波合并浪潮。第一波发生在1918—1939年，主要形式是国际卡特尔，它们占全球贸易的30％—40％（与今天的公司间转让大致相同）。至少在收益递增的行业，合并和卡特尔是创造规模经济的可替代方法，只不过合并更具优势。方法的选择反映了各国的法律。战后企业合并而非组成卡特尔的趋势，反映了美国对卡特尔的敌意，以及对欧洲等地的合并竞争政策的宽容。然而，工业经济走向有效率的寡头市场的趋势已经非常明显，工业时代的两次全球化都见证了这一点。

遗憾的是，新布兰代斯派似乎不但忽视了美国现正处于激烈的全球竞争的事实，也忽视了美国正在输掉这一竞争的事实，每年5 000多亿美元的贸易逆差就是证明。《经济学人》写道："美国尤其养成了对大企业奉行疑罪从无的习惯。这在20世纪80年代和90年代还有些道理，当时通用汽车和IBM等大企业正受到外国竞争对手或国内新兴企业的威胁。现在，超级明星公司正在控制整个市场，并寻找新的方法巩固自己的地位，这种做法就不那么站得住脚了。"[86]

真的吗？美国公司不再受外国竞争对手的威胁？20世纪80年代和90年代，美国贸易逆差占GDP的比重，比2000—2015年平均要低40％（分别为1.5％和3.8％）。后来，美国没有迎击来自一些国家主导的出口导向创新强国的竞争，这些国家政府在补贴和保护国内龙头企业。在这种新的全球环境中，许多行业的公司需要扩大规模，以便能够在全球范围内进行有效竞争。

令人惊讶的是,新马克思主义学者们对竞争的描绘更准确,他们认识到全球竞争的显著增强,以及为有效竞争而随之而来的大企业的崛起。社会主义刊物《每月评论》发表的一篇文章指出:

> 在资本主义垄断阶段兴起的大企业,越来越多地作为跨国公司在全球运营。于是,它们在本国国内市场以及全球经济中彼此对抗,或多或少地取得了成功。结果是,企业巨头感受到的直接竞争压力上升了。[87]

文章接着指出:"约翰·肯尼思·加尔布雷思在《新工业国》中描述的世界,显然受到了损害。在那个理想世界中,少数几家企业集团按照自己的'规划体系'专横地统治着市场。"[88]

新布兰代斯派拒绝这一说法。林恩和朗曼写道:"这个想法完全忽略了所有的历史证据。在阿诺德(小罗斯福时期司法部反托拉斯局局长)开创的体制下,美国经济战胜了两个对立的经济体系,先是国家社会主义,后来是苏联的共产主义。二战期间,美国成为'民主的兵工厂',即便当时的美国司法部正忙于通过反垄断诉讼来打击国内垄断。"[89]试图将美国经济在二战期间和战后的成功,归因于瑟曼·阿诺德反托拉斯局的遗产,是创造性的,但缺乏说服力。让我们从这样一个事实说起吧:如第 10 章所述,这些新布兰代斯派政策,实际上为美国在消费电子、复印机和计算机等多个行业丧失全球竞争力搭建了舞台。

其次,在当时,因为受欧洲和亚洲战争的重创,美国的经济竞争多数不成功,更不用谈在竞争激烈的赛场上获胜了。苏联僵化的国家计划体系永远不可能产生有活力的竞争者。第三,从 20 世纪 30 年代到 70 年代,全球化程度较低。20 世纪 50 年代初,美国进出口仅占 GDP 的 7%,2012—2015 年这一比例则达到了 30%。更重要的是,在过去 15 年中,中国等国家采取了一系列促进出口的政策,旨在竞争世界贸易组织体系内基本没有受到挑战的美国公司的全球市场份额。[90]

以半导体行业为例,美国是半导体行业的先驱,至少目前仍然处于领先地位。然而,中国也志在成为半导体行业各主要领域世界顶级的竞争者。某中国官员表示,政府打算让"政府的有形之手与市场的无形之手形成合力"。[91]有形之手最明显的表现就是政府补贴,特别是国家和地区性的集成电路基金,这些基金已经累积了 1 000 多亿美元的资产。

这些资金很大一部分正被用于收购半导体行业的外国竞争者;事实上,自 2014 年 6 月以来,中国企业在半导体产业价值链的不同层面进行了 17 次收购,其中最引人注目的是中国清华紫光集团 2015 年 7 月以 230 亿美元收购美国芯片巨头美光科技(Micron Technologies)竞标失败。[92]在这种环境下,美国的市场领导者英特尔公司的规模,是美国为数不多的可取之处之一,因为如果说有哪家公司拥有能与国外收购者抗衡的资源,那就得是如英特尔般大小的公司。

国家支持下的竞争不仅发生在半导体行业。中国 121 家最大的国有企业的总资产,从 2002 年的 3 600 亿美元增至 2010 年的 2.9 万亿美元,部分原因是在最近的金融危机期间,中国 1.4 万亿美元的银行贷款约有 85%流向了国有企业。[93]国有企业占中国 GDP 的 40%以上,占中国境外直接投资(OFDI)规模的 70%。[94]事实上,中国境外直接投资的股票价值总额,从 1990 年的 40 亿美元增至 2010 年的 2 980 亿美元,2016 年更是达到了 1.3 万亿美元。[95]正如 MIT 斯隆商学院教授黄亚生所言,中国的"国有企业如此大规模的投资可能是历史上前所未有的"。[96]中国并非唯一在贸易领域挑战美国的国家。巴西、印度、印度尼西亚、俄罗斯和其他多个国家在这方面都是精明的践行者。美国的国家竞争力战略薄弱,甚至不存在,包括还有极高的公司税率,在这种环境下,企业规模至少是与外国竞争对手的优势相抗衡的一种潜在的防御机制。

支持买方垄断的理由

虽然新布兰代斯派主要关注卖方势力(卖方垄断),他们也担心买方势力(买方垄断)。他们担心大企业会不公平地利用其市场势力伤害供应商。正如新布兰代斯派的萨贝尔·拉赫曼所写:"例如沃尔玛,就像亚马逊一样,尽管价格低廉,但它拥有平台的力量,可以利用其庞大的消费者群体,向那些希望自己的商品摆上货架的生产商施加压力。"[97]拉赫曼写道,保罗·克鲁格曼(Paul Krugman)赞同:"亚马逊是一种不同的垄断。它不是从消费者那里抽取租金,而是以买方垄断的方式运营,该公司的买方势力使它可以区别对待供应商。"[98]拉赫曼表示同意:

> 亚马逊是一个关键枢纽,几乎任何书商或购物者都必须通过它。因此,亚马逊可以利用其地位不公平地对待出版商,将其能够接触到的庞大用户群作为武器。它就是这样对待 Hachette 出版集团的,因为 Hachette 争取电子书的定价权,亚马逊就拒绝预购该出版商的图书。[99]

亚马逊向出版商 Hachette 施压,以便可以降低价格。新布兰代斯派的呼吁似乎就应该变成:"请支持我们,我们会确保卖给你东西的商家不会降价!"自由派经济学家迪安·贝克(Dean Baker)写道:"我也不太同情那些担心亚马逊的施压会导致自己收入下降的出版商和作家。"[100]需要说明的是,这并不是说亚马逊不会利用其市场地位不公平地行事,而是说利用它为消费者降低价格并不算不公平。

虽然大型采购者能向供应商施压,但结果通常是有益的,因为这会迫使它们变得更加创新和更具竞争力。势力大的采购者更有可能要求供应商持续削减成本和创新,这两方面都有利于消费者。

更广泛地讲,竞争政策的目标不应是保护企业的供应商,而是鼓励效率和竞争力,从而使消费者受益。然而,奥巴马经济顾问委员会认为企业优先于消费者,因为它声称:"如果企业家将其产品出售给下游企业,而不是最终用户,那么,该企业就会因为愿意购买其产品的下游企业数量众多而受益。"[101]换句话说,如果政府将沃尔玛这样的大型零售商分拆,它们的议价能力就会降低,小企业供应商就有机会定高价。这样做而不会对消费者产生负面影响的唯一前提条件是:大型零售商拥有完全的市场势力,并且丝毫没有将因供应商降价而节省的成本与消费者分享。没有任何证据证明这一命题成立。此外,企业要的是一个有效率的分销体系,而不是一个最大化分销商数量的体系,因为这会压低价格,从而增加消费者的需求——小企业尤其如此。

小企业也可以拥有市场势力

对于信奉路易斯·布兰代斯思想的人来说,市场势力源自规模。只有大企业才能以限制竞争和反消费者的方式行事。事实上,某些最恶劣的"垄断者"却是小企业,它们要么以从业准则和类似行会规矩的方式限制竞争,要么在政府的帮助下相互勾结。通过联合起来限制竞争,这些以小企业为主的行业,既损害了消费者的利益,又扼制了创新。

验光配镜行业就是一个恰当的例子。为阻止隐形眼镜用户从其他更便宜的来源(如沃尔玛和电商 1800Contacts.com)购买镜片,这些眼镜配镜师有着悠久而成败参半的共谋史。根据传统定义,配镜师并不拥有市场势力，因为他们大多是地方上的小从业者。此外，他们似乎也并没有能力赚取垄断者该得的超高利润。尽管如此，该行业长期以来一直在从事反竞争的行为，以限制隐形眼镜购买者在其他地方购买隐形眼镜。该行业之所以拥有这种权力，是因为它扮演了看门人的角色：用户在没有处方的情况下不能购买隐形眼镜。[102] 该行业已利用这一权力，迫使隐形眼镜制造商不向低成本的分销者（尤其是眼镜片的网络销售商）销售镜片，从而让制造商清楚地意识到：如果不守规矩，配镜师就会拒绝为它们的品牌开处方。这种共谋基于专业规范，在博客、行业期刊和专业会议上反复强化，但它与联合抵制有着同样的效果。

我们看到此类反竞争行为来自很多由小企业主导的行业：房地产经纪人、葡萄酒批发商、律师、汽车经销商等。通过促成法律通过，汽车经销商使得汽车制造商在全美 50 个州直接向消费者销售汽车变得不再合法，从而维护了自己的利润。通过支持禁止葡萄园面向酒类商店直销的法律，葡萄酒批发商因而受益。律师则反对提供法律服务软件。如果新布兰代斯派真的想要找一个陈规陋习开刀，就应该从这里开始，这些不公平的做法只会有利于相对富裕的专业人士和小企业主，不仅直接伤害消费者，还人为地限制了更大、更高效企业的市场份额。

这并非说不存在市场势力导致价格上涨和损害消费者的情况。几项研究发现美国医院的情况就是如此，随着"管理式医疗"的兴起，医院经历了一波合并浪潮。因此，美国联邦贸易委员会于 2015 年 12 月宣布，计划阻止芝加哥地区的两个大型医院系统的合并，这里指的是 Advocate 医疗中心和北岸大学医疗系统（Northshore University Health System）。[103] 但是，这些案例都是些例外，大多数情况下，现有的竞争主管机构会采取适当的方法限制这些情况的发生。据称新布兰代斯派就是里根时代以来反垄断执法不严格的结果。该派认为美国的许多或大多数经济问题是源于

日益增多的垄断。这种论点经不起推敲,沿着这条路走下去肯定不利于
美国经济的竞争力和增长,以及消费者福利和人均收入的增加。

注释

1. Senator Elizabeth Warren, "Senator Elizabeth Warren Delivers Remarks on
   Reigniting Competition in the American Economy," news release, June 29,
   2016, https://www.warren.senate.gov/?p=press_release&id=1169.

2. Barry C. Lynn and Phillip Longman, "Who Broke America's Jobs Machine?,"
   Washington Monthly, March/April, 2010, http://washingtonmonthly. com/
   magazine/marchapril-2010/who-broke-americas-jobs-machine-3.

3. Nell Abernathy, Mike Konczal, and Kathryn Milani, "Untamed: How to Check
   Corporate, Financial, and Monopoly Power" (New York: Roosevelt Institute,
   June 6, 2016), http://rooseveltinstitute. org/untamed-how-check-corporate-fi-
   nancial-and-monopoly-power/.

4. Jason Furman, "Productivity Is Slowing and Inequality Is Growing. Here's What's
   Causing It: Productivity, Inequality, and Economic Rents," *Evonomics*, July 9,
   2016, http://evonomics. com/productivity-is-slowing-inequality-is-growing-heres-
   whats-causing-it.

5. Elaine S. Tan, "Champernowne Model Estimates of Aggregate Concentration in
   the United States, 1931—2000," working paper, October 20, 2008 (last
   revision), https://papers.ssrn.com/sol3/papers.cfm?abstract_id=1285070.

6. John Bellamy Foster, Robert W. McChesney, and R. Jamil Jonna "Monopoly and
   Competition in Twenty-First Century Capitalism," *Monthly Review* 62, no.11,
   April 2011, https://monthlyreview. org/2011/04/01/monopoly-and-competition-
   in-twenty-first-century-capitalism.

7. Ibid.

8. IRS, SOI Tax Stats, Table 5—Returns of Active Corporations, 1994 and 2013
   (database, last modified May 25, 2016), https://www.irs.gov/uac/soi-tax-stats-
   table-5-returns-of-active-corporations.

9. Federal Trade Commission, Annual Competition Reports: Annual Reports to

Congress Pursuant to the Hart-Scott-Rodino Antitrust Improvements Act of 1976, https://www.ftc.gov/policy/reports/policy-reports/annual-competition-reports.

10. White House, "Benefits of Competition and Indicators of Market Power," Council of Economic Advisers Issue Brief, updated May 2016, https://obamawhitehouse.archives.gov/sites/default/files/page/files/20160502_competition_issue_brief_updated_cea.pdf.

11. Asher Schechter, "Economists: 'Totality of Evidence' Underscores Concentration Problem in the US," Pro-Market, March 31, 2017, https://promarket.org/economists-totality-evidence-underscores-concentration-problem-u-s.

12. 美国政府的行业分类,依据的是北美产业分类体系。六位数是最细口径的子行业。比如,面粉研磨行业的编码为 311211。

13. US Census Bureau, *Economic Census 2002 and 2012* (Concentration by Largest Firms by Industry), http://factfinder.census.gov/faces/nav/jsf/pages/index.xhtml(accessed July 6, 2016).

14. Ryan Decker, John Haltiwanger, Ron Jarmin, and Javier Miranda, "The Role of Entrepreneurship in U.S. Job Creation and Economic Dynamism," *Journal of Economic Perspectives* 28, no.3,(Summer 2014): 3—24.

15. 这是原始平均值,并未依据销售额进行调整(数据来自 US Census Bureau, "Manufacturing: Subject Series: Concentration Ratios: Share of Value Added Accounted for by the 4, 8, 20, and 50 Largest Companies for Industries: 2002, 2007, 2012")。

16. John Baldwin, "The Dynamics of the Competitive Process"(mimeo, Queen's University, 1991).

17. Robert H. McGuckin and Sang V. Nguyen, "On Productivity and Plant Ownership Change: New Evidence from the Longitudinal Research Database," *RAND Journal of Economics* 26, no.2(Summer 1995): 257—276.

18. David M. Szymanski, Sundar G. Bharadwaj, and P. Rajan Varadarajan, "An Analysis of the Market Share-Profitability Relationship," *Journal of Marketing* 57, no.3(July 1993): 1—18.

19. Ibid., 13.

20. Michael D. Giandrea, "Industry Competition and Total Factor Productivity Growth," BLS Working Paper 399(Washington, DC: US Bureau of Labor Statistics, September 2006), 2.

21. Jan De Loecker and Jan Eeckhout, "The Rise of Market Power and the Macroeconomic Implications," NBER Working Paper No. 23687 (Cambridge, MA: National Bureau of Economic Research, August 2017), http://www.nber.org/papers/w23687.

22. Ibid.

23. General Electric Co. financials, https://www.gurufocus.com/financials/GE.

24. IRS, SOI Tax Stats, Statistics of Business(Table 5. Selected Balance Sheet, Income Statement, and Tax Items, by Sector, by Size of Business Receipts), https://www.irs.gov/uac/soi-tax-stats-table-5-returns-of-active-corporations.

25. Ibid., Table 5 for Tax Year 2013.

26. Abernathy, Konczal, and Milani, "Untamed." See also White House, "Benefits of Competition and Indicators of Market Power," Council of Economic Advisers Issue Brief, April 2016, https://obamawhitehouse.archives.gov/sites/default/files/page/files/20160414_cea_competition_issue_brief.pdf.

27. OECD, *The Future of Productivity* (Paris: OECD Publishing, July 2015), http://www.oecd.org/eco/growth/OECD-2015-The-future-of-productivity-book.pdf.

28. Ibid., 12.

29. James Manyika, Susan Lund, Jacques Bughin, Jonathan Woetzel, Kalin Stamenov, and Dhruv Dhingra, "Digital Globalization: The New Era of Global Flows"(Washington, DC: McKinsey Global Institute, February 2016), http://www.mckinsey.com/business-functions/mckinsey-digital/our-insights/digital-globalization-the-new-era-of-global-flows.

30. White House, "Benefits of Competition and Indicators of Market Power," Council of Economic Advisers Issue Brief, updated May 2016, https://obamawhitehouse.archives.gov/sites/default/files/page/files/20160502_competition_issue_brief_updated_cea.pdf.

31. Olivia LaVecchia and Stacy Mitchell, "North Dakota's Pharmacy Ownership Law," Institute for Local Self-Reliance, October 2014, http://ilsr.org/wp-content/uploads/2014/10/ND_Pharmacy_Ownership_Report.pdf.

32. Peng Cheng Zhu and Peter E. Hilsenrath, "Mergers and Acquisitions in U.S. Retail Pharmacy," *Journal of Health Care Finance*, October/November 2014, http://healthfinancejournal.com/index.php/johcf/article/view/20.

33. US Bureau of Labor Statistics, Annual Index of Labor Productivity(2007＝100) for NAICS 446110, Pharmacies and Drug Stores.

34. Barry C. Lynn and Phillip Longman, "Who Broke America's Jobs Machine?," *Washington Monthly*, March/April, 2010, http://washingtonmonthly. com/magazine/marchapril-2010/who-broke-americas-jobs-machine-3.

35. Robert Reich, "Why We Must End Upward Predistribution to the Rich," *Huffington Post*, September 27, 2015, http://www. huffingtonpost. com/robert-reich/why-we-must-end-upward-pr_b_8204796.html.

36. See figure 2.36 in OECD, *OECD Digital Economy Outlook 2015* (Paris: OECD Publishing, 2015), http://ec. europa. eu/eurostat/documents/42577/3222224/Digital+economy+outlook+2015/dbdec3c6-ca38-432c-82f2-1e330d9d6a24.

37. Richard Bennett, Luke A. Stewart, and Robert D. Atkinson, "The Whole Picture: Where America's Broadband Networks Really Stand"(Washington, DC: Information Technology and Innovation Foundation, February 2013), https://itif. org/publications/2013/02/12/whole-picture-where-america％E2％80％99s-broadband-networks-really-stand.

38. Andrea DiVirgilio, "10 Countries with The Highest Cost of Food," *The Richest*, November 6, 2013, http://www. therichest. com/expensive-lifestyle/food/countries-with-the-most-expensive-cost-of-food.

39. "Aviation Price Index," *Kiwi*, https://kiwi.com/stories/aviation-price-index/usd.

40. "World Retail Banking Report," CapGemini, ING, and the European Financial Management & Marketing Association(EFMA), 2007, https://www.capgemini. com/resource-file-access/resource/pdf/World_Retail_Banking_Report_2007. pdf. See also Oxera, "The Price of Banking: An International Comparison—Report Prepared for British Bankers' Association," November 2006, http://www.oxera. com/getmedia/dfa0bbfd-ce3e-4509-b434-c456464edbbb/The-price-of-banking％ E2％80％94an-international-comparison.pdf.aspx?ext=.pdf.

41. Barry Lynn, *Cornered: The New Monopoly Capitalism and the Economics of Destruction*(New York: John Wiley & Sons, 2011).

42. "The Superstar Company: A Giant Problem: The Rise of the Corporate Colossus Threatens Both Competition and the Legitimacy of Business," *Economist*, September 17, 2016, http://www. economist. com/news/leaders/21707210-rise-corporate-colossus-threatens-both-competition-and-legitimacy-business.

43. Raghuram G. Rajan, Krishna B. Kumar, and Luigi Zingales, "What Determines Firm Size?" NBER Working Paper 7208(Cambridge, MA: National Bureau of Economic Research, 1999), http://www.nber.org/papers/w7208.pdf.

44. Matt Stoller, tweet, August 20, 2017, https://twitter.com/matthewstoller/status/899305284920856577.

45. The Boston Consulting Group, *Perspectives on Experience* (Boston: Boston Consulting Group, 1970), 12.

46. Ibid., 49.

47. White House, "Benefits of Competition and Indicators of Market Power," 2, https://obamawhitehouse.archives.gov/sites/default/files/page/files/20160502_competition_issue_brief_updated_cea.pdf.

48. Robert P. Rogers, "Staff Report on the Development and Structure of the U.S. Electric Lamp Industry" (Washington, DC: Federal Trade Commission, February 1980), 138.

49. Ibid., 141.

50. Vojislav Maksimovic and Gordon Phillips, "The Market for Corporate Assets: Who Engages in Mergers and Asset Sales and Are There Efficiency Gains?," *Journal of Finance* 66, no.6 (December 2001).

51. Barry C. Lynn, "Antitrust: A Missing Key to Prosperity, Opportunity, and Democracy," Demos, October 2013, http://www.demos.org/sites/default/files/publications/Lynn.pdf.

52. US Census Bureau, Concentration Ratios by Industry, Finance 2002, 2012 (Series ID: EC1252SSSZ6 & EC0252SSSZ6) (database), http://factfinder.census.gov/faces/nav/jsf/pages/index.xhtml.

53. Roisin McCord, Edward Simpson Prescott, and Tim Sablik, "Explaining the Decline in the Number of Banks since the Great Recession," Economic Brief 15-03 (Federal Reserve Bank of Richmond, March 2015), https://www.richmondfed.org/-/media/richmondfedorg/publications/research/economic_brief/2015/pdf/eb_15-03.pdf.

54. Ibid.

55. "How Does the U.S. Banking System Compare with Foreign Banking Systems?" (Federal Reserve Bank of San Francisco, April 2002), http://www.frbsf.org/education/publications/doctor-econ/2002/april/us-banking-system-foreign.

56. David C. Wheelock and Paul W. Wilson, "The Evolution of Scale Economies in U.S. Banking," Working Paper 2015-021C, revised (Federal Reserve Bank of St. Louis, Research Division, February 2017), https://research.stlouisfed.org/wp/2015/2015-021.pdf.

57. Ibid., 21.

58. David C. Wheelock and Paul W. Wilson, "Do Large Banks Have Lower Costs? New Estimates of Returns to Scale for U.S. Banks," *Journal of Money, Credit and Banking*, January 27, 2012, http://onlinelibrary.wiley.com/doi/10.1111/j.1538-4616.2011.00472.x/abstract.

59. Sandra E. Black and Philip E. Strahan, "Business Formation and the Deregulation of the Banking Industry," in *Public Policy and the Economics of Entrepreneurship*, ed. Douglas Holtz-Eakin and Harvey S. Rosen (Cambridge, MA: MIT Press, 2004), 73.

60. Kwangwoo Park and George Pennacchi, "Harming Depositors and Helping Borrowers: The Disparate Impact of Bank Consolidation," *Review of Financial Studies* 22, no.1(2009):1—40, 34.

61. Emek Basker, Shawn Klimek, and Pham Hoang Van, "Supersize It: The Growth of Retail Chains and the Rise of the 'Big-Box' Store," *Journal of Economics & Management Strategy* 21, no.3(2012):541—582, 576.

62. Dominic Gates, "Boeing Celebrates 787 Delivery as Program's Costs Top $32 Billion," *Seattle Times*, September 24, 2011, http://seattletimes.com/html/businesstechnology/2016310102_boeing25.html.

63. Antonio Vezzani and Sandro Montresor, "The Production Function of Top R&D Investors: Accounting for Size and Sector Heterogeneity with Quantile Estimations," IPTS Working Papers on Corporate R&D and Innovation 02/2013 (Seville: European Commission, Joint Research Center, 2013).

64. 关于这一争论的一个回顾,参见 Carl Shapiro, "Competition and Innovation: Did Arrow Hit the Bull's Eye?," http://faculty.haas.berkeley.edu/shapiro/arrow.pdf。

65. William J. Baumol, *The Free-Market Innovation Machine* (Princeton, NJ: Princeton University Press, 2002), 176.

66. Ibid., 162.

67. Bronwyn H. Hall, "Investment and Research and Development at the Firm Level: Does the Source of Financing Matter?," NBER Working Paper 4096 (Cambridge, MA: National Bureau of Economic Research, 1992); and Lorne Switzer, "The Determinants of Industrial R&D: A Funds Flow Simultaneous Equation Approach," *Review of Economics and Statistics* 66, no.1(1984):163—168, cited in George Symeonidis, "Innovation, Firm Size and Market Structure: Schumpeterian Hypotheses and Some New Themes," OECD Economic Department Working

Paper 161(Paris: OECD, 1996).

68. Antonio Vezzani and Sandro Montresor, "The Production Function of Top R&D Investors: Accounting for Size and Sector Heterogeneity with Quantile Estimations," *Research Policy* 44, no. 2 (2015), http://www. sciencedirect. com/science/article/pii/S0048733314001462.

69. US Congress, Office of Technology Assessment(OTA), Pharmaceutical R&D: Costs, Costs, Risks and Rewards OTA-H-522(Washington, DC: US Government Printing Office, February 1993), 2, http://ota.fas.org/reports/9336.pdf.

70. F. M. Scherer, "Pricing, Profits, and Technological Progress in Pharmaceutical Industry," *Journal of Economic Perspectives* 7, no.3(1993):97—115.

71. Organisation for Economic Co-operation and Development(OECD), Pharma-ceutical Pricing Policies in a Global Market(Paris: OECD, September 2008), 190, http://www.oecd.org/els/pharmaceutical-pricingpolicies-in-a-global-market.htm.

72. Joseph Farrell and Michael L. Katz, "Competition or Predation? Schumpeterian Rivalry in Network Markets," *Journal of Industrial Economics* 53, no.2(2005): 203—231.

73. Joseph A. Schumpeter, *Capitalism, Socialism and Democracy*(New York: Harper & Brothers, 1950), 84.

74. Derek Thompson, "The 100-Year March of Technology in 1 Graph," *Atlantic*, April 7, 2012, http://www. theatlantic. com/technology/archive/2012/04/the-100-year-march-of-technology-in-1-graph/255573.

75. Baumol, *The Free-Market Innovation Machine*.

76. Abernathy, Konczal, and Milani, "Untamed," 18.

77. US Census Bureau, "2012 Statistics of U.S. Businesses," https://www.census.gov/data/datasets/2012/econ/susb/2012-susb.html.

78. Barry Lynn and Philip Longman, "Populism with a Brain," *Washington Monthly*, June/July/August, 2016, http://washingtonmonthly.com/magazine/junejulyaug-2016/populism-with-a-brain.

79. "Annual U.S. Domestic Average Itinerary Fare in Current and Constant Dollars" (Washington, DC: U.S. Department of Transportation, Bureau of Transportation Statistics), http://www. rita. dot. gov/bts/airfares/programs/economics _ and _ finance/air_travel_price_index/html/AnnualFares.html. To be fair, this does not include the fact that more airlines now charge for items and services, such as for pillows or to check bags, than did before. But even including these adjustments

would still likely see total costs increasing less than the rate of inflation.

80. US Bureau of Labor Statistics, Figure 5. Multifactor Productivity in Air Transportation and Private Nonfarm Business(data derived from US Bureau of Labor Statistics, US Bureau of Economic Analysis, and US Bureau of Transportation Statistics), https://www.bls.gov/opub/mlr/2017/images/data/russell-fig5.stm.

81. Lynn and Longman, "Populism with a Brain."

82. US Department of Transportation, Bureau of Transportation Statistics, "Table 11. Air Travel Price Index: Top 85 Markets Ranked by Percentage Change from 1995," http://www. rita. dot. gov/bts/programs/economics _ and _ finance/air _ travel_price_index/html/table_11.html.

83. John Duke, Diane Litz, and Lisa Usher, "Multifactor Productivity in Railroad Transportation," *Monthly Labor Review*, August, 1992, https://www.bls.gov/mfp/mprduk92.pdf.

84. Craig Pirrong, "Antitrust to Attack Inequality? Fuggedaboutit: It's Not Where the Money Is," StreetwiseProfessor.com, January 5, 2006, http://streetwiseprofessor.com/?p=10020.

85. White House, "Benefits of Competition and Indicators of Market Power," May 2, 2016, https://obamawhitehouse. archives. gov/sites/default/files/page/files/201 60502_competition_issue_brief_updated_cea.pdf.

86. "The Superstar Company: A Giant Problem," *Economist*, September 17, 2016, http://www. economist. com/news/leaders/21707210-rise-corporate-colossus-threa-tens-both-competition-and-legitimacy-business.

87. Foster, McChesney, and Jonna, "Monopoly and Competition in Twenty-First Century Capitalism."

88. Ibid.

89. Lynn and Longman, "Who Broke America's Jobs Machine?"

90. Robert D. Atkinson, *Enough Is Enough: Confronting Chinese Mercantilism* (Washington, DC: Information Technology and Innovation Foundation, 2012), https://itif. org/publications/2012/02/28/enough-enough-confronting-chinese-innovation-mercantilism.

91. "China's Semiconductor Grab," *Asia Today*, August 24, 2014, http://www.asiatoday.com/pressrelease/chinas-semiconductor-grab.

92. "China's Tsinghua Unigroup Plans $23B bid for Micron Technology," *CNBC*, July 13, 2015, https://www. cnbc. com/2015/07/13/chinas-tsinghua-unigroup-

makes-23b-bid-for-micron-technology.html.

93. "New Masters of the Universe: How State Enterprise Is Spreading," *Economist*, January 21, 2012, http://www.economist.com/node/21542925.

94. US Department of State, "U.S. Relations with China"(fact sheet, Bureau of East Asian and Pacific Affairs, January 21, 2015), http://www.state.gov/r/pa/ei/bgn/18902.htm.

95. Yasheng Huang, "Business and Government Relations in China," presentation, MIT Sloan School of Management, Cambridge, MA, August 2015, 57; see also OECD, Statistics, FDI Statistics According to Benchmark Definition 4th Edition (BMD4), FDI Main Aggregates: Summary: FDI Financial Flows—USD Million, accessed August 20, 2017), http://stats.oecd.org/#.

96. Huang, "Business and Government Relations in China."

97. K. Sabeel Rahman, "Curbing the New Corporate Power," *Boston Review*, http://bostonreview.net/forum/k-sabeel-rahman-curbing-new-corporate-power.

98. Ibid.

99. Ibid.

100. K. Sabeel Rahman, "Curbing the New Corporate Power," *Boston Review*, May 5, 2015, http://bostonreview. net/forum/curbing-new-corporate-power/dean-baker-dean-baker-response-curbing-new-corporate-power.

101. White House, "Benefits of Competition and Indicators of Market Power," May 2, 2016, https://obamawhitehouse. archives. gov/sites/default/files/page/files/20160502_competition_issue_brief_updated_cea.pdf, 2.

102. Robert D. Atkinson, "Break Up the Contact Lens Cartel to Give Consumers More Choice," *The Hill*, October 8, 2016, http://thehill. com/blogs/pundits-blog/healthcare/301641-break-up-the-contact-lens-cartel-to-give-consumers-more-choice.

103. Yevgeniy Feyman and Jonathan Hartley, "The Perils of Hospital Consolidation," *National Affairs*, Summer 2016, https://www.nationalaffairs.com/publications/detail/the-perils-of-hospital-consolidation.

小企业裙带主义：偏袒小企业的政策

小企业优惠的大部分成本，不是由前1％的有钱人承担的，而是由99％的消费者、工人和纳税人承担的。作为一个群体，小企业主比雇员更富有。这意味着如果政府政策有利于小企业，那将是让穷人来补贴富人，因为小企业主享有的收入和资产多于普通美国人。小企业开的工资也较低，如果公司规模变大，普通工人的生活会更好。

　　近 1 个世纪前,记者多萝西·汤普森(Dorothy Thompson)写道:"美国人的心中……住着两个灵魂。一个灵魂热爱丰富的生活,表现为大规模大批量生产和分销的廉价而丰富的产品。……另一个灵魂渴望从前的单纯和非集权化,重视'小人物'的利益……谴责'垄断'和'经济帝国',并寻求拆分它们的手段。"[1]正是延续至今的对过去的向往,解释了为什么政府政策如此强烈和一贯地偏袒小企业。

　　然而,联邦政府不公平地偏袒大企业的说法,反而成了各政治派别辩论的主题。据称华盛顿受制于大企业,而不会去支持辛苦经营的夫妻杂货店,即汤普森所说的"小人物"。在信奉小企业好的那些人看来,政府听命于大制药商、大烟草商、大石油商、大银行、大宽带商,以及你能叫得出名字的一堆大企业,说话做事全都不利于小企业主。我们被告知,只要处在公平竞争的环境,小企业就会充满活力,经济就会增长。事实上,有调查发现,大多数美国人认为小企业主的政治影响力太小,而企业高管的政治影响力太大。[2]

　　听上去这是一个令人信服的故事,小企业的游说团体及其同行者不停地讲述。倡导者团体"小企业构成的大多数"(Small Business Majority)告诉我们:"企业家精神对于确保一个真正具有包容性的经济至关重要,这种经济会让所有美国人受益。尽管如此,当华盛顿能够做任何事情时,却坚持奉行有利于大企业而非小镇商业街的政策。"[3] 自由派教授罗伯特·赖克说得更直截了当：小企业"被大企业干了"。[4]

如果大企业的势力如此强大，为什么政府的法规、税收和支出计划全都有利于小企业呢？正如艾伦·维亚尔（Alan Viard）和埃米·罗登（Amy Roden）所写："虽然众议院有一个小企业委员会，参议院有一个小企业和创业委员会，但成立'大企业委员会'在政治上是不可想象的。"[5] 国会研究处的经济学家简·格拉维尔（Jane Gravelle）指出："质疑向小企业提供的福利，尤其是税收优惠，与处理住房抵押贷款减息问题一样，属于被禁之列。"[6] 同样，理查德·J.皮尔斯（Richard J. Pierce）写道，要验证大企业在华盛顿比小企业更有发言权这一说法，"只需要考虑：众议院或参议院的一位议员，是否会支持通过'大企业监管公平执法法案'？"[7]

形势确实对小企业有利。裙带资本主义"基于规模"的产业政策，对低生产率的小企业非常慷慨：虽然小企业的工资低，很少或根本不给员工提供福利，却可以享受低税收、补贴和监管豁免，其所有者大受其益，却损害了员工、纳税人、消费者的利益，妨碍了国家生产率的增长。这样的产业政策与我们息息相关。然而，当政府官员寻求提高生产率进而推动经济增长时，他们有一个简单的解决方案，既可以增加政府收入，又可以创造高薪就业机会，并发展经济：结束小企业的裙带资本主义，对各种规模的企业一视同仁。

小企业宠爱史

一个多世纪以来，小企业及其盟友一直试图争取地方、州和联邦政府的援助，以限制其大型竞争对手，同时给予自己各种好处，包括降低税收、免受管制，以及获得政府拨款、融资和合同的特殊照顾。19世纪末，随着可使企业提高效率和获得市场份额的技术的开发，独立商人抱怨说，如果政府不限制大企业，他们就要出局。1945年，最高法院法官勒尼德·汉德（Learned Hand）审理著名的美国诉美铝案，其判案理由就反映了这一观点，他指出："人们一直认为，[反托拉斯法的]目的之一，是存续并保护小单位的产业组织，使它们可以有效地相互竞争。保护小单位产业组织本身就是目的，尽管可能要为此付出代价。"[8]

但到了20世纪50年代，反托拉斯措施显然无法扼制大企业的势头。若要说有了什么不同的话，那就是在越来越多的行业，小企业已经受到那些得益于规模和现代机械的公司的威胁。电气化、航空旅行、电话和州际公路等新技术和新系统，使更多的行业获得了曾经受限于铁路和制造的规模经济。事实上，在酒店（第一家"假日酒店"成立于20世纪50年代）、银行、零售和很多其他行业，企业数和企业规模都在增长。大企业现在无处不在。

当时，很多美国人害怕一个几乎没有小企业的世界如期而至。威斯康星州民主党参议员威廉·普罗克斯迈尔（William Proxmire）写道："如果你是一个小商人，你就有大麻烦了，你知道的。若你是屠夫、面包师或烛台制造商，很快你就会像村里的铁匠一样消失。"[9]一位不那么有先见之明的未来主义者预言，私营部门的整合将以社会主义而告终："未来企业将合并为少数的几个单位，以至于缺乏必要的竞争，此时我们面临的危险就是政府的接管。"[10]

这种恐惧促使小企业及其拥护者选择最后放手一搏。在《组织人》一书中，威廉·怀特（William Whyte）指出："从经济上讲，许多小商人都是反对革命的，而他们反对的革命，是其影响跟'新政'或'公平施政'*差不

---

* 新政（New Deal）指1933年富兰克林·罗斯福任美国总统后实行的一系列经济政策，核心是3R，即救济（relief）、复兴（recovery）和改革（reform）。公平施政（Fair Deal）指杜鲁门总统继任后，在新政基础上进一步提出的一系列政策，致力于建立全面的社会保障系统，保护劳工权益。——译者注

多的企业革命。"[11]小企业的拥护者认为小企业可能不是未来,但它体现了美国社会之所以伟大的全部内容。在苏联的冷战威胁下,小企业被视为美国自由企业的堡垒。普罗克斯迈尔写道:"面对这些巨头,只有充满活力的小企业社区才能维护我们自由竞争的企业体系。"[12]小企业也是使社区凝聚在一起的黏合剂,甚至可以减少青少年的不良行为。普罗克斯迈尔再次表示:"即使家庭零售店是一种经济效率低的经营,鉴于它对家庭和社区的贡献,我们也有足够充分的理由保护它。"[13]

这些都产生了效果。正如自由派经济学家约翰·肯尼思·加尔布雷思在 1964 年所写的那样:

> [与大企业]对照而言,人们对小企业有很深的感情。学者、公关人士和政治家都强调其重要性,并警觉地观察其生存前景。没有人会严肃地辩称,小企业通常更有效率、更进步、更负责任或更开明,支付的工资更高,或者销售的产品或服务比大企业的更便宜。它是一个社会怀旧的对象。[14]

利用这么多的善意,小企业转而寻求联邦政府的直接帮助,包括政府贷款、采购优惠,以及有利的税收和监管制度,根本不理会布兰代斯的警告:"那些要求政府提供一切帮助的做法应该坚决反对。"[15]然而,他们的关切已经转化为行动。1940 年,参议院成立了小企业问题研究和调查特别委员会,1949 年变成了小企业特别委员会。众议院于 1941 年成立了自己的小企业委员会。又过了 12 年,国会成立了小企业管理局,以"尽可能帮助、咨询、协助和保护小企业的利益"。[16]乔纳森·比恩(Jonathan Bean)认为:"国会的赞助反映了与广泛持有的'美国信条'相关的、小企业意识形态的活力。所谓'美国信条',是一种对个人主义、机会平等和民主的信念。"[17]

但国会的动作才刚刚开始。20 世纪 50 年代，它启动了一些计划，要求联邦机构专门为小企业预留合同，即使这些机构可以更低的价格获得大企业的商品或服务。正如比恩观察到的："通过将贷款和政府合同授予一个选定的小企业群体，政府机构赋予了小企业其他公司无法享有的竞争优势。"[18] 当然，这增加了政府支出，但那最终有纳税人买单。

自那以后，国会定期通过包含小企业特别优惠的法律。有一本论述小企业政策的书写道："到 1981 年，美国监管委员会已经确定了 43 个监管计划，其合规和报告要求因企业的规模而异。截至 1982 年，美国环境保护署（EPA）已根据公司规模或污染物排放量对近 50 项不同的法规进行了分级。"[19] 如果这种大规模的偏袒代表了国会的忽视，我们只想知道国会对小企业的关怀会是什么样子。事实上，从 1953 年至 2017 年，国会通过了至少 68 项明确有利于小企业的立法，包括 1994 年的《小企业提前还款罚金减免法案》、1996 年的《小企业就业保护法案》和 2016 年的《证券交易委员会小企业辩护人法案》。[20]

20 世纪 70 年代末之前，偏袒小企业的理由主要是公平：大企业伤害了小企业，所以，它们需要帮助。正如比恩所写，小企业管理局提出的论点，"在受益于平权运动的学生听来，十分熟悉：作为一个正义的问题，小企业值得特别考虑，因为它们受到银行和采购机构的'制度化歧视'。……自那时以来，很少有人对小企业的平权行动提出异议。"[21]

但公平是一根相对脆弱的芦苇，而在其之上却建立了一个精心设计的歧视性制度。所需要的只是一个支持小企业采取平权运动的理由。如第 6 章所见，戴维·伯奇错误地声称小企业是就业引擎。巧的是，20 世纪 70 年代日本和德国对大企业竞争力的挑战，与伯奇的研究引起的广泛关注同时发生，小企业的拥护者现在可以带着不止一个悲伤的故事去找政府了。现在，他们可以说小企业是助力美国同欧洲和东亚竞争的一个真正的经济引擎。20世纪80年代和90年代科技行业的创业浪潮强化了这一说法。到2000年，无论技术多么原始，资本多么缺乏，所有新企业都变成了"初创企业"。一家新的生物技术公司是"初创企业"；一个新的修剪草坪的三人公司也是。只有童工保护法禁止将柠檬水摊也列为初创企业。

与此同时，美国左派正从本质上的工人阶级运动，转变为上层社会白人和少数族裔组成的联盟。所谓的"绅士自由派"（gentry liberal）以专业阶层、公共部门和非营利部门为基础，他们把反对大企业纳入其政治身份认同。旧劳工左派认为，只要大企业能够为了公共利益而成立工会和接受监管，大企业就会成为进步的源泉；而新绅士左派则认为大企业本质上是不道德的和反社会的。如自由派经济学家贝内特·哈里森（Bennett Harrison）在1994年所写："尽管原因不同，很多地方的左派也对该计划的诸多要素（偏袒小企业而不是大企业）着了迷。在很多人看来，大企业似乎是不可企及的，他们自认没希望进入大企业。"[22]

所有这一切的结果是：小企业裙带主义的闸门打开了。正如比恩所写："小企业已经从美国经济的'丑小鸭'变成了'白马王子'。近年来，信奉'大企业更好'的老旧的加尔布雷思的观念，已经让位于'小企业好'的理念了。"[23]

小企业政策偏袒的程度

尽管在政治上很受欢迎，但偏袒小企业的政策严重损害了经济。如第7章所见，这些政策导致经济体中的平均企业规模小于单靠市场力量产生的规模，从而导致生产率低下、出口减少、创新减少、工资降低和收益减少。此外，小企业在管制、税收和承包合同方面的优惠让少数富裕的小企业主受益，损害了纳税人的利益和国民经济。

管制

让我们从监管开始谈起。在美国,小企业享受大量的监管豁免。

《清洁空气法案》规定达标地区的小污染企业可不使用大企业必须安装的最佳控污技术。[24]环境保护署有毒物质排放清单数据库对小企业的报告要求也较低。若是雇员人数为 10 人或以下的企业,雇主可免于遵守大多数职业安全与健康管理局(OSHA)与工作场所安全有关的保存档案的规定。如果雇员少于 25 人的企业被发现工作环境不安全,罚款还不到同样违法的大企业的 60%。[25] 2002 年的《小企业文书工作减轻法案》意味着联邦调查的要求在大小企业上没有一碗水端平,而且主要针对的是大企业。《家庭医疗休假法案》要求企业给予工人无薪假期,以处理医疗和家庭护理问题,却不要求小企业这样做;同样,小企业可以不必遵守须在工厂关闭前提前 90 天通知工人的法律要求。

涉及种族、年龄、性别、残疾、怀孕和宗教等方面的员工歧视的联邦和州法律中,大多数对小企业都有一定的豁免。1967 年《就业年龄歧视法案》禁止对 40 岁或以上的人存在年龄歧视,但不适用于雇员少于 20 人的雇主。1990 年《美国残障人士保护法案》第一编禁止对符合条件的残疾人进行就业歧视,但不适用于雇员少于 15 人的雇主。正如理查德·卡尔森(Richard Carlson)所写的那样,只要公司"雇佣不超过 14 人,就可以拒绝雇佣妇女、伊斯兰教信仰者或残障人士,而且不违反联邦歧视法。如果雇佣 19 人,但没有更多,它就可以解雇和拒绝雇佣任何超过 40 岁的人。"[26]他继续写道:"享受豁免的小企业可以支付低于法定的最低工资,拒付加班费,解雇工会支持者,可以拒绝集体谈判,而不用顾及其员工的意愿。"[27]正如卡尔森所写:"小到可以不受第七编限制的企业雇佣了1 900 多万员工,相当于纽约州的全体人口或全美劳动力的 16% 以上。

这种豁免可能是小企业比大企业更不可能雇佣代表性数量的非洲裔雇员的原因之一。"[28]

同样,联邦承包商必须制定经联邦合同合规计划办公室(OFCCP)审核的平权运动计划,但前提是他们雇佣了50或更多的工人。国会使用证券法来监管企业,但上市的小企业相对较少,因此这种权力主要用来对付大企业。例如,《反海外腐败法案》和《多德—弗兰克法案》的财务报告条款只适用于上市公司,不适用于其他企业形式,而后者中大多数是小企业。

2010年的《平价医疗法案》,旨在扩大医疗保险覆盖范围,却规定全职雇员少于50人的雇主不必提供保险,或为每个雇员纳税。小企业不必按照信息报告的要求汇报所提供的健康保险,也不受收益和保险范围披露规则要求的约束。[29]

甚至有一些具体的法律要求各机构在颁布法规时偏袒小企业。根据1982年的《监管公平法案》,联邦机构要么必须进行全面的监管"灵活性"分析,以设计对小企业更为灵活的法规,要么保证拟议的法规不会"对大量小企业产生重大经济影响"。1996年的《小企业监管公平法案》力求:"在各机构和小企业之间创造一个更有利于合作的监管环境,较少惩罚性,更注重解决方案;并通过为小企业提供一个纠正过度执法的切实机会,使联邦监管机构对其执法行动更加负责。"根据该法案,环境保护署和职业安全与健康管理局,必须在开始公布法规之前,告知小企业管理局负责为小企业维权的首席法律顾问。然后,首席法律顾问必须成立一个将会受此法规影响的小企业委员会,以便它们可以提出反对意见,而且各机构必须酌情提出修改建议。该法案要求各机构与小企业管理局的小企业监管执法监察员和小企业公平委员会合作,制定计划,免除或减少小企业因违规而支付的民事处罚。奇怪的是,如果小企业对联邦政府提起与执行法规有关的诉讼,甚至可以让政府支付律师费。[30] 如果是试图简化联邦政府对所有规模企业的监管，那倒会带来有益的结果，但这一授权并非如此。这纯粹是规模上的一种偏袒。

甚至还有一个政府部门致力于倡导这些有差别的保护。小企业管理局的小企业维权办公室致力于执行《监管灵活性法案》。该办公室甚至努力使生产烟草制品的小企业不受食品药品管理局（FDA）法规的约束，而这些法规旨在保护公众免受吸烟的危害，并削弱联邦航空管理局（FAA）关于小企业运营的飞机维修站的规定，因为我们所有人都知道，保护小企业比让美国人免得肺癌和躲过空难更重要。

即使法规没有对企业规模区别对待，小企业也会因执法不严而获益。贝克发现，在执行《清洁空气法案》时，工厂规模及其是否属于多个单位的企业，"已被证明是决定谁受监管、何时受监管，以及监管力度如何的重要因素，至少在空气质量监管方面是这样"。[31] 另一项研究发现："无论企业是建筑业、制造业，还是服务业，检查是否遵守《职业安全与健康法案》的可能性，会随着企业规模的扩大而急剧上升。"[32]

此外，小企业对自己的最低监管要求也认识不足。一项针对 360 家美国小企业的研究发现，约 40% 的企业没有完全遵守大多数法规。这些企业用来解释自身合规程度差的最常见的理由，是不懂相关法规。[33]

如果出于某种原因，发现小企业违反规定，往往会减轻对它们的处罚。如果雇主有 25 名或更少的员工，职业安全与健康管理局可能会减少 60% 的罚款；如果雇主有 26—100 名员工，则减少 40%；如果雇主有 101—250 名员工，则可减少 20%。我们真的认为，24 名雇员的企业员工，比 2 400 名雇员的企业员工，更应该在不安全的环境里工作吗？貌似正是如此。

小企业也不太会受制于政府的压力，因为它们比大企业更不关心自己的声誉。当一家大企业因违规而被政府处罚时，它首先要做的事情之一就是高价雇佣一家公关公司，以减少对其声誉的损害。相反，小企业可以简单地重新合并为不同的企业。当国会想要抓一个辜负了公众信任的企业典型时,几乎总是找大企业,最好还有一个在乘坐专机飞来之前刚刚有巨额奖金入账的首席执行官。

税收

小企业不仅监管负担比大企业轻,税负也低。但是,若是听小企业拥护者的说词,你是不可能相信这一点的。某一本赞成小企业的书称:"收入超过这些水平的转移课税企业现在的纳税,比公司形式的企业高出4.6—10个百分点。"[34]事实上,美国税法对小企业有四个方面的优惠。

首先,上市公司(C型公司)的利润被征税两次,一次在公司层面,一次在股东获得资本收益或股利时。相比之下,转移课税企业大部分规模很小,如独资、合伙或有限责任公司,只对所有者的收入征税一次。正如税收经济学家埃里克·托德(Eric Toder)所写的:"对于在其他方面相同的企业来说,非公司制企业比C型公司有税收优势。"[35]托德估计,非C型公司缴纳的税款比公司制企业少大约27%。[36]据国会研究处估计,不向小企业二度征税,相当于每年向小企业发放了770亿美元的补贴。[37]

其次,美国的公司税法是累进的:前5万美元收入税率为15%;收入超过1 833.333 3万美元,税率为35%。收入少于500万美元的小企业还免交替代性最低税 *。

第三,设计的多种税收优惠方式只有小企业才有资格享受,或者这种激励对小企业更为慷慨。例如,国会经常通过特别的红利折旧规则,让这项福利成为小企业的专享。2012年,还规定了企业资本支出的最高抵免

---

 * 美国所得税现行两个系统,即替代性最低税(alternative minimum tax)和一般所得税。如果课税收入高于替代性最低税的限额,且按照替代性最低税计算的税额高于一般所得税,就要按照替代性最低税规则缴税。——译者注

额仅为 13.9 万美元。此外，许多税收抵免对企业规模有限制。例如，为雇主提供的托儿设施和服务的抵免额度限制为 15 万美元。只有小企业与消除残疾人进出障碍有关的开支才会获得税收抵免。《小企业就业法案》为雇佣工人的企业提供税收抵免，但仅限于小企业。

格拉维尔列出了许多仅适用于小企业或对小企业更慷慨的税收优惠，包括设备投资抵免、石油和天然气的百分比折耗、可用收付实现制而不是权责发生制记账、创业成本摊销、可不执行估算利息法规、可应用完成合同法规、木材种植成本抵免、小企业股票的资本收益免税、农业成本抵免、小型人寿保险公司福利、小额财产险和意外伤害险的特别税、小企业股票计为正常损失、小炼油企业税收优惠和加油财产税抵免。据她估计，小企业的所得税率抵减和其他小企业税收福利折算下来，相当于每年 150 亿至 220 亿美元的税收损失。[38]

第四，税法主要依靠自我申报。由于小企业接受美国国税局审计的几率比大企业小得多，因此格拉维尔写道："非公司制企业的税务合规率要低得多。"[39] 正如托德所写的："小企业比大企业通过少报收入来避税的可能性更大，那些用现金而不是用支票或信用卡支付的小企业尤其如此。"[40] 小企业也有更多的机会将实际上的个人开支按企业支出申报，如家庭办公费用或与业务使用无关的汽车开支。托德估计，非农场业主收入、合伙企业、S 型公司以及房地产和信托公司的税收瞒报额，每年高达 800 亿美元。[41] 这并不是说大企业没有瞒报收入。但托德估计，大企业平均瞒报 13.9％ 的税，而小企业瞒报 28.7％ 的税。[42] 换言之，小企业更有可能以牺牲同胞的利益而偷税漏税。

综合以上四个因素，小企业通过税法获得的补贴每年近 1 800 亿美元。美国有 2 790 万家小企业，算下来相当于每家小企业每年被补贴了 6 431 美元。部分原因在于，2013 年，销售收入超过 2.5 亿美元的公司，缴纳的联邦所得税占总利润的比例为 18.2%，而销售收入低于 500 万美元的公司该比例仅为 4.6%。[43] 就连小企业管理局也承认这一差异：它发现 2004 年独资企业缴纳的实际税率（纳税额占净收入或利润之比）为 13.3%，而 C 型公司支付的实际税率为 17.5%。[44] 拥有众多会计师的大企业比小企业的纳税率低？神话到此为止！

融资和其他补贴

长期以来，小企业管理局一直为无法满足商业贷款人标准的借款人提供直接贷款和贷款担保。2016 年，小企业管理局提供的 7(a) 贷款和 504 贷款，总额超过 240 亿美元。此外，超过 86% 的小企业管理局贷款流向了为当地服务的行业，在这些行业，若是没有小企业管理局的资金，无需贷款的另一家企业就会挤进该市场，提供产品或服务。[45] 例如，小企业管理局支持了价值 1.18 亿美元的住宅建筑贷款，1.05 亿美元的汽车经销商贷款，3.12 亿美元的酒类商店贷款，7.42 亿美元的加油站贷款，以及 7.6 亿美元的牙医贷款。最后一种情况特别有讽刺意味，因为牙医不仅不是一个贸易行业，而且如乔纳森·罗斯韦尔发现的那样，牙医大多相当富裕，其中 21% 的牙医属于收入最高的那 1% 的人群。[46] 小企业管理局甚至还向银行放贷。这一切都没有增加新的净就业机会。它只是意味着特定地区的一些小企业销售收入增加了，却是以同一地区的其他小企业为代价获得的，因为它们没有那么幸运，得不到补贴。小企业管理局并非孤例。好几个联邦机构都有自己的小企业贷款计划，包括财政部和农业部。[47]

采购合同优惠

尽管会花费纳税人更多的钱，大多数政府部门在签署政府采购合同时还是给予小企业优惠。国会设定了将 23% 的联邦主合同给予小企业的目标;而小企业管理局设定了将 40％的分包合同给予小企业的目标,其"8(a)商业发展计划"有助于小企业获得政府合同。

有时纳税人付出的代价是显而易见的,比如当联邦通信委员会(FCC)允许小型电信公司以折扣价获得联邦无线频段许可证的时候。1993 年,联邦通信委员会首次授权进行频段拍卖,国会命令该委员会促进小企业以及少数族裔或女性所有的企业的参与,即便这些所有者是千万富翁。"指定实体"计划一直受到行业竞猎和钻漏洞的困扰,为精明的投机者提供了一个金矿,他们要么给被排斥在拍卖之外的大企业打前站,要么以高价将频段转售给大企业。[48]纳税人是输家,富有的小企业主是赢家。

为了利用无须竞标、直接给予的政府合同,公司往往设立"前站公司"来获得资格。例如,小企业管理局实施"历史上实业未获充分开发地区"(HUBZone)的计划,向贫困地区的小企业提供联邦合同。这个目标很有价值,但如果真正的目标是帮助贫困地区,为什么要把帮助局限于小企业呢? 此外,当国会的政府问责办公室(GAO)成立 4 家显然不合格的空壳公司时,小企业管理局竟然全都批准了(其中一家登记的营业地址竟然是在星巴克咖啡馆)。[49]谢天谢地,还有"小企业联盟"(Small Business League),这是一个反欺诈的倡导组织,它"由小企业主创立,他们对滥用和漏洞越来越感到沮丧,这些漏洞使得大企业得到了数十亿美元的联邦小企业合同"。该联盟四处游说,以确保小企业得到"它们应得的"合同。[50]美国各州也在实行采购优惠,有 20 个州在采购法规中偏向小企业,34 个州有某种授权给小企业的偏好。[51]

为小企业裙带主义辩护的理由

"小企业好"的捍卫者为小企业偏好提出了三个主要理由:公平、效率和就业。

公平

小企业的拥护者利用了人们为弱者助威的心理倾向。因此,他们声称比赛场地向他们倾斜才是公平的。否则,他们就会抱怨说贪求利润的大企业会对他们肆意践踏。他们没有提及的是,大企业之所以获得市场份额,并不是因为要手段,而是因为它们往往拥有有利于经济的自然优势,如生产率更高、价格更低等。

虽然政府给予弱势社会群体和贫困地区某些优惠是合乎情理的,但给予小企业优惠根本没有道理。企业竞相为消费者服务,那些做得最好的企业自然获得经济回报。但小企业希望二者兼而有之,既希望政府给予保护,免受大企业的竞争,也盼望成功之后获得巨额利润。

同样,小企业捍卫者抱怨说:在监控联邦合同和处理文书工作方面,小企业没有和大企业同样的资源,理应得到特殊的优惠。一个相关的论点是:由于某些政府法规造成了企业的固定成本,大企业具有优势,因为它们可以在更大的范围摊销这些成本。正如一个澳大利亚委员会描述的那样:"小企业经常争辩说,相对于大企业,法规和税收制度对小企业造成了'不公平'的负担。它们的意思是说它们缺乏大企业的资源,但仍需承担类似类型和数量的文书工作,以遵守统一的法规。"[52]

乍一看,这种监管负担不公平的说法有一定道理。小企业管理局报告称:为了遵守税法,小企业为每一美元销售收入支付的成本,要比大企业多67%。[53]它还报告说小企业承担的监管成本折合为每位员工10 585美元,比大企业的法规遵守成本高出36%。[54]鉴于这种不公平,小企业当然应该得到某些免税。

但是,很多形式的小企业优惠与大企业的规模效率无关。例如,允许小企业适用较低的税率,与大企业能更高效地遵守税法没有关系。同样,直接补贴、降低政府服务费用(如申请专利)和补贴性融资与公司效率也没有关系。要求小企业提供与大企业同样的员工福利,也不会给小企业带来相对较高的成本。对于这些类型的义务来说,公平并不成其为给小企业优惠待遇的理由。

如果一项义务的固定成本,小企业无法在更大的收入基数上分摊,那又当如何呢? 正如小企业管理局的报告所示:"在大企业,这些固定的合规成本是在大量的收入、产出和员工基数上进行分摊的,因此,随着企业规模的扩大,单位产出的成本会降低。"[55] 当然,在这种情况下,减少小企业的义务是公平的。

但是,这些"不利因素"仅仅反映了小企业在规模经济上的劣势。小企业的拥护者并不会因为大企业能使用机械而获得规模经济,就要求对大企业征收更高的税收。大多数经济学家普遍接受的观点是,应该允许市场发挥作用。正如史蒂文·布拉德福德(Steven Bradford)所写的那样:

> 经济学家通常不会主张,政府应该保护小企业,使其免受其他类型规模经济的负面影响。那样做会鼓励企业成为效率低下的小企业。那么,为什么要将监管的规模经济与那些"自然"的规模经济区别对待呢? 如果小企业不能像对待任何其他企业成本一样有效地承担政府监管的成本,那它们要么可以增长到有效率的规模,要么可以关门歇业。[56]

最后,按规模分摊的监管成本不等同一说,还存在一个问题,即它假定按规模划分的市场占有率是静态的。是的,对小企业实施同样的监管将会增加监管成本,在某些情况下,可能导致成本高于收益,至少在静态的基础上是这样的。但从动态来看，大小企业遵守相同的监管要求，意味着规模更大、效率更高的企业将获得更大的市场份额，带来的收益很可能足以补偿更高的合规成本。如果小企业不必遵守与管理大企业相同的法规，社会将为此付出代价。例如，若论就业歧视，小企业对求职者的伤害丝毫不亚于大企业。

小企业免受监管也使立法者更容易扩大监管范围，即使这样做的成本大于收益。如果立法者知道成本将仅限于大企业，他们可能会出台更多的法规，多到已经超过了社会所需的最合理数量。从本质上讲，小企业免受监管只会扩大而不是缩小监管范围。

一些进步主义者和民粹主义者还提出了偏向小企业的另外一个理由：大企业只代表最富有的1%的人，而小企业主代表的是中产阶级和工人阶级。因此，小企业偏好是重新分配财富的一种方式。这种想法存在几个问题。

首先，小企业优惠的大部分成本（如降低税收、减少监管）不是由那1%的富人承担的，而是由99%的消费者、工人和纳税人承担的。当小企业不缴纳其公平份额的税款时，个人将不得不缴纳更多的税或接受更少的政府服务。

其次，作为一个群体，小企业主比雇员更富有。正如埃里克·赫斯特和本杰明·帕格斯利所写的那样："更富有的人是小企业主，而不是穷人。给小企业主的补贴只不过是将资源从穷人转移至富人。"[57]艾伦·维亚尔和埃米·罗登指出："小企业收入的大部分流向了高收入家庭；2006年，最高的两个所得税等级的家庭，从非公司制企业和S型公司获得的收入，占全部收入的72%。"[58]正如一本论述企业规模的书所说："这意味着如果政府政策有利于小企业主，收入再分配的方向将是让穷人来补贴富人，因为小企业主享有的收入和资产多于普通美国人。"[59]小企业补贴是对一部分美国富人的变相补贴。不要忘了，小企业开的工资也较低，这意味着如果公司规模变大，普通工人的生活会变得更好。

效率

小企业需要享受优惠的第二个理由，据称是因为它们提高了经济效率。但是，正如威廉·布罗克（William Brock）和戴维·埃文斯（David Evans）所写的那样："若想从效率的角度证明小企业援助计划的合理性，就必须搞清楚市场到底哪里出了问题，才导致小企业太少或小企业就业太少。"[60]

尽管他们有可能尝试去找过，但规模歧视的捍卫者找不出这样的市场失灵。但这并不能阻止他们尝试。小企业管理局的一份报告指出："如果联邦监管相对地增加了小企业的成本，有可能导致美国企业结构性的效率低下，造成生产设施迁移到监管较少的国家，对美国生产的产品和服务的国际竞争力产生不利影响。"[61]这些所谓的低效率是什么？小企业管理局从来不说。大概不是指的人为支持效率较低小企业而致的那种低效率，后者妨碍了效率更高的大企业获得市场份额。

那么，所谓的竞争力问题呢？竞争力很重要，但如果决策者对竞争力心存顾虑，他们就应该知道偏袒小企业只会削弱竞争力，而不是增强它。如第3章所述，大企业更有可能从事贸易行业，而针对贸易行业较高的税收或监管负担对企业的国际市场竞争力更为不利。大多数小企业在本地从事服务业，只与同一城市甚至同一地段的其他小企业竞争。小企业偏好在很大程度上与整个小企业群体的生存无关（尽管也许与小企业主的收入有关）。真正要紧的是消费者需求的强度。如果政策制定者想要帮助小镇商业街上的小企业，最好的办法就是帮助大企业，包括贸易行业的大企业，因为这将最有效地做大经济蛋糕。

偏袒小企业对增长产生了两方面的冲击。首先，大量证据表明，基于规模的产业政策使效率较低的小企业获得市场份额,从而损害了增长。正如帕格斯利和赫斯特表明的:"虽然决策者和研究经常援引小企业补贴的好处,但很少有人讨论成本。我们研究的结果表明成本可能并非微不足道。"[62]同样,斯科特·沙恩写道:"因为现有企业的平均生产率高于新企业的平均水平,如果取消鼓励创业而不是为他人打工的政策,我们会取得更好的经济效果。"[63]

第二,歧视性政策成了小企业保持现有规模的诱因。若增加 5 个员工就越过了规模的限额,从而须接受多项新的管制,还限制了获得政府援助的可能,你为什么还要这样做呢?国会预算办公室指出:"有利于小企业的政策的缺点是,这些政策可能无意中会鼓励某些公司为了继续享受这种优惠待遇而维持现有规模。"[64]世界银行和伦敦大学学院的一项研究发现:"规模限制对经济非常不利,因为它们限制了企业的增长。"[65]

另一种说法是,如果结束小企业的平权运动,我们最终将只有大企业。澳大利亚政府的一项研究证明了规模歧视的合理性,因为"这种单位产出合规成本的差异,赋予大企业以竞争优势,从而降低了小企业的生存能力。这进而又降低了竞争压力,导致效率低下的结果。"[66]显而易见的反驳是:那又怎样呢?如果只有大企业,工人就会有更好的工作,生产率会更高,出口会增加。

实际上,这种情况当然不会发生,因为有很多地方上的劳动密集型行业,如理发店、日间托儿所和干洗店。它们没有规模收益,因而小企业的竞争力也不亚于大企业或连锁店。在其他行业,如果存在垄断风险(极不可能),合理的纠正措施是制定竞争政策,而不是把钱浪费在小企业补贴上。

就业

当其他一切辩护都行不通时,小企业拥护者最后抓住的救命稻草是:

结束小企业平权运动，意味着减少就业机会。很多小企业捍卫者就是这样为这些政策辩护的。

小企业管理局指出："由于小企业负责美国大部分的就业机会和技术创新，国会和总统对鼓励遍及美国经济的小企业的增长和健康表现出极大的兴趣。"[67] 国会预算办公室写道："在小企业的合规成本特别高的情况下，旨在防止歧视或减少污染的政策如果豁免了小企业，对就业的负面影响可能会比较小。"[68] 同样，世界银行的国际金融公司写道：

> 促进中小企业的战略是基于这样一个认识：这些企业是发展中国家私营部门提供就业最多的。……因此，世界银行促进中小企业战略的基石之一是"公平竞争"，即为各种规模的企业家创造一个公平竞争的商业环境。[69]

甚至商界领袖也掉进了这个陷阱。劳埃德·布兰克费恩（Lloyd Blankfein）、迈克尔·布隆伯格（Michael Bloomberg）、沃伦·巴菲特和迈克尔·波特写道："我们怎样才能加快创造就业的速度？答案的关键在于美国的小企业。"[70]

但是，正如第 6 章所示，小企业并非大多数新增净就业的来源，大企业才是。然而，即使小企业真是就业来源，创造就业也应该是宏观经济政策的功能，如利率和财政政策，而不是微观政策的功能，如歧视性采购。如果政府对大小企业一视同仁，其结果将是产出和就业适度转移至较大的企业。生产不会消失，它转向大企业，从而扩大了生产这些产出所需的就业，以满足消费者的需求。即便不会立刻创造尽可能多的就业机会来满足这一需求（因为大企业的生产率更高），大企业也会降低商品价格或提高工资。因为这些钱（消费者的储蓄和工人的工资）不是埋在后院，而是会花在新的消费上,这进而又会创造更多的就业机会。换句话说,就业水平与企业规模没有任何关系。

总之,如果一个企业非常脆弱又不成功,以至于无法遵守合理的法律,缴纳其公平份额的税款,而且离开政府的特殊待遇就不能生存,那也许它就应该消亡。

规模中立的政策议程

这种分析的政策含义简单而明确:各国政府,以及世界银行等多边机构,应采取规模中立的立场,结束大多数偏袒小企业的计划和政策。在抨击大企业对华盛顿的恶劣影响时,众议院议长保罗·瑞恩(Paul Ryan)称:"在大卫和歌利亚之间的争斗中,政府没有利害关系。我们唯一要关心的是确保这是一场公平的争斗。"[71]我们同意这一点。建立公平竞争的最佳起点,是结束普遍存在的小企业裙带主义。关键不是要反过来偏袒大企业。让市场力量和消费者的选择成为任何经济体中的企业规模结构的决定因素。我们将在下一章讨论如何推进这一规模中立的议程。

结束小企业平权运动的政治斗争并不容易。尽管大企业为工人提供了好处,但大多数民主党人仍然认为,无产阶级工人和资产阶级小企业主的利益是一致的,而站在他们对面的是资本主义的大企业。此外,将小企业排除在监管范围外,使民主党人更容易获得对监管型国家进一步扩张的支持。如果小企业知道它们必须遵守新的法规,自会吵嚷着反对。对共和党人来说,小企业主是一个筹款的主要来源,也是一个忠诚的选民团体,尽管民主党长期以来都在努力争取他们,但成果寥寥。共和党的茶党派系对大型组织明显充满了敌意,无论是政府还是企业,这使得即使是最主张自由市场的共和党人，也很难不支持小企业的产业政策。而强化两党这一认识的，既有公众对小企业的正面看法，也有对大企业相对负面的观点。[72]

华盛顿向小企业的明显倾斜，始于 20 世纪 50 年代，这是为了维持小企业的支持。半个多世纪以来的生产率低下和创新不足，这也许是为社会和谐付出的可容忍的代价。但是，美国目前面临激烈的全球竞争，生产率停滞不前、工资增长缓慢制约了美国经济的发展。我们再也承受不起在经济上向小企业倾斜的竞争环境。现在到了规模中立的时候。

注释

1. Quoted in Wyatt Wells, *Antitrust and the Formation of the Postwar World*, (New York：Columbia University Press, 2002), 29.

2. Charles Brown, James T. Hamilton, and James Medoff, *Employers Large and Small* (Cambridge, MA：Harvard University Press, 1990), 66, cited in John E. Jackson, "The Climate for Entrepreneurial and Small Business" (mimeograph, University of Michigan, Department of Political Science, 1986).

3. Small Business Majority, "Policy Agenda," SmallBusinessMajority.org, https://www.smallbusinessmajority.org/economic-agenda.

4. Robert Reich, "The Revolt of Small Business Republicans," blog post, RobertReich.org, May 8, 2015, http://robertreich.org/post/119297219035.

5. Alan D. Viard and Amy Roden, "Big Business：The Other Engine of Economic Growth" (Washington, DC：American Enterprise Institute, June 2009).

6. Jane G. Gravelle, "Federal Tax Treatment of Small Business：How Favorable? How Justified?," in *Papers and Proceedings of the 100th Annual Conference on Taxation* (Washington, DC：National Tax Association, 2007), 152—158, http://www.ntanet.org/images/stories/pdf/proceedings/07/017.pdf.

7. Richard J. Pierce, Jr., "Small Is Not Beautiful：The Case against Special Regula-

tory Treatment of Small Firms," *Administrative Law Review* 50, no.3(Summer 1998):537—578.

8. *United States v. Aluminum Co. of America*, 148 F.2d 416(1945), 429.

9. Senator William Proxmire, *Can Small Business Survive?* (Chicago: Henry Regnery, 1964), v.

10. Ernst Morris, *Utopia 1976*(New York: Rinehart, 1955), 84.

11. Willam H. Whyte, *The Organization Man* (New York: Simon & Schuster, 1956).

12. Proxmire, *Can Small Business Survive?*, 9.

13. Ibid., 160.

14. John Kenneth Galbraith, *The Liberal Hour* (New York: Houghton Mifflin, 1964), 110.

15. Quoted in Melvin I. Urofsky, *Louis D. Brandeis*(New York: Schocken Books, 2009), 92.

16. Brown, Hamilton, and Medoff, *Employers Large and Small*, 6.

17. Jonathan J. Bean, *Big Government and Affirmative Action: The Scandalous History of the Small Business Administration*(Lexington: University Press of Kentucky, 2001), 3.

18. Ibid., 2.

19. Brown, Hamilton, and Medoff, *Employers Large and Small*, 83.

20. Andrew Reamer, "Federal Efforts in Support of Entrepreneurship: A Reference Guide(Working Draft)"(George Washington Institute of Public Policy, George Washington University, April 13, 2017).

21. Bean, *Big Government and Affirmative Action*, 2.

22. Bennett Harrison, *Lean and Mean: The Changing Landscape of Corporate Power in the Age of Flexibility*(New York: Basic Books, 1994), 16.

23. Jonathan J. Bean, *Beyond the Broker State: Federal Policies toward Small Businesses 1936—1961*(Chapel Hill: University of North Carolina Press, 1996), 176.

24. Randy A. Becker, "Air Pollution Abatement Costs under the Clean Air Act: Evidence from the PACE Survey"(Washington, DC: Center for Economic Studies, US Census Bureau, 2001), 163.

25. "Small Businesses May Be Exempt From Some Regulations," Lawyers. com, http://business-law. lawyers. com/business-planning/small-businesses-may-be-exempt-from-some-regulations.html.

26. Richard Carlson，"The Small Firm Exemption and the Single Employer Doctrine in Employment Discrimination Law," *St. John's Law Review* 80, no.4(2012): 1197.

27. Ibid., 1198.

28. Richard Carlson，"The Small Firm Exemption and the Single Employer Doctrine in Employment Discrimination Law," *St. John's Law Review* 80, no.4(2012), article 2, http://scholarship.law.stjohns.edu/lawreview/vol80/iss4/2.

29. Gerald Davis, *The Vanishing American Corporation*(Oakland, CA: Berrett-Koehler, 2016), 8.

30. Pierce, "Small Is Not Beautiful," 548.

31. Becker, "Air Pollution Abatement Costs under the Clean Air Act," 150.

32. Brown, Hamilton, and Medoff, *Employers Large and Small*, 84.

33. Thomas D. Hopkins, *Profiles of Regulatory Costs. Report to the U.S. Small Business Administration*, US Department of Commerce, National Technical Information Service ♯PB96 128038, November 1995, http://www.sba.gov/advo.

34. John Dearie and Courtney Geduldig, *Where the Jobs Are: Entrepreneurship and the Soul of the American Economy* (Hoboken, NJ: John Wiley & Sons, 2013), 122.

35. Eric Toder, "Does the Federal Income Tax Favor Small Business?"(Washington, DC: Urban Institute and Urban-Brookings Tax Policy Center, 2007).

36. Ibid., 11.

37. Gravelle, "Federal Tax Treatment of Small Business," 152.

38. Ibid.

39. Ibid.

40. Toder, "Does The Federal Income Tax Favor Small Business?," 14.

41. Ibid.

42. Ibid., 15.

43. IRS, SOI Tax Stats, Table 5. Returns of Active Corporations: Selected Balance Sheet, Income Statement, and Tax Items, by Sector, by Size of Business Receipts, Tax Year 2013, IRS.gov, https://www.irs.gov/uac/soi-tax-stats-table-5-returns-of-active-corporations.

44. US Small Business Administration(SBA), Office of Advocacy, "Frequently Asked Questions," September 2012, https://www.sba.gov/sites/default/files/FAQ_Sept_2012.pdf.

45. Defined as industries other than agriculture, mining, manufacturing and informa-

tion(US SBA, "SBA 7(a) &. 504 Loan Data Reports," https://www.sba.gov/about-sba/sba-performance/open-government/foia/frequently-requested-records/sba-7a-504-loan-data-reports).

46. Jonathan Rothwell, "Why Elites Want More Competition for Everyone except Themselves," *Evonomics*, April 2, 2016, http://evonomics.com/why-elites-want-more-competition-for-everyone-except-themselves.

47. Reamer, "Federal Efforts in Support of Entrepreneurship."

48. Congressional Budget Office(CBO), "Small Bidders in License Auctions for Wireless Personal Communications Services," October 2005, https://www.cbo.gov/sites/default/files/109th-congress-2005-2006/reports/10-24-fcc.pdf.

49. Government Accountability Office, "HUBZONE PROGRAM: SBA's Control Weaknesses Exposed the Government to Fraud and Abuse," July 17, 2008, http://www.gao.gov/products/GAO-08-964T.

50. American Small Business League, "Our History," http://www.asbl.com/ourhistory.html.

51. National Association of State Procurement Officers, 2016 Survey, http://www.naspo.org/2016Survey.

52. Ian Bickerdyke and Ralph Lattimore, "Reducing the Regulatory Burden: Does Firm Size Matter?"(Canberra: Commonwealth of Australia, Industry Commission, December 1997), 54.

53. Nicole V. Crain and W. Mark Crain, "The Impact of Regulatory Costs on Small Firms"(Washington, DC: SBA, 2010), https://www.sba.gov/sites/default/files/The%20Impact%20of%20Regulatory%20Costs%20on%20Small%20Firms%20(Full).pdf.

54. Ibid.

55. Ibid., 8.

56. Steven Bradford, "Does Size Matter? An Economic Analysis of Small Business Exemptions from Regulation," *Journal of Small and Emerging Business Law* 8 (2004):1—37, 30.

57. Erik G. Hurst and Benjamin W. Pugsley, "Wealth, Tastes, and Entrepreneurial Choice," Staff Report 747(Federal Reserve Bank of New York, October 2015), https://www.newyorkfed.org/medialibrary/media/research/staff_reports/sr747.pdf.

58. Allan D. Viard and Amy Roden, "Trade and Tax Issues Relating to Small Business Job Creation"(Washington, DC: American Enterprise Institute, March

9，2010），http：//www. aei. org/publication/trade-and-tax-issues-relating-to-small-business-job-creation/print.

59. Brown, Hamilton, and Medoff, *Employers Large and Small*, 89.

60. William A. Brock and David S. Evans, "Small Business Economics," *Small Business Economics* 1, no.1(1989)：7—20, 11.

61. Crain and Crain, "The Impact of Regulatory Costs on Small Firms," 6.

62. Benjamin Wild Pugsley and Erik Hurst, "What Do Small Businesses Do?," paper presented at the Brookings Conference on Economic Activity, Washington, DC, Fall 2011, https：//www.brookings.edu/bpea-articles/what-do-small-businesses-do.

63. Shane, *The Illusions of Entrepreneurship*, 163.

64. CBO, "Small Firms, Employment, and Federal Policy," March 2012, http：//www.cbo.gov/sites/default/files/cbofiles/attachments/SmallFirms_0.pdf.

65. Rita Almeida and Pedro Carneiro, "Enforcement of Labor Regulation and Firm Size"(World Bank and University College London, May 8, 2008), http：//www.ucl.ac.uk/～uctppca/brasil_mar12_08.pdf.

66. Lattimore and Bickerdyke, "Reducing the Regulatory Burden: Does Firm Size Matter?"

67. Barry L. McVay, "Getting Started in Federal Contracting, Chapter 11,"(Federal Government Contracts Center, 2009), http：//www. fedgovcontracts. com/chap11.pdf,

68. CBO, "Small Firms, Employment, and Federal Policy."

69. Mirjam Schiffer and Beatrice Weder, "Firm Size and the Business Environment: Worldwide Survey Results," Discussion Paper 43(Washington, DC: International Finance Corporation, 2001), IV.

70. Lloyd Blankfein, Michael Bloomberg, Warren Buffett, and Michael Porter, "To Grow the Economy, Grow Small Businesses: Bloomberg & Buffett," *USA Today*, June 7, 2016, http：//www.usatoday.com/story/opinion/2016/06/07/grow-economy-grow-small-businesses-bloomberg-buffett-column/85526778.

71. Paul Ryan, "Down with Big Business," *Forbes*, December 11, 2009. http：//www.forbes.com/2009/12/11/business-government-politics-reform-opinions-contributors-paul-ryan.html.

72. Polling Report, "Major Institutions," http：//www.pollingreport.com/institut.htm.

接受大企业

最重要的是，在一个各国竞逐的世界里，出于国家安全的考虑，国家经济决策者必须始终关注生产能力和财富在各国之间的相对分布。经济政策首要但并非唯一的目标，应该是实现本国创新和生产率增长的最大化。而只有当企业规模大到足以因规模经济而受益，且可以对价格施加一定影响时，技术创新才最有可能发生。

对于任何一个发达社会而言,关键问题是大企业应该多大。从国际贸易到陆地运输,再到知识产权政策,有众多因素影响企业平均规模。最优企业规模问题是我们这个时代众多重大经济政策辩论的核心。

在企业规模结构和政策方面,可以划分为明显不同的五大阵营:全球自由至上主义、全球新自由主义、进步地方主义、国家保护主义和国家发展主义。对于美国和世界各国来说,只有国家发展主义才能为各国提供一条可持续的前进之路。

持有全球自由至上主义观点的人认为,除了保护财产权之外,没有什么能将我们联系在一起,组成一个社会,因此,社会的职责是使个人自由得以实现,而这种自由被定义为在世界任何地方建立企业和做买卖的自由。

对于全球自由至上主义者来说,国界是对自由的侵犯。企业应该有组织自己行为的自由,工人应该有在自己希望的地方生活和工作的自由,不应受任何限制。因此,无论是有利于小企业还是大企业的政策,他们都坚决反对。持有这一观点的人以加图研究所(Cato Institute)等智库为代表,他们坚持坚定地追随米尔顿·弗里德曼(Milton Friedman)的观点:无论大小,企业的目的都是为其所有者赚钱;其他目的都是不合理的,包括社会责任在内。

1937 年，罗纳德·科斯（Ronald Coase）发表了其著名的论文《企业的性质》，正如他写的那样，很多全球自由至上主义者认为企业是一种反常现象，但企业之所以存在，乃是因为交易成本太高，因而只能由企业进行内部管理。但是，许多全球自由至上主义者现在认为：区块链和互联网共享和匹配平台等新技术，将使市场能够提供长期以来必须由企业协调的事情；相当一部分交易已经无须通过企业的协调，而是由个人和小企业在蓬勃发展的市场中借力新信息技术而为。

尽管他们对"市场"的信念和对政府的反感，导致全球自由至上主义者反对小企业偏好，认为这种"挑出赢家"的做法十分不当，但他们也认为有利于大企业的政策具有"裙带资本主义"的特点，即使这些政策可增强创新能力或国家的竞争力。长期以来被视为大企业党的共和党，已经被自由至上主义者占据，后者把他们对大企业的不信任带了进来。杰弗里·安德森（Jeffrey Anderson）在《标准周刊》上写道："共和党人有机会提升自己作为地方小企业党的声誉。"[1]共和党全国委员会前主席埃德·吉莱斯皮（Ed Gillespie）认为"我们是小企业的政党"。[2]这一切只是在选举年使用的口号吗？才不是。对于全球自由至上主义者来说，他们最想做的事情是缩小政府的规模。很多人认为大企业和大政府之间，存在一种邪恶的联盟。毕竟，根据他们的推理，大政府之前的时代（至于是新政时代之前，还是进步时代之前，取决于你的定义）也是一个大多数企业都是小企业的时代。因此，他们认为：企业收缩，政府就会收缩。

这解释了得克萨斯州共和党的参议员特德·克鲁兹（Ted Cruz）为什么会说："共和党是大企业党，这是最大的政治谎言之一。有了大政府，大企业的日子会很好过。大企业很愿意跟大政府眉来眼去。共和党是，也应该是，小企业和创业者的党。"[3]这也是弗吉尼亚州共和党议员、众议院自由党团成员戴夫·布拉特（Dave Brat）如是说的原因："我不反对企业。

我反对的是同大政府关系暧昧的大企业。"[4]这也说明了共和党众议院议长保罗·瑞安为什么会将大企业等同于"对自由企业的致命威胁"。大企业不仅产生"裙带资本主义",而且导致政府实行经济国有化。议长瑞安写道:"大企业疯狂的政治交易并非受党派之见或意识形态的推动,而是出于一种零和思维,即自己的收益必定来自竞争对手的损失。设置竞争障碍是保持优势和市场份额的关键。"[5]换句话说,全球自由至上主义者明白,一个由大企业构成的全球化经济,需要一个积极进取的"发展型国家",而不是一个奉行温和改良主义的国家。对他们来说,小政府要好过大企业,即使那意味着经济增长放缓和竞争力下降。

第二个阵营由全球新自由主义者组成,他们在中间派民主党人和温和派共和党人中占据主导地位。与全球自由至上主义者一样,全球新自由主义者往往对规模持不可知论的态度,他们拥护不受约束的全球市场和劳动分工。然而,与自由至上主义者不同的是,新自由主义者支持边界开放政策,尽管外来移民率很高,而且技术熟练和非熟练的工人混杂。他们也支持一个更加积极进取的国家,但不是为了帮助大企业竞争,他们经常谴责帮大企业是"不适当的产业政策"(他们的嘲笑用词),而是为了补偿那些被无拘无束的全球贸易和移民伤害的、国内非流动劳动力中的"失败者"。

全球自由至上主义者大多认为,反垄断政策限制了企业家的自由,包括随心所欲地扩张、随心所欲地收购任何他们想要的公司的自由;但是对全球新自由主义者来说,竞争才是优先项。对于他们来说,目标是最大限度地促进竞争,在一个隐含假定静态技术的经济中,争取让消费者在竞争市场中享受尽可能低的价格。因此,尽管他们支持大企业和大银行,全球新自由主义者还是会定期为小企业和帮助它们的政府政策唱赞歌,部分原因是为了表明他们支持地方小企业,以减少他们议程的阻力。2016 年

6月,劳埃德·布兰克费恩(高盛首席执行官)、迈克尔·布隆伯格、沃伦·巴菲特和哈佛商学院教授迈克尔·波特发表了一篇标志性的专栏文章,声称:"在缓慢复苏期持续6年多之际,我们必须做更多的工作,帮助小企业推动新一轮的增长。"[6]声援小企业,正是新自由主义者为了维护现有体系,而向其中的"失败者"表达支持的一种方式。

第三个派别是进步地方主义。如果全球新自由主义者和自由至上主义者想要的是一个很少或没有边界的世界,在这个世界中,企业(理想情况下是小企业)在没有国家的帮助下进行竞争,那么进步地方主义者则寻求一种主要由小企业组成的替代性经济,得到大政府的支持和保护,且免于全球竞争。在大企业不可避免的行业中,进步地方主义者更愿意将它们构建成接受严格监管的公用事业,或由政府提供服务(如市政拥有的宽带提供商、政府资助的医疗研发等等)。对这一派而言,理想的模式是由小企业为当地生产(如果是工人所有的合作社或政府所有的企业更好),不需要有生产链延伸的大企业。许多人寻求回到一个理想化的先前社会,在那样的世界里,整个区域甚至整个国家实现了自给自足,大多数产品和服务是由小企业生产,在地理上接近它们的消费者。受"全球思维,扎根本地"(Think global, act local)这个座右铭的启发,他们希望在地方层面活动、生产和消费。为了这个小生产者的愿景,进步地方主义者宁愿牺牲掉消费者可能获得的低价和高收入,部分原因是他们拒绝消费主义,因为它是一种恶习,对全球环境有害。

在对大企业的十足敌意促使下,进步地方主义者提出了很多政策主张,不仅有直接影响公司规模的反垄断政策,还有乍一看与公司规模没有直接关系的其他政策。比如,很多进步地方主义者不分青红皂白地反对贸易自由化,甚至同时要求对外国的重商主义做法采取强硬措施。进步主义者当然理解,自工业革命开始以来,贸易促使大规模经济得以发展,反过来又促使经济规模更加庞大。现在也不例外,因为全球一体化促进了大企业的增长,这些企业足迹遍布全球,更易产生大规模的创新,而若不能涉足全球市场,这些创新是难以实现的。作为原则问题,进步地方主义者往往喜欢本国企业多于跨国公司,喜欢地方企业多于全国性企业。他们在寻求使跨国公司的利益与国家利益相一致的同时,却不接受跨国公司的成长带来的好处。

我们看到,在众多其他问题上,进步地方主义同样持有"别让小企业长大"的逻辑。例如,大企业得以产生的一个因素是州际和市内交通网络的增长。当企业能够轻易地将商品销往任何地方的市场时,企业就会变大。当消费者能够轻松走进更多的商店时,商店就会变大。这有助于解释当今的绅士自由派为什么拒绝支持为方便运输而进行的高速公路和道路的扩建,尽管个人电动汽车可能比乘坐柴油公共汽车更加环保。[7]在他们的理想世界里,我们应该生活在布局紧凑的城市中,步行到当地的夫妻杂货店购物,在当地的农贸市场购买非转基因有机食品。这种对小企业经济的渴望也解释了进步主义者对知识产权的看法(知识产权包括专利和版权)。虽然各种规模的企业都在利用知识产权,而且事实上小企业比大企业用得更多,很多进步主义者却把作用强大的知识产权看成只是大企业才能利用的东西。[8]事实上,通过使创新者因创新而受益,知识产权确实使各种规模的企业变得更大。它们不仅可以承担更多投资创新的风险,还可以从创新中获得收入,而一旦创新成功,则能收获巨大的市场份额。

如果要让进步地方主义者接受国际贸易的话,他们希望这种贸易是在一个全球治理体系中进行,以确保符合全球劳工和环境标准的"公平竞争环境",这些都应该得到更为强大的全球治理机构的支持,包括全球性的工会。他们认为,只有到那个时候,企业在全球各地的劳工和监管套利行为才会受到限制。尽管小企业主大都倾向于保守,但他们被视为全球被压迫者联盟的一部分,他们与工人阶级并肩作战,反抗残酷无情的大企业的霸权。

进步地方主义阵营的左翼之所以获得了成长,原因在于,在过去20年里,随着二战后大企业由跨州公司变成了跨国公司,越来越多的左翼人士已经不再相信企业和国家利益的一致性。进步地方主义者没有像下面将要讨论的国家发展主义者让我们做的那样,试图让新的全球寡头利益与国家利益保持一致。进步地方主义者只不过为了小企业抛弃了大企业,因为他们认为小企业与美国经济有关。当然,这里的问题在于,小企业构成的经济会使美国工人的生活水平明显下降。

第四个关于当今大企业应该发挥的作用的思想流派,是国家保护主义。这个群体在特朗普参选之前基本上被忽视了。但特朗普利用了大多数人对全球化和跨国公司的忧虑。国家保护主义者较少关注企业的规模,关注更多的是企业的忠诚。国家保护主义者支持任何规模的公司,只要公司坚定地认同美国,但他们对全球性的跨国公司持怀疑态度,认为它们不忠于国家。特朗普总统毫不犹豫地抨击《财富》100强企业将就业机会转移至国外的做法,其中就有福特、耐克和联合技术等公司。[9]特朗普及其支持者或许也批评过某家将就业转移至海外的小企业。从这个意义上讲,他们不区分企业规模的大小。特朗普总统曾说:"但是对小企业,我们将简化、减少和消除管制——顺便说一下,我们对大企业也会这么做。不能有任何的歧视,对不对?"[10]

与自由至上主义者不同,国家保护主义者拒绝在移民和贸易政策上开放边界,认为限制外国人入境的能力和意愿是国家主权的本质特征。与自由至上主义者和新自由主义者不同,他们认为全球化是一种市场操纵,这不仅是因为其他多个国家都奉行大量不公平的重商主义做法(自由至上主义者对此漠不关心，新自由主义者认为对美国经济没有真正的消极影响），也因为他们认为与低工资国家竞争本来就是不公平的，会伤害美国工人。就公司规模而言，国家主义者没有特定的信仰。但只要他们的政策限制了美国企业获得全球市场份额或拥有全球供应链的能力，最终结果很可能是向中等规模的非上市公司转变，特朗普总统的大部分职业生涯都在经营此类企业。

第五个流派可称为国家发展主义，它也是我们赞成的流派。[11] 全球自由至上主义者和新自由主义者从根本上拒绝这样的观念：国与国之间在相互争夺经济优势，而国家需要借助大企业来赢得这种竞争。与此相反的是，国家发展主义者认为，各国经济在直接竞争高附加值的就业，并把那些能组织起竞争所需规模的大企业，视为关键性的国家资源。进步地方主义者和国家保护主义者希望为全球一体化设置障碍。与此不同的是，国家发展主义者认为，更深度的全球经济一体化在多个方面是有益的，但前提是美国联邦政府要努力为工人和地区争取最大的利益。因此，国家发展主义者对有效率的全球寡头表示谨慎欢迎。发展主义者为高附加值的美国出口产品寻求出口市场的最大化。但他们认识到，除非有一个积极的发展状态，与企业合作（通常是大企业，但也有创新型小企业），帮助企业创新、提高生产率、扩大出口和增强全球竞争力，否则，这一挑战没有胜算。

前四个思想流派对技术创新和生产率提高的问题很少置喙。自由至上主义者和新自由主义者认为创新是必然的，政府的作用很小；进步主义者对创新和生产率持怀疑态度，因为受它们的影响，工人将被取代；经济国家主义者往往完全忽视创新。但对于国家发展主义者来说，技术驱动的生产率增长应该是经济政策的首要目标。从熊彼特到加尔布雷思，再到鲍莫尔，创新领域的主要学者一致认为：当企业规模大到足以因规模经济而受益(对不起,生产者共和主义者!),并可以对价格施加一定影响时,技术创新最有可能发生;自此它们可以将超额利润再投资,与竞争对手展开新一轮基于创新,而不是基于价格的竞争。

与全球自由至上主义者和全球新自由主义者不同,进步地方主义者和国家发展主义者有时愿意出于公共的目的,牺牲消费者获得的最低价格。出于政治和社会的原因,属于生产者共和主义传统的进步地方主义者,希望让低效率的小生产者在同规模更大、效率更高的企业的竞争中生存下来,如有必要,宁可以提高消费价格为代价,也要维护一个较小的共和主义社会秩序。国家发展主义者也愿意容忍消费价格稍高一些,但原因有所不同:为了给有活力的寡头大企业提供所需的资源,让它们在与对手的竞争中保持领先地位,而竞争的基础是不断的创新,而不是无情地削减成本。若由进步地方主义者操纵的市场取得成功,可能会永远提高消费价格。但是,高科技寡头企业若是拥有短暂的创新租金,此类企业进行的创新竞争通常会降低其产品和服务的成本,或提升其新产品或服务的质量和开发,这在一定程度上要归功于研发,而暂时的超额利润让研发成为可能。在此,请允许我们解释清楚:大企业的规模和行为在适当的情况下可以促进创新生产率的增长,这是我们支持大企业的一个务实的理由。我们并不主张保护所有大企业,或大企业可能做的所有事情。若是规模收益不变或递减,集中可能就没有好处,还可能有害。例如,我们不支持由一家养老院连锁公司收购美国所有的养老院。目前,养老院属于技术含量低、劳动密集型的产业,其规模收益不变或递减。

一些以创新为基础、充满活力且高效的大企业,它们没有将其利润再投资于下一代的先进机械或研发,而是浪费在了给其高管发放过多的薪酬,或股票回购(这可以人为地拉升公司股票价格)等金融工程上。对这样的作法,我们也不认同。这就是不好的行为,也就是说,非生产性的行为。对于大企业来说,做错事的方法有很多,而做对事的方法却很少,而当它们做对了,整个社会都能从生产率、竞争力的提升和创新中获益。

此外,从发展主义者的角度看,政策制定者要想最大化的生产率,是本国经济的相对生产率,而非世界经济的绝对生产率。民族国家是为其成员的利益而经营的俱乐部,而非全球慈善机构。对于美国来说,如果所有高附加值的生产都被跨国公司转移至其他国家,那么,美国就只剩下低附加值的交易活动,如旅游业和废纸回收利用。此时,绝对地来看,整个世界可能产出更多,在某些情况下,美国消费者的境况也可能有所改善。但政策制定者和经济学家不应只把一国的居民视为消费者,还要视他们为工人。这正是我们这些国家发展主义者与进步地方主义者和国家保护主义者的共同之处,却是与全球自由至上主义者和新自由主义者不一样的地方。

最重要的是,在一个各国竞逐的世界里,虽然理论经济学家更喜欢忽视这些战略因素,只考虑全球经济增长的绝对收益,但出于国家安全的考虑,国家的经济决策者必须始终关注生产能力和财富在各国之间的相对分布。若要捍卫我们的民族国家观点,可能足足要用一本书的篇幅来讨论道德和政治哲学。在此,我们只简单地说明一下我们的前提:经济政策首要但并非唯一的目标,应该是实现国家创新和生产率增长的最大化。若能同时促进全球生产率的增长那就更好了,而且那通常是可以做到的。但目标是提高美国的生产率,而不是联合国的生产率。

为此,我们接下来首先讨论的是,大企业特别是跨国公司应该采取怎样的行动,才能至少部分地恢复其受损的声誉。之后我们再谈,为了做到规模中立,应该如何重构经济政策,以及先进社会如何才能学会与企业巨头相处,而不至受到大企业的"碾压"。

我们真的会喜欢大企业吗？

赞美小企业和抨击大企业可树立一种善政的形象，让人感觉良好，但它是糟糕的经济学和糟糕的政策。因此，恢复大企业的声誉，甚至让大多数选民再次将大企业从整体上视为一种推动经济发展的力量，不啻为我们这个时代的一项关键任务。

它之所以重要，除了是大多数经济学家的信念和大多数首席执行官的愿望之外，还有一个原因：经济学实际上是政治经济学。不管喜欢与否，政治在某一时刻侵入了经济学。正如2016年美国总统大选清楚表明的那样，大量选民不再支持全球新自由主义，并非因为他们没在大学学过经济学，而是因为新自由主义不再适合他们。遗憾的是，除非我们在民主国家和大企业之间达成新的协议，否则，我们这个时代的政治断层线，将会出现在进步的地方主义者和国家保护主义者之间，前者如参议员伯尼·桑德斯，后者如唐纳德·特朗普。如果大企业不愿意承诺实现国家目标，选民们可能会支持建立在小企业基础上的经济，或者民族主义经济——尽管对企业的规模漠不关心，但民族主义经济会严格限制全球一体化的企业。不管是小企业，还是以民族主义为导向的大企业，选民们认为它们的目标与他们相同，尽管小企业和纯本土的企业都存在自身的局限性。

20世纪30年代大萧条期间，在人们对罗斯福称之为"经济保皇派"的企业阶层的愤怒日益高涨之时，新政从资本家手中拯救了资本主义。今天，我们需要一个类似的新协议，努力减少大企业与东道国目标之间的鲜明对比。

跨国公司和民主国家之间的这项新的大协议,将建立在什么之上?全球自由至上主义不可能是选项,因为只有安·兰德和弗里德里希·哈耶克的少量信徒会拥护。如欧洲和美国的选举所表明的那样,大多数选民反对开放边界和公司无国界的观念,拒绝让个人完全自谋生计的政府。

同样,进步地方主义也是一种幻想,因为任何将美国经济转变为小企业天堂的努力,都会遭到大多数选民的拒绝。原因很简单,因为那会导致物价上涨和工资下降。发展中国家永远不会接受以美国为标杆的全球劳工和环境标准。

中间派全球新自由主义的拥护者仍然相信,如果他们能更明确而响亮地陈述自己的观点,增加对"失败者"的补偿,选民们最终将摆脱他们的错误意识,接受不受约束的自由贸易和高移民率。但是大西洋两岸的选民拒绝新自由主义,并不是因为不懂初级经济学。他们之所以拒绝,是因为新自由主义未能兑现承诺,导致制造业大量失业,经济增长不足,不平等程度加剧。对于现代民主国家的大多数公民来说,国家利益必须放在首位。大多数公民希望避免制造失败者,而不是给予失败者补偿。当特朗普说美国再也赢不了了时,他就是利用了这种非常真实的感觉。

然而,尽管国家保护主义在 2016 年美国大选中具有吸引力,但这种方法不能作为答案,原因很简单:太多的行业在结构上已经是区域性或全球性的行业了。试图在全世界重建高度自给自足的国民经济将导致生产率下降,因为报酬递增行业中的企业无法达到它们所需的全球规模。截至目前,联合国共有 193 个会员国。但世界上不可能有 193 家重复的、只服务于一国的航空航天、汽车或计算机企业。此外,国家保护主义的浪潮,也将迅速演变为各国相互指责和敌对的政治斗争。

那么,让大企业兴旺,同时使美国经济繁荣、美国工人富裕的答案,在哪里?从国家发展主义的角度看,联邦政府需要与大型跨国公司达成新的协议,而且要让州政府也参与进来。根据这项协议,通过进出口银行、适当的国内投资税收激励、基础设施和劳动力开发支持,以及公私合作研发等项目,联邦政府将帮助大企业同其他国家政府支持的龙头企业竞争。国民政府还应允许生产企业(并非无限度地)做大。政府应积极保护大企业的经济利益,以对抗其他国家的大企业,那些国家试图侵占美国公司的财产或知识产权、迫使美国公司本地化生产、不公平地补贴和保护美国公司的竞争者。

无论是否是在美国获得的营业执照,那些在美国市场占据巨大份额并雇佣大量美国人的公司,都值得我们回报,因为它们表现出了对美国福祉的更多尊重。这并不意味着永远不要把工作转移至海外,但确实需要三思而后行,应该首先努力提高生产率和创新,以尽量将就业留在美国国内。这意味着,要做更多的工作去帮助工人和大企业所在的社区、加大对美国的投资,还要从政治上积极支持一个"发展型国家"的政策议程。

为了重新被公众接受(哪怕不是欣赏),作为该项协议的一部分,大企业的领导者,包括在美国从事大量业务的外国企业高管,还需要做几件事情。首先,他们需要发起公司治理的重新定位,彻底抛弃企业的唯一目的是让股东满意的观念。近半个世纪前,米尔顿·弗里德曼和其他自由市场绝对论者率先提出了一种观点,声称企业的唯一目的是盈利,任何履行企业社会责任(CSR)的努力都是对股东利益的侵犯。对企业性质和宗旨的这种理解,在全球自由至上主义和新自由主义流派中,都根深蒂固。

从首席执行官个人的角度看,企业社会责任可能是一种"浪费",而非他们使命的一部分,如果履行了社会责任声誉却没有因此而提升时更是如此。但从维护大企业和企业资本主义合理性的角度,显而易见,企业社会责任并非浪费,而是必不可少的。但是,自由市场的倡导者和信奉它的首席执行官们忘记了一点:无论好坏,我们不可避免地生活在政治经济中,而不仅仅是市场经济;如果选民对大企业没有丝毫好感,他们的选票是不会投给支持大企业的政策的。

企业高管往往赞同这样的假设:他们所领导的公司是没有地址的全球实体;他们不是美国公民,而是世界公民。他们不能两头都占。如果他们想要成为世界公民,就不能还指望享有美国公民拥有的权利和美国政府的援助。

解决此两难困境并非易事。首先需要企业领导者公开确认它是一个问题,并提出解决方案。在股东价值运动兴起和"企业政治家"的角色和声望式微之前,美国企业曾对此有所理解。他们明白这是一个集体行动问题,只有所有企业都参与进来,并让搭便车者感到羞耻和孤立之时,这个问题才会得到解决。布鲁斯·巴顿(Bruce Barton)是一位拥护大企业的营销总监。1935 年,在全国制造商协会的大会上,他发言道:"如果哪位制造商说'我不在乎大众如何看待我的企业,受不受他们的欢迎无所谓',这种人对整个行业都是一个麻烦制造者。每一个主要行业都应该争取公众的了解、理解和信任,因为它的不受欢迎会毒害我们所有人赖以捕鱼的池塘。"[12]

指望华尔街去呼吁改革可能是一种奢求,因为金融业很多人就是从"季度资本主义"(quarterly capitalism)和无节制的全球化中获益最多的人。但非金融行业的大企业,需要站出来说一句:适可而止吧。通用电气前首席执行官杰克·韦尔奇曾经说过:执行官过于关注季度利润和股票价格是一种"愚蠢的想法"[13]。更多的企业领导者需要对此作出响应。更广泛地讲,这需要大企业的首席执行官扮演一个新角色:像很多首席执行官过去所做的那样,成为企业政治家,不仅捍卫自己所在的公司或行业,还要捍卫美国的制度。这样的首席执行官不乏其人,其中有通用汽车的查理·威尔逊、通用电气的雷金纳德·琼斯、惠普的约翰·扬、劳拉空间通信公司的伯纳德·施瓦茨和杜邦的欧文·夏皮罗。

　　大企业还可以采取其他行动。其中之一就是做好自身的监管。这件事不无挑战性，因为每 50—100 家努力要做正确之事的大企业中，就有一家乱来的公司，由一位只关心自己的奖金和"黄金降落伞"的首席执行官掌管着。这位首席执行官及其公司玷污了所有大企业的声誉。大企业的领导者需要清楚表明态度：一旦一家大企业的领导者行为失德，即使不违法，他也会受到企业界的公开排斥。

　　对自己的贡献，大企业不应该继续保持低调。除非大企业领导者捍卫规模收益，小企业维护者打"受害者"牌还将继续得逞。正如乔纳森·比恩所写："如果美国正在成为一个'受害者国家'，这真的是一件好事吗，即使所谓的受害者是受欢迎的小企业？ 也许这反映了一个历史趋势：曾经因自力更生而受人敬佩的民众，现在只是另一个有权享有联邦政府热心关怀的受害者群体。"[14] 到了企业领导者应该大胆捍卫大企业，而不用觉得应该证明自己师出有名的时候了，因为他们采取或支持的行动对小企业也有帮助。解释大企业如何通过收购和其他活动支持小企业只会适得其反，因为这会让人们以为，没有大企业经济也能繁荣。现在是时候让大企业停止道歉，清楚讲述它们是如何通过规模为社会和经济创造了巨大的贡献：待遇良好的工作、创新、生产率、出口等等。

　　最后，随着美国两大政党在政治上的两极分化，出于不同的原因，各党开始反感大企业，支持小企业。20 世纪 50 年代和 60 年代，共和党人愿意支持小企业政策的原因，"是为了转移对共和党是大企业党的批评"，成立小企业管理局也是出于同样的目的。[15] 今天，很多自由至上主义的共和党人认为大企业与大政府同床共枕。在蔑视大企业这件事上，左派的民粹主义者与这些右翼自由至上主义者殊途同归，他们借用右翼的语言，打着支持市场的幌子，表达对大企业的反感。例如，自由派斗士劳伦斯·

莱西希(Lawrence Lessig)就写了一篇文章,题为"左派和右派共同的敌人:腐蚀资本主义的资本家"。[16]

逐渐地,即使是无意中帮助了大企业的政策,即使明显是从公共利益出发制定的政策也会因此受到抨击。如果大企业是敌人,那么在任何情况下它都不能得到帮助,即使这样做有助于美国也不行。悲哀啊,我们这个时代已经到了对通用汽车有利的事情在任何情况下都不可能对国家有利的地步。

国家发展主义的待办事项

说到底,要恢复大企业的声誉,大企业自己能做的也只有那么多。它们需要政府创造条件,才能为国家经济的成功作出最大的贡献。换句话说,它们需要政府的支持,才能重新树立查理·威尔逊的观点:让企业利益与国家利益更趋一致。但是自由至上主义、新自由主义和地方主义阵营没有提供答案,也没有描绘前进的道路。前两个阵营否认政府能够发挥积极作用,而地方主义者则干脆拒绝大企业。国家保护主义只是一个"小政府保护主义"的死胡同:政府放弃了帮助生产者创新或提高生产率的作用,同时限制了生产者达到全球规模所需的能力。

只有国家发展主义有答案。大企业需要大力倡导"发展型州",以帮助大企业将自身利益与国家利益更好地保持一致。这意味着大企业需要鼓励联邦政府要像一个州一样思考。从怀俄明到加利福尼亚,从罗得岛到得克萨斯,无论是红州还是蓝州*,50个州全都接受了发展型州的模式。

---

 * 红州为多数选民支持共和党的州,蓝州为多数选民支持民主党的州。——译者注

作为发展型州的支持者,负责州经济发展的官员明白州经济健康的关键驱动力是贸易部门的健康,也就是在国内和全球经商的公司。然而在华盛顿,新自由主义的决策者和经济学家却不这么认为。对他们来说,美国经济规模如此之大,以至于一家企业是否因外国竞争而关闭,或者一家美国公司是否将生产转移至海外无关紧要。以他们的世界观来看,虽然个别工人可能会受到伤害,但美国经济实际上会受益,因为这是全球自由市场正常运转的一个信号。

各州的"发展经济学家"也明白,目标不仅仅是贸易部门的就业增长,而是高工资行业的增长和生产率的提高。对于一个州来说,在低工资的制造业或客服中心等贸易服务业中创造大量就业相对容易;在高工资、高附加值的制造业和服务业增加就业机会就是另外一回事了。这就是无论州长是共和党还是民主党,每个州的经济发展计划几乎都会"挑出赢家"的原因所在,即挑出该州具有潜在竞争优势的高附加值行业为目标。需要明确的是,各州不是挑出特定的企业为赢家,而是挑出特定的行业(如生命科学)、技术大类(如生物技术),或基础设施(如宽带)。

这种"挑出赢家"的做法是自由至上主义者和新自由主义者所反感的,他们认为一个国家生产什么并不重要。对他们来说,挑出关键行业作为发展目标,就是所谓的"产业政策",而产业政策是一个值得嘲笑的概念。迈克尔·博斯金(Michael Boskin)是老布什总统的经济顾问委员会主席。据报道,他说过一句妙语:"薯片或芯片,有什么区别? 100 美元的薯片和 100 美元的芯片,不都是 100 美元。"他这番话道出了很多人的心声。[17]

那么,关于发展型州,联邦政府的待办事项是什么呢? 首先,联邦政府应该从提高竞争力、创新和生产率的角度,考虑贸易、税收、人才、技术和监管政策等问题。这些事项包括公司税改革,即降低企业的法定税率和实际税率,还要注意确保贸易行业(如制造业、软件、贸易服务)的纳税低于非贸易行业（如零售）。政府还应该增加税收优惠，鼓励企业投资于美国经济增长的基本推动要素。应该达成这样的交易：如果企业投资于研发、新机器设备，以及劳动力培训，联邦政府就该为企业减税。

作为此交易的一部分，政府应该要求企业设法将高附加值的生产留在国内，或从海外撤回；作为交换，政府会更加严格地执行反对外国重商主义政策的法律，那些政策会迫使大企业将生产转移至海外，或支持竞争国家的本国企业抢占市场份额。目前，太多的美国跨国公司对重商主义政策和其他国家的威胁毫无防备，那些国家将生产或技术的本地化转移，作为进入他们国内市场的条件。指望企业自己拒绝，充其量是天真的想法。

交易的另一部分，是显著扩大联邦政府对研发的支持，但目标不是抽象的基础科学，而是针对旨在解决重大社会挑战的定向研究，如卫生保健、清洁能源、生产率和产业竞争力，其中很大一部分可以采取政企联手的合作研发的形式。该交易还将呼吁企业加大对美国工人的培训，联邦政府则同意支持产业主导的区域技能联盟和学徒项目，由产业牵头组织和资助合作培训计划，政府至少提供一半资金。这将扩展一系列与出口、技术和基础设施有关的企业支持计划：出口方面，如用于出口融资的进出口银行；技术方面，如"美国制造"计划，以帮助支持成本分摊的竞争前期研发，以及美国国家标准与技术研究院（NIST）的"制造业拓展伙伴"计划，以帮助小制造企业实现现代化；基础设施方面，包括美国地面和航空运输系统的扩张和现代化，支持农村宽带投资。

正确制定竞争政策

国家发展主义待办事项的一个组成部分，是制定正确的竞争政策。

新布兰代斯派认为大企业有害,并希望利用竞争政策实现他们的目标。但是,利用竞争政策使企业变小将是一个严重的错误。正如第 4 章指出的那样,如果美国与欧洲的企业规模分布相同,美国的人均收入将低 2 060 美元,因为小企业的生产率低于大企业。

为了在竞争政策上取得进展,我们需要区分两种市场结构理论。第一种市场结构理论只按规模这一个维度区分企业行为和市场结构:有些企业规模小,有些企业规模大。第二种市场结构理论将大小企业区分为(在许多情况下)不同的类型,如钱德勒的核心和外围、加尔布雷思的计划体制和市场体制,以及鲍莫尔的"创新寡头"和小企业。将大小企业划分为不同的类型似乎更接近现实世界的真实情况。

这表明,我们应该认识到:不同规模的企业作用不同,但角色互补;不加思考地鼓励小企业甚至鼓励竞争,并不能达到目的。我们应该让科温·D.爱德华兹(Corwin D. Edwards)的话为我们指明方向。二战时期美国司法部反托拉斯局的政策委员会主席爱德华兹,有一个务实的观点,很值得今天的我们效仿。从爱德华兹的著作《大企业与竞争政策》中完整引用下面这段话很有必要:

> 具体斟酌时的评估标准很容易表述,但应用起来很难。大企业数量不应太少,规模也不应太大。它们的势力不应大到可以排斥有前途的新企业。它们不应破坏小企业的独立性。它们应该相互独立,相互竞争。当企业的大规模对经营效率已经毫无贡献,而且对大企业效率的唯一贡献,只是把风险和成本从大企业转移至弱小企业时,就应该阻止这种规模扩大。然而,大企业应该具备足够的规模,来运行大型的技术流程,采用经济的运输方式,承担大量的研发计划,在效率可以提升之处进行垂直一体化,并一般性地履行大企业应

该承担的职能。如果这样的规模，已经大到危及竞争的程度，那就应接受并非迫在眉睫的危险，同时保持警惕。但是，明确而现实的危险，或对竞争的实际损害，则是不应容忍的。[18]

换言之，我们需要认识到不同的行业有不同的规模结构。规模大可带来可观的经济收益，但我们也需警惕规模的滥用。由此，我们得出六个关键原则。

首先，反垄断条款对于规模和竞争应更加中立。"反垄断"一词本身意味着托拉斯和其他企业联合体本质上是不好的。欧洲称之为"竞争政策"，这种更中立的措辞更合适。但即使是"竞争政策"，也暗示竞争是好的，而且越多越好，而显然并不是这么回事。正如哥伦比亚大学法学教授迈克尔·赫勒（Michael Heller）在其著作《困局经济学》（*The Gridlock Economy*）中指出的那样，竞争过于激烈也未见得是好事：

> 为纠正反公共品（anticommons）使用不足的问题，正确的社会政策应该是"亲垄断"（protrust），这个词是新创的。"亲垄断"应该跟"反垄断"一样，是一个可以接受的词语。……亲垄断政策和反垄断执法共同构成了一个国家的"竞争法"——这里我们用欧盟的总体性范畴来指代这一监管领域。[19]

其次，反垄断应明确以提高生产率为目标。这意味着更重视市场行为对生产率的影响，相对弱化对短期价格影响的看重，即使短期价格"扭曲"了市场配置或损害了现有企业也不应改变策略。正如哈佛大学的迈克尔·波特所言："既然竞争的作用是通过提高生产率来提高一个国家的生活水平和增进消费者的长期福利，反垄断的新标准应该是生产率的增长,而不是利润率或盈利能力。"[20]正如哈维尔·比韦斯(Xavier Vives)指出的,这是因为在某些情况下,激烈的竞争(至少对于固定规模的市场而言)实际上会削弱企业为提高生产率而投资和创新的积极性,因为缺乏投资提高生产率的技术所需的收入。[21]因此,以生产率为中心的竞争政策观,认识到了大企业对提高生产率的重要性,这部分是通过大企业集中资源和扩大规模的能力实现的。这对边际成本低、固定成本高的行业尤其重要。在这些行业,更大的市场份额意味着总生产成本较低。

第三,重要的是要认识到集中可能并非问题所在。半个多世纪以来,法院从来没有宣布垄断本身是非法的。正如小威廉·F.阿德金森(William F. Adkinson, Jr.)、卡伦·L.格里姆(Karen L. Grimm)和克里斯托弗·N.布赖恩(Christopher N. Bryan)所写的那样,法院"已经认识到通过优越的技能和无与伦比的努力可以实现垄断"。他们明白:"因为是被迫竞争,成功的竞争者在成功之后绝不应受到抨击。"[22]在 Verizon 诉 Trinko 一案中,最高法院写道:

> 仅仅占有垄断势力,同时收取垄断价格,不仅不违法,它还是自由市场体系的重要组成部分。吸引那些嗅觉敏锐的商人的,首先是收取垄断价格的机会(至少在短期内)。在垄断前景的引诱下,人们愿意承担风险,进而产生创新,带来经济增长。为了保护创新的激励,对垄断势力的占有不应被认定为非法,除非存在反竞争的行为。[23]

因此,与其关注规模和市场势力,不如更多地关注市场势力的滥用。市场势力与集中度不同,因为有些市场相对集中(如无线和有线宽带),但竞争也非常激烈,而有些市场呈原子化,但因为从业者串通一气而只有微弱的竞争（如验光和隐形眼镜的销售）。[24]

就这一点而言，并购审查应始终深入调查企业兼并，以确定市场势力的性质。关键是要将支持创新的（或其他好处，如生产率和网络的外部性）市场势力和纯粹滥用的（价格高，生产率或创新的提升很少）市场势力区分开来。市场势力往往使前者成为可能。正如马里奥·L.波萨斯（Mario L. Possas）和若热·法贡德斯（Jorge Fagundes）所言："从新熊彼特主义观点中吸取的基本教训是：从动态的立场出发，市场势力可能的使用（或滥用），不应被预判为必然有害于竞争和福利，因而不应受到抑制。"[25]创新学者理查德·纳尔逊（Richard Nelson）认为市场势力太小有时会削弱竞争，因为竞争对手的创新能力较差，无法参与动态的竞争。[26]此外，劳工统计局的一项研究发现：相较于集中度较低行业的合并，高集中度行业的企业合并对全要素生产率的增长有更大的积极影响，总体而言，"合并促使全要素生产率大幅增长"。[27]

更具体地说，决策者不应像新布兰代斯派希望的那样，修改司法部的企业合并指导方针。目前的合并指导方针并非狭隘地侧重于市场结构，而是关注合并对价格和产出可能产生的影响。新布兰代斯派希望改变这种状况，回到Brown鞋业和VONS超市的世界——这两家企业的合并请求都分别被驳回，而即便合并成功，也只会在各自行业占据一个很少的市场份额。[28]这种做法并不妥当，原因是，市场份额是一个随机因素，它与具体行业有关。还是科温·爱德华兹理解得正确，他写道：

> 随着生产方法的变化，与特定行业的技术相适应的规模，也会不时地发生变化。它可能会受到装配线的发展、电能对皮带传动的替代、自动化，以及其他多种因素的影响。适合汽车行业的规模限制，对于女装产业来说会太大而没有意义；而与饼干制造相适应的规模

限制,对于汽车制造业来说又是不可救药地太小。适合 1930 年铝工业的规模限制,到了 1955 年可能就不合适了。[29]

基于同样的理由,我们应该坚持按"合理原则"对合并进行分析,而不是像新布兰代斯派希望的那样,只是基于一个具体的标准来判断是否违法。

第四,任何理性的竞争政策都不应自动将企业间的协作视为可疑。太多的人相信亚当·斯密的这句话了:"即使是为了快乐和消遣,同行业的人也很少聚在一起;而一旦相聚,最后谈到的不是共谋如何对付公众,就是谋划某种提价的办法。"[30]也许在人们制造的最复杂的东西不过是一艘木船的经济体中,这有可能是事实。但在一个需要一定程度的协调、由技术驱动的复杂经济体中,这完全是错误的。

若要有效运行,当前的经济不仅需要竞争。为了推动增长和创新,还需要企业之间的合作(cooperation),而亚当·M.布兰登伯格(Adam M. Brandenburger)和巴里·J.纳尔巴夫(Barry J. Nalebuff)称为"竞合"(co-opetition)。[*][31]事实上,很多行业是复杂的合作生态系统,在这些系统中,相互激烈竞争的企业也在很多问题上进行合作,而合作导致生产率的提高和创新。[32]正如哈坎·哈坎松(Hakan Hakansson)和伊万·斯涅霍塔(Ivan Snehota)所写的那样,企业间的"关系,使获取和利用他方资源成为可能,并将各方的活动联系在了一起"。[33]正如迈克尔·曼德尔(Michael Mandel)所写,通常有一两家大企业对合作生态系统的组织发挥关键作用:"这些生态系统需要由拥有资源和规模的一家或几家核心企业管

---

* 布兰登伯格和纳尔波夫将"competition"(竞争)和"cooperation"(合作)合成了一个新词"co-opetition",寓意"既竞争又合作"。他俩合著的书即以"Co-opetition"为名,有译《竞合策略》。——译者注

理,以便于领导和提供技术方向。此任务通常不能由小企业或初创公司负责。"[34]

正如卡尔·夏皮罗指出的:

> 行业参与者之间的协作,在充满活力的行业中可能尤为重要。……反垄断信条强调限制竞争对手之间的协调,很难区分支持竞争的协作和串通之间的区别,在双方关系复杂,可能在一些领域相互竞争,而在另一些领域却相互合作的情况下尤其如此。这种复杂性是信息技术行业大企业之间的常态。[35]

即使这种合作采取串通的形式,也未必总是坏事。美国司法部反垄断小组的丹尼尔·阿斯马特(Daniel Asmat)的一项研究发现:半导体制造商之间的勾结,使芯片价格在其生命周期结束时提高了 25%,但通过让企业生产更多的新产品,并从规模经济和学习曲线中获利,下一代芯片的价格下降了 70%。[36]

第五,合并对于企业效率和创新的影响,竞争主管机构应给予足够的重视。即使某一具体合并可能导致市场势力的增强,以及配置效率的随之降低和市场上其他企业的受损,如果该合并能够提高市场效率,它就有可能增大经济福利,特别是在边际成本递减的行业,规模扩大或网络效应(如通过实际上的标准化和协调)可以显著节省成本时尤其如此。因此,挑战在于,虽然合并的潜在配置效率损失相对容易衡量,但创新和生产率的长期收益很难具体化和度量。区分反竞争反消费者的市场势力和支持创新的市场势力非常重要。因此,反垄断机构应当承认:即使有难度,区别对待还是必要的,不应笼统地谴责所有的市场势力。但即便是市场势力也不应该成为主要的焦点;重点应该放在获得或保持市场势力的行为上。如果企业使用反竞争手段获得或维持市场势力,那才应该是反垄断关注的焦点。

第六,政府应该谦虚看待自己预测任何行业未来的能力。如果没有政府的保护,任何企业都不太可能长期占据优势地位。任何一个行业中的现代"垄断"优势,掩盖了来自相邻竞争对手的竞争威胁,和新进入者的不断冲击。我们在21世纪前十年的微软身上看到了这一点,未来十年也有可能在谷歌身上看到这一点。正如夏皮罗和哈尔·R.范里安(Hal R. Varian)指出的:"信息经济充斥着暂时或脆弱的垄断。硬件企业和软件企业争夺主导地位,因为他们知道,当今领先的技术或架构,很可能被拥有卓越技术的暴发户在短期内推翻。"[37]正如熊彼特指出的,这不是传统学说设想的那种竞争:

> 不言而喻,我们现在所理解的那种竞争,不仅在其出现时造成影响,还是一种无时不在的威胁。在打击真正到来之前,竞争威胁也会制约企业行为。即使自己所在的领域只他一家,别无分店,商人也会觉得自己处于竞争环境之中。虽然某个公司并不是独一家,但政府调查专家在该公司与同一领域或相邻领域的其他公司之间,没有看到任何竞争的存在,因而得出结论:经调查发现,该公司深受竞争之苦的说法,都是商人自己瞎编的——即便是这样,商人也会觉得自己处于竞争环境中。[38]

政府不用急着操心长期发展问题。正如约翰·梅纳德·凯恩斯(John Maynard Keynes)所说:"从长远来看,我们都会死的。"正确的回应通常是,让消费者享受当今新平台创造的社会和经济收益。现代的垄断企业大多不会长期占据主导地位,等不到缺陷显露无遗就已经失去垄断能力了。

正确的小企业政策

除了正确的竞争政策外，国家发展主义者还倡导规模中立。规模中立政策即是对所有企业一视同仁，借此取代在税收、监管和其他政策领域对小企业的偏袒。

这样做意味着要重新设计税法，以便同等对待不同规模的企业。为此，政府应首先取消有差别的企业纳税等级，即头一个税阶的所得税率低于以后的税阶。其次，他们应取消税收优惠的规模限制，例如美国税法第179节允许企业可以直接扣除符合条件的投资额，但最多只能扣除50万美元。第三，应该降低企业所得税率，因为企业既要缴纳企业所得税，也要缴纳个人所得税，如有必要，应提高个人所得税率，包括所谓的"转移课税企业"。根据国际货币基金组织（IMF）的估计，基于企业规模的特殊税收优惠，如果大部分取消，"可能数量巨大"。[39]

规模中立意味着废除政府采购中几乎所有旨在扶持小企业的特殊优惠。不管规模大小，只要企业能提供最有价值的产品和服务，各级政府机构就应该可以从中采购。显然，采购流程应该简化，所有企业都能容易进入，不应牺牲纳税人的利益，而人为地偏袒小企业。

规模中立意味着结束针对小企业的大多数补贴。无论规模大小，所有企业都应为来自政府的同等服务支付相同的费用，如专利申请费或无线电频谱使用费。政府还应取消小企业贷款计划。如果一家小企业符合资格，那它在私人市场获得贷款应该也没有问题，尽管由于缺乏规模经济（较小的贷款额为银行带来的单位美元的收入较少），它可能不得不支付比大企业稍高的利率。仅根据企业规模这一个标准，在发放资金方面给予补贴,这根本没有必要。此外,如第 12 章所述,大多数政府支持的小企业贷款,只不过在帮助一些小企业从其他小企业手中抢夺市场份额。

规模中立意味着取消大多数或所有旨在免除小企业合规义务的监管豁免。如果政府出台了法规,如强制性医疗保险或要求解雇工人时提前发出通知,那就应该要求所有企业都要遵守。联邦法律尤其不应允许任何企业,不论规模大小,基于年龄、种族、宗教、性取向和性别歧视工人。

就政府关心的监管负担而言,重点应放在精简监管和增加其灵活性上。正如澳大利亚的一份政府报告指出的那样,与减少小企业的义务不同,"灵活执法不会削弱特定法规或税收的标准或目标。在这种情况下,帮助小企业穿越管理迷宫,找到自己的路,可以降低监管成本,而不必牺牲监管收益"。[40]为此,政府应该与私营部门合作,开发基于软件的工具,帮助所有企业易于理解它们应遵守的地方、州和联邦法规,并能借助自动系统,就合规问题与政府交流。我们有供个人纳税使用的税务筹划软件,如 TurboTax,还需要一个类似"TurboRegulation"的工具,帮助企业遵守政府的法规。

政府还应设法让所有企业更容易遵守法规,并要求所有企业照章办事,着手减少非正规性。正如美国国际开发署的发现:"一个国家在[世界银行]营商指标上的总体表现,与其非正式经济的规模之间,存在高度显著的统计相关性;较糟糕的营商环境与更大规模的非正式经济相关。"[41]各国还应加强对个人无证经营的执法。这意味着要求所有"企业"纳税,并遵守与正式经济相同的规定。需要说明的是,这并不意味着,应该像对待大型酒店或零售商一样,对待偶尔在自己家里出租房间,或在 eBay 上出售商品而参与共享经济的个人。最低程度的豁免确实合乎情理,但那应该只是兼职者的专享。

最后,在大多数国家,政府应该提高最低工资。与大企业相比,较低水平的最低工资可让更多的小企业雇佣低薪的工人,至少美国如此。但适度提高最低工资会产生两个有益的效果。首先,由于竞争环境更加平等,它将导致工资较高的大企业拥有更多的就业机会。其次,它有助于提高生产率,因为有证据表明,较高的最低工资有助于促使企业投资自动化。[42]

对于规模中立政策有两种常见的反应。第一种反应认为,这将意味着小企业和就业的减少。我们的回应是,我们希望这意味着小企业的减少,因为大企业对经济更有利。在就业方面,正如我们所表明的,小企业满足的消费需求大企业也可以满足,并在此过程中创造就业机会。我们不需要效率低下的小企业来创造就业机会。

第二种反应认为,规模中立政策会损害新兴企业的利益,其中一些企业可能会发展为大企业。但是规模中立与企业存续期中立不同。如果说基于企业特性的政策差异化有理,那也应当以企业存续期为基础。新企业起步可能很困难,很多企业撑不过 5 年就垮了。因此,政策应对新企业较为宽松。但不是说只要是新企业就侧重,如有可能,要侧重有能力且有雄心扩大规模成为大企业的新企业。

换句话说,政府帮助苹果电脑公司起步很有意义,而帮助贾斯汀和阿什莉开一家比萨店则毫无意义,它的规模也就是几个员工,不会再大了。政策应支持"寻求机会"的创新型初创企业的创建和成长。[43]豪尔赫·古兹曼和斯科特·斯特恩发现:在美国,各地区的 GDP 增长与新企业数量之间没有关系,但 GDP 与高增长创业企业的数量之间关系密切。[44]

为此,政府应该调整小企业管理机构的目标,以促进新企业的建立。美国国会应把小企业管理局(SBA)改为"新企业管理局"(NBA)。隶属于小企业管理局的维权办公室应该改变其使命,使其侧重于消除或改进那些对高增长的初创公司设置障碍的法规。此外,这意味着取消小企业管理局的贷款计划,或至少应改为针对高增长初创企业发放贷款,但应保留小企业管理局的"小企业投资公司"计划,该计划支持对创业初期企业的股权投资。这还意味着保留"小企业创新研究计划",但要加以改进,该计划为小企业预留了一小部分联邦研发支出。企业获得小企业创新研究计划的资助应该受到限制,只能在企业成立后的最初几年里获得一两次资助。

政府还应重点针对新企业灵活监管。在美国,国会应改革《监管灵活性法案》,以便审视该法案对成立两年以下的新企业的影响,并考虑让两年以下企业免于遵守大部分法规,因为它们基本处于制定和实施商业计划阶段。此外,政府应该让新企业更容易起步,应该效仿葡萄牙和智利的做法,允许新企业花不到 1 小时的时间在互联网上注册。

这并不意味着政府应该停止对小企业的一切支持,但任何支持都应基于可以实现生产率、创新或竞争力的国家目标。美国国家标准与技术研究院(NIST)的"制造业拓展伙伴"计划就是一个典型的例子,它旨在帮助小型制造商提高生产率,其中多为大企业的供应商。

最后,这不仅仅是各国政府的事。州(省)政府和地方政府也应取消小企业优惠及其反大企业政策,如限制仓储式大卖场的法规。地方经济增长在很大程度上取决于,大企业或其供应商的地方分支机构,对全国和全球供应链的参与。

接受大企业

对巨人的恐惧如此普遍,以至于它还有一个听上去挺科学的名字:"巨物恐惧症"(megalophobia)。从《圣经》故事中的大卫和歌利亚,到民间故事中的杰克和魔豆,神话和传说中的巨人是想杀死你的怪物,可能还想吃掉你。

在文学作品中，"俾格米人"的故事是罕见的例外之一，见于《丛林传说》（*The Tangle-wood Tales*，1853），这本书是纳撒尼尔·霍桑（Nathaniel Hawthorne）对希腊罗马神话的重新讲述。在霍桑的讲述中，巨人安泰（Antaeus）是大地母亲的儿子，他是俾格米人的朋友。"俾格米人"（Pygmy）不是叫这个名字的非洲人，而是神话中的一种"身高 6 到 8 英寸"（合 15—20 厘米）的人类：

> 安泰是俾格米人的朋友，这真是幸运，因为他的小手指比一千万个俾格米人的身体更有力。……但是，同为大地母亲的儿子，巨人像兄弟般地对待他们，给予他们这般矮小的人也能感觉的大爱。而俾格米人，尽管只有小小寸心，却满心满意地爱安泰。只要力所能及，巨人总是随时准备助他们一臂之力。比如，当他们想要微风转动风车时，巨人就会用他肺部的自然呼吸，吹动所有的翼板。[45]

想必霍桑笔下的俾格米人，会同意莎士比亚《一报还一报》中的伊莎贝拉所说的话："拥有巨人般的力量是极好的，但像巨人般地使用就成了暴虐。"

我们也同意。我们在本书中的论点是：从对技术创新的促进，到创造高薪就业机会，再到推动国家和全球生产率的增长，私有大企业的贡献是多方面的，所以大企业对于一个繁荣社会仍然必不可少。从蒸汽时代到今天的信息时代，历次产业革命都使充满活力、具有效率的企业应具有的规模变得更大，在农业、制造和服务等行业中皆是如此。新技术的确会缩短某些供应链，或使其离消费者更近，但制造业、食品生产、能源、零售和各种信息服务等行业中的规模报酬递增不会终结，以高科技为基础的小生产者构成的世界也不会出现，除非是在科幻小说和幻想中。

从 19 世纪到 21 世纪，在现代经济演变的每一个阶段，都有一些人在想方设法捍卫旧经济秩序,而旧经济秩序表现为更多的小企业,以及权力和利润的更加分散。在公众压力、误导性的分析和意识形态的影响下,大多数国家会保护和补贴小企业。但是,相对于一个多世纪的失败,信奉小企业好一派的这点成功,只不过是小小的安慰。《谢尔曼反托拉斯法案》和联邦贸易委员会,从来不能阻止大企业寡头占据美国制造业、能源、农商、零售和通信等行业的制高点。阻止连锁店和超市蔓延的努力,以及每一代人试图恢复小规模生产和工匠式制造业的"回归土地"运动,只吸引了少数人。铁匠铺很久以前就让位给了工厂。小城镇的百货店主也加入了其他消失的社会群体的行列,如骑兵军官和中世纪骑士一般。跟其他现代国家的民众一样,美国人也喜欢为小企业唱赞歌,同时驾驶着自己的丰田汽车到沃尔玛购买由全球供应链制造的苹果手机。重塑了发达经济体的进程,也正在重塑许多低收入的国家,如印度。正如美国的历史经验一样,这些当地社区的小企业精英们,正在寻求阻止这种变化,以便为自己的福祉服务,并在必要时牺牲这些发展中国家的消费者和工人的利益。

这并不意味着大企业不会给民主社会带来严重挑战。如何防止企业逃避税收或监管,或在政治上施加不当影响? 企业到底亏欠自己的工人和全体公众什么? 企业获准成立,仅仅是为了促进其股东的短期经济利益吗? 还是说,企业其实是为了长期、可持续的经济增长等公共目的,而设立的社会机构?

这些都是很好的问题,反垄断传统给出的都是糟糕的答案:分拆大企业,使小企业数量成倍增加。正是因为忽视了反垄断传统的这些要求,20世纪的美国人民才创造了世界领先的经济体,和世界上第一个大规模的中产阶级。若要在重振美国中产阶级的同时,保持美国在21世纪的全球地位,需要我们摒弃"小企业好"的怀旧理念给出的不合时宜的答案,更有效地应对大企业带来的挑战和机遇。

注释

1. Jeffrey H. Anderson, "Republicans Fight for Small, Democrats for Big, Business," *Weekly Standard*, December 14, 2012, http://www.weeklystandard.com/republicans-fight-for-small-democrats-for-big-business/article/691098.

2. PBS, "Interview with Ed Gillespie," *Frontline*, April 12, 2005, http://www.pbs.org/wgbh/pages/frontline/shows/architect/interviews/gillespie.html.

3. Quoted in Jackie Calmes, "For 'Party of Business,' Allegiances Are Shifting," *New York Times*, January 15, 2013, http://www.nytimes.com/2013/01/16/us/politics/a-shift-for-gop-as-party-of-business.html.

4. David Weigel, "David Brat: Half Elizabeth Warren, Half Ludwig von Mises," *Slate*, June 11, 2014, http://www.slate.com/blogs/weigel/2014/06/11/david_brat_half_elizabeth_warren_half_ludwig_von_mises.html.

5. Paul Ryan, "Down with Big Business," *Forbes*, October 12, 2009.

6. Lloyd Blankfein, Michael Bloomberg, Warren Buffett, and Michael Porter, "To grow the economy, grow small businesses: Bloomberg and Buffett," *USA Today*, June 7, 2016, https://www.usatoday.com/story/opinion/2016/06/07/grow-economy-grow-small-businesses-bloomberg-buffett-column/85526778.

7. Robert D. Atkinson, "How Transportation Became the Latest Victim of America's Culture Wars," *Washington Post*, November 5, 2015, https://itif.org/publications/2015/11/06/how-transportation-became-latest-victim-america%E2%80%99s-culture-wars.

8. Paul H. Jensen and Elizabeth Webster, "Firm Size and the Use of Intellectual Property Rights," *Economic Record*, March 8, 2006, http://onlinelibrary.wiley.com/doi/10.1111/j.1475-4932.2006.00292.x/full.

9. Tim Fernholz, "The Alliance between Big Business and the Republican Party Is in Shambles," *Quartz*, May 31, 2016, https://qz.com/682125/the-alliance-between-us-businesses-and-the-republican-party-is-in-shambles.

10. Quoted in Jean Card, "Big Business Donald: Don't Let the President Get Away with Using Small Businesses as Props," *U.S. News and World Report*, February

2，2017，https://www. usnews. com/opinion/thomas-jefferson-street/articles/ 2017-02-02/donald-trump-uses-small-business-as-a-big-business-prop.

11. "发展型国家"(developmental state)这个术语，最早是用来描述战后的东亚资本 主义。参见：Meredith Woo-Cumings, *The Developmental State*(Ithaca, NY： Cornell University Press，1999)；and Chalmers Johnson, *Japan：Who Governs? The Rise of the Developmental State*(New York：W. W. Norton，2001)。发展型资 本主义的理论与实践，源远流长，参见：Richard Nelson, *An Evolutionary Theory of Economic Change*(Cambridge, MA：Harvard University Press，1982)；Erik Reinert, *How Rich Countries Got Rich … and Why Poor Countries Continue to Stay Poor*(New York：Carroll and Graf，2007)；Ralph E. Gomory and William J. Baumol, *Global Trade and Conflicting National Interests*(Cambridge, MA： MIT Press，2001)；William J. Baumol, *The Free-Market Innovation Machine： Analyzing the Growth Miracle of Capitalism*(Princeton, NJ：Princeton Univer- sity Press，2002)；Carlota Perez, *Technological Revolutions and Financial Cap- ital：The Dynamics of Bubbles and Golden Ages*(Cheltenham：Edward Elgar, 2002)；Robert D. Atkinson, *The Past and Future of America's Economy：Long Waves of Innovation That Power Cycles of Growth*(Cheltenham：Edward Elgar, 2005)；Robert D. Atkinson and Stephen J. Ezell, *Innovation Economics：The Race for Global Advantage*(New Haven, CT：Yale University Press，2012)；and Michael Lind, *Land of Promise：An Economic History of the United States* (New York：HarperCollins，2012)。

12. Quoted in Roland Marchand, *Creating the Corporate Soul：The Rise of Public Relations and Corporate Imagery in American Big Business*(Berkeley： University of California Press，1998)，203.

13. Quoted in Francesco Guerrera, "Welch Condemns Share Price Focus," *Financial Times*, March 12，2009，https://www. ft. com/content/294ff1f2-0f27-11de- ba10-0000779fd2ac.

14. Jonathan J. Bean, "Review：*Small Business Policy and the American Creed* by Sandra M. Anglund," *The Business History Review* 74, no. 3(Autumn，2000)： 538—540，https://www.jstor.org/stable/3116459?seq＝1♯page_scan_tab_con- tents.

15. Jonathan J. Bean, *Big Government and Affirmative Action：The Scandalous History of the Small Business Administration*(Lexington：University Press of Kentucky，2001)，7.

16. Lawrence Lessig, "The Left and Right Share a Common Enemy: Capitalists Who Corrupt Capitalism," *Evonomics*, January 16, 2016, http://evonomics.com/how-capitalists-corrupt-capitalism.

17. George R. Hoguet, "Arguments for Industrial Policy," OMFIF, https://www.omfif.org/analysis/the-bulletin/2016/may/arguments-for-industrial-policy.

18. Corwin D. Edwards, *Big Business and the Policy of Competition* (Cleveland: Press of Western Reserve University, 1956), 107—108.

19. Michael Heller, *The Gridlock Economy: How Too Much Ownership Wrecks Markets, Stops Innovation, and Costs Lives* (New York: Basic Books, 2008), 185.

20. Michael E. Porter, "Competition and Antitrust: A Productivity-Based Approach" (faculty paper, Harvard Business School, May 30, 2002), http://www.isc.hbs.edu/Documents/pdf/053002antitrust.pdf.

21. Xavier Vives, "Games of Strategic Complementarities: An Application to Bayesian Games," *Spanish Economic Review* 9 (December 2007):237—247.

22. William F. Adkinson, Jr., Karen L. Grimm, and Christopher N. Bryan, "Enforcement of Section 2 of the Sherman Act: Theory and Practice," FTC Working Paper (Washington, DC: Federal Trade Commission, November 3, 2008), https://www.ftc.gov/system/files/documents/public_events/section-2-sherman-act-hearings-single-firm-conduct-related-competition/section2overview.pdf.

23. "*Verizon Communications, Inc. v. Law Offices of Curtis V. Trinco, LLP.*" Oyez, November 1, 2017, www.oyez.org/cases/2003/02-682.

24. Robert Atkinson, "Break Up the Contact Lens Cartel to Give Consumers More Choice" *The Hill*, October 18, 2016, http://thehill.com/blogs/pundits-blog/healthcare/301641-break-up-the-contact-lens-cartel-to-give-consumers-more-choice.

25. Mario L. Possas and Jorge Fagundes, "Competition, Strategic Behaviour and Antitrust Policy: An Evolutionary Approach," *Revista Brasileira de Economia* 52, no.1(1998):111—144.

26. Richard R. Nelson, *Technology, Institutions, and Economic Growth* (Cambridge, MA: Harvard University Press, 2005).

27. Michael D. Giandrea, "Industry Competition and Total Factor Productivity Growth," US Department of Labor, Bureau of Labor Statistics, Working Paper 399 (Washington, DC, September 2006), https://www.bls.gov/ore/pdf/ec060110.pdf.

28. Nell Abernathy, Mike Konczal, and Kathryn Milani, "Untamed How to Check

Corporate, Financial, and Monopoly Power"(New York: Roosevelt Institute, June 2016), http://rooseveltinstitute. org/untamed-how-check-corporate-financial-and-monopoly-power.

29. Edwards, *Big Business and the Policy of Competition*, 108—109.

30. Adam Smith, *Wealth of Nations*, ed. C. J. Bullock(New York: P. F. Collier & Son, 1909—14), www.bartleby.com/10.

31. Adam M. Brandenburger and Barry J. Nalebuff, *Co-opetition: A Revolution Mindset That Combines Competition and Cooperation: The Game Theory Strategy That's Changing the Game of Business*(New York: Doubleday, 1998).

32. Quoted in James F. Moore, "Business Ecosystems and the View from the Firm," *Antitrust Bulletin* 51, no.1(Spring 2006):31.

33. Hakan Hakansson and Ivan Snehota, "No Business Is an Island: The Network Concept of Business Strategy," *Scandinavian Journal of Management* 22 (2006):261.

34. Michael Mandel, "Scale and Innovation in Today's Economy"(Washington, DC: Progressive Policy Institute, December 2011), 2.

35. Carl Shapiro, "Antitrust, Innovation, and Intellectual Property"(faculty paper, University of California, Berkeley, November 8, 2005), http://faculty. haas. berkeley.edu/shapiro/amcinnovation.pdf.

36. Danial Asmat, "Collusion Along the Learning Curve: Theory and Evidence from the Semiconductor Industry"(Washington, DC: US Department of Justice, Antitrust Division, June 20, 2016), https://www. justice. gov/atr/collusion-along-learning-curve-theory-and-evidence-semiconductor-industry.

37. Carl Shapiro and Hal R. Varian, *Information Rules: A Strategic Guide to the Network Economy*(Boston: Harvard Business School Press, 1999).

38. Joseph A. Schumpeter, *Capitalism, Socialism and Democracy*(New York: Harper & Brothers, 1950).

39. Dora Benedek, Nina Budina, Pragyan Deb, Borja Gracia, Sergejs Saksonovs, and Anna Shabunina, "The Right Kind of Help? Tax Incentives for Staying Small," (Washington, DC: International Monetary Fund, June 2017), http://www.imf. org/en/Publications/WP/Issues/2017/06/13/The-Right-Kind-of-Help-Tax-Incentives-for-Staying-Small-44958.

40. Ian Bickerdyke and Ralph Lattimore, "Reducing the Regulatory Burden: Does Firm Size Matter?" (Canberra: Commonwealth of Australia, Industry Commission,

December 1997）, v.

41. US Agency for International Development，"Removing Barriers to Formalization: The Case for Reform and Emerging Best Practice"（Washington, DC: USAID, March 2005）, http://www.businessenvironment.org/dyn/be/docs/73/Session2.1WelchDoc.pdf.

42. Noah Smith，"Higher Minimum Wages Will Give High Tech a Boost," *Bloomberg View*，August 22，2017，https://www.bloomberg.com/view/articles/2017-08-22/higher-minimum-wages-will-give-high-tech-a-boost.

43. Robert D. Atkinson，"Understanding and Maximizing America's Evolutionary Economy"（Washington, DC: Information Technology and Innovation Foundation, 2014）, https://itif.org/publications/2014/10/02/understanding-and-maximizing-americas-evolutionary-economy.

44. Jorge Guzman and Scott Stern，"The State of American Entrepreneurship: New Estimates of the Quantity and Quality of Entrepreneurship for 15 US States, 1988—2014"（working paper，MIT and NBER，Cambridge，MA，March 2016）, http://jorgeg.scripts.mit.edu/homepage/wp-content/uploads/2016/03/Guzman-Stern-State-of-American-Entrepreneurship-FINAL.pdf.

45. Nathaniel Hawthorne，"The Pygmies," in *The Tanglewood Tales*（New York: H. M. Caldwell，1853）.

图书在版编目(CIP)数据

规模:企业创新、生产率和国际竞争/(美)罗伯
特·D.阿特金森,(美)迈克尔·林德著;黄延峰译.—
上海:格致出版社:上海人民出版社,2021.8
ISBN 978 - 7 - 5432 - 3109 - 2

Ⅰ.①规⋯　Ⅱ.①罗⋯　②迈⋯　③黄⋯　Ⅲ.①企业管
理-研究-美国　Ⅳ.①F279.712.3

中国版本图书馆 CIP 数据核字(2021)第 110741 号

责任编辑　王　萌
装帧设计　路　静

规模——企业创新、生产率和国际竞争

[美]罗伯特·D.阿特金森　迈克尔·林德 著
黄延峰 译

出　　版　格致出版社
　　　　　上海人民出版社
　　　　　(200001　上海福建中路 193 号)
发　　行　上海人民出版社发行中心
印　　刷　上海商务联西印刷有限公司
开　　本　720×1000　1/16
印　　张　25.5
插　　页　1
字　　数　310,000
版　　次　2021 年 8 月第 1 版
印　　次　2021 年 8 月第 1 次印刷
ISBN 978 - 7 - 5432 - 3109 - 2/F·1342
定　　价　98.00 元

Big Is Beautiful:
Debunking the Myth of Small Business

By Robert D. Atkinson and Michael Lind

Published by the MIT Press

Copyright © 2018 Massachusetts Institute of Technology

上海市版权局著作权合同登记号　图字　09-2018-099